Les usages politiques du passé dans les relations germano-polonaises

Collection « Inter-National »
dirigée par Denis Rolland avec
Joëlle Chassin, Françoise Dekowski et Marc Le Dorh.

Cette collection a pour vocation de présenter les études les plus récentes sur les institutions, les politiques publiques et les forces politiques et culturelles à l'œuvre aujourd'hui. Au croisement des disciplines juridiques, des sciences politiques, des relations internationales, de l'histoire et de l'anthropologie, elle se propose, dans une perspective pluridisciplinaire, d'éclairer les enjeux de la scène mondiale et européenne.

Série générale (dernières parutions) :

M. Hobin, S. Lunet, *Le Dragon taiwanais : une chance pour les PME françaises.*
A. Martín Pérez, *Les étrangers en Espagne.*
A. Ceyrat, *Jamaïque. La construction de l'identité noire depuis l'indépendance.*
D. Cizeron, *Les représentations du Brésil lors des Expositions universelles.*
D. Rossignol, *Air France. Mutation économique et évolution statutaire.*
D. Rolland & D. Aarão Reis Filho (dir.), *Modernités alternatives. L'historien face aux discours et représentations de la modernité.*
A. Bachoud, J. Cuesta, M. Trebitsch (dir.), *Les intellectuels et l'Europe de 1945 à nos jours.*
G. Quagliariello, *Gaullisme. Une classification impossible.*
J. Faure et D. Rolland (dir.), *1968 hors de France.*
A. Purière, *Assistance et contrepartie. Actualité d'un débat ancien.*
R. Guillot, *La chute de Jacques Cœur. Une affaire d'État au XVe siècle.*
G. Brégain, *Syriens et Libanais d'Amérique du Sud (1918-1945).*
F. Bock, G. Bührer-Thierry, S. Alexandre (textes réunis et établis par), *L'échec, objet d'histoire.*
C. Collin Delavaud, *Les 1001 routes de la Soie.*
A. Bergeret-Cassagne, *Les bases américaines en France : impacts matériels et culturels, 1950-1967.*
C. Birebent, *Militants de la paix et de la SDN. Les mouvements de soutien à la Société des nations en France et au Royaume-Uni, 1918 – 1925.*
C. Delbard, *Le Père Castor en poche (1980 – 1990), ou comment innover sans trahir ?*
P.-O. Pilard, *Jorge Ricardo Masetti. Un révolutionnaire guévarien et guévariste de 1958 à 1964.*
É. Gavalda, L. Rouvin, *La Chine face à la mondialisation.*
M. Cottias, A. Stella et B. Vincent (dir.), *Esclavage et dépendances serviles : histoire comparée.*

Christian Schülke

Les usages politiques du passé dans les relations germano-polonaises

(1989-2005)

Préface de Maurice Vaïsse

L'Harmattan

5-7, rue de l'Ecole polytechnique ; 75005 Paris

http://www.librairieharmattan.com
diffusion.harmattan@wanadoo.fr
harmattan1@wanadoo.fr

ISBN : 978-2-296-10394-8
EAN : 9782296103948

SOMMAIRE

PRÉFACE

Chassez le passé : il revient au galop ! Les enjeux de mémoire ne sont pas nouveaux mais ils ont pris au cours des périodes récentes une acuité particulière et cela sans exception : de l'Australie au Japon, de l'Espagne à l'Argentine, de la France à l'Algérie. Voilà une monographie d'une qualité exceptionnelle sur le cas germano-polonais.

Jugez-en plutôt : l'auteur, allemand, a choisi d'écrire en français une étude sur les relations germano-polonaises. Et, pour ce faire, il a eu recours à de multiples sources, documents officiels, discours des dirigeants politiques, presse, mémoires et entretiens en allemand et en polonais. Sa bibliographie à elle seule mériterait de faire l'objet d'une publication, tant elle est précise et systématique. Les annexes ne sont pas moins précieuses, en particulier la chronologie des relations germano-polonaises de 1989 à 2005.

Pour en venir au fond, Christian Schülke pose clairement la problématique : le retour de l'histoire dans les relations germano-polonaises, est-ce la conséquence des plaies du passé ou de la conjoncture politique du présent ? La démonstration qui suit est finement argumentée et articulée autour de quelques évènements bien choisis, comme par exemple les discours du président allemand Roman Herzog ou du ministre polonais des Affaires étrangères Władysław Bartoszewski.

Mais avant tout, l'auteur démontre sa maîtrise du sujet en prenant soin de définir les termes : l'usage politique du passé, ce n'est pas l'instrumentalisation du passé. Au fond, dans le contexte de l'adhésion de la Pologne à l'Union européenne – dont l'Allemagne est l'avocat et le parrain –, la source des problèmes est financière : elle est à rechercher dans la question des dédommagements et des réparations et dans l'éternelle pomme de discorde : celle des expulsés, qui justifie tous les développements sur la concurrence des victimes. Dans une conclusion forte, Christian Schülke montre que c'est le contexte du présent qui décide du rôle que le passé joue.

Finalement, cette étude magistrale est une source de réflexion infinie sur le plan des relations internationales : que l'on y songe un peu. Quand le Mur tombe, les esprits sont tournés vers l'avenir, pas vers le passé. Et puis, le temps passant, on observe le retour de l'histoire et des divergences. Grâce à cette étude rendue publique, les lecteurs français ont le privilège de mieux comprendre les enjeux des relations germano-polonaises. Il faut en savoir gré à Christian Schülke.

Maurice Vaïsse
Professeur des universités à Sciences Po

INTRODUCTION

L'évolution des relations germano-polonaises après 1989 a amené Bronisław Geremek à parler du « miracle de la réconciliation polono-allemande ». Mais depuis le début des années 2000, les relations germano-polonaises semblent de nouveau dominées par des querelles sur l'interprétation et la gestion politique de certains aspects du passé commun. Des revendications de réparations et dédommagements posent des problèmes politiques très concrets puisque les deux gouvernements n'ont pas pu ou pas voulu trouver des moyens pour régler ces questions. Un observateur étranger aux relations entre la Pologne et l'Allemagne doit être surpris de voir les responsables politiques et les médias consacrer beaucoup d'attention aux sujets historiques qui divisent Allemands et Polonais. Car les deux pays sont aujourd'hui plus proches l'un de l'autre que jamais : après 200 ans de voisinage difficile, les deux sont partenaires au sein de l'Organisation du Traité de l'Atlantique Nord (OTAN) depuis 1999 et au sein de l'Union européenne (UE) depuis 2004. Il est alors légitime de se poser des questions sur le « retour de l'histoire » dans les relations germano-polonaises : est-il la conséquence des « plaies du passé » ou de la conjoncture politique du présent ?

Tout d'abord, il faut savoir que les usages politiques du passé ont une longue tradition dans les relations polono-allemandes. Ainsi, l'histoire des relations bilatérales était très politisée pendant la Guerre froide. Il n'est donc pas étonnant que le grand tournant de 1989-1991 ait modifié les usages politiques du passé dans les relations bilatérales d'une manière tout à fait significative. Il en découle que les usages du passé soulèvent, de manière générale, peu d'opposition au cours des années 1990. Ceci est au moins partiellement dû au fait que les sujets historiques sont d'une moindre importance politique après le tournant de 1989, quand on se tourne décidément vers l'avenir. Mais au cours des années 2000, le passé prend de nouveau une place considérable dans les relations bilatérales, pour des raisons diverses que nous allons analyser. La période 2005-2007, pendant laquelle la Pologne est gouvernée par le parti PiS des frères Kaczyński,[1] marque l'apogée de ce développement.

---

[1] *Prawo i Sprawiedliwość* : Droit et justice (national-conservateur). Les frères jumeaux Jarosław et Lech Kaczyński sont des hommes politiques polonais. Lech est président de la

A partir de 2002, les querelles historiques sont très présentes dans la couverture médiatique et dans les commentaires des experts des relations germano-polonaises. Certains parlent d'une « instrumentalisation scandaleuse » de l'histoire par la politique, notamment à propos de l'usage du passé que font les frères Kaczyński et leurs partenaires du côté polonais, et les partisans du « Centre contre les expulsions »[1] du côté allemand. Les usages politiques du passé ne sont pourtant pas un phénomène nouveau qui apparaîtrait pour la première fois au début des années 2000 : à partir de 1989, on invoque très souvent le passé commun comme la motivation d'une réconciliation durable. Mais déjà à cette époque, un certain nombre d'acteurs politiques polonais et allemands insiste sur le fait que leur passé commun continuerait de diviser Polonais et Allemands. Le discours majoritaire est pourtant dominé par la volonté de réconciliation, qui devient même le leitmotiv des relations bilatérales au début des années 1990.

Le motif de la réconciliation est vite renforcé par celui de l'adhésion de la Pologne aux institutions européennes et atlantiques. Le soutien allemand aux efforts polonais pour « retourner en Europe » devient l'aspect central des relations entre la République fédérale d'Allemagne et la Pologne : le gouvernement allemand s'autoproclame « l'avocat » de la Pologne pour l'élargissement de l'UE et de l'OTAN. Il est évident que des considérations d'ordre historique et moral motivent cette position. Ces motivations morales et historiques sont fréquemment utilisées dans les discours des responsables allemands. Elles priment clairement sur les arguments d'ordre politique et économique, qui sont tout à fait considérables en réalité.

Les succès de la politique de réconciliation, qui va de pair avec le rapprochement entre la Pologne et les institutions européennes et atlantiques, sont apparents dans un premier temps : les traités polono-allemands de 1990 et 1991 donnent un nouveau fondement aux relations bilatérales et des gestes de réconciliation

---

République polonaise depuis 2005, Jarosław est président du parti PiS et fut Premier ministre de 2006 à 2007.

[1] *Zentrum gegen Vertreibungen* en allemand, *Centrum przeciwko Wypędzeniom* en polonais. La création d'un musée sur l'expulsion des Allemands et d'autres peuples européens a d'abord été proposée par le *Bund der Vertriebenen* (BdV). De nombreuses propositions concurrentes ont été faites par la suite. Pour distinguer, nous ferons référence à la proposition du BdV par « Centre », et à l'idée en général et aux propositions concurrentes par « centre ». Pour la proposition du BdV, voir http://www.z-g-v.de

dans les années suivantes semblent trouver le soutien des populations. La perspective de l'adhésion polonaise à l'OTAN et à l'UE se concrétise, notamment grâce au lobbying de l'Allemagne auprès de ses alliés. Les usages politiques du passé à cette époque soulignent la volonté de réconciliation et rappellent les moments positifs de l'histoire commune, avec lesquels il faudrait renouer dans le présent. Le chancelier allemand Helmut Kohl incarne parfaitement ces idées, mais elles restent présentes même après son départ en 1998.

Or, un tout autre usage du passé gagne du terrain à partir de 1998 – année qui constitue d'ailleurs un tournant dans les relations germano-polonaises. Ceci peut surprendre, parce que l'année 1998 est aussi marquée par un grand succès pour le couple polono-allemand : les négociations d'adhésion entre l'UE et la Pologne commencent le 31 mars 1998. Néanmoins, d'importants exemples d'usage du passé à des fins de politique intérieure au détriment des relations bilatérales voient le jour dès 1998. Ce ne sont plus des minorités radicales qui provoquent, mais des majorités parlementaires qui s'expriment sur le passé d'une façon qui nuit aux relations germano-polonaises. L'échange de résolutions parlementaires entre le Bundestag allemand et la Diète polonaise *(Sejm)* au sujet des expulsés en 1998 en est un premier exemple, dont la portée est encore limitée. L'interprétation historique des transferts de la population allemande après 1945 devient un véritable sujet de discorde dans les années 2000 ; la commémoration de ces événements en particulier devient une question politique majeure. De plus, la problématique des dédommagements et réparations surgit de manière inattendue sur la scène politique. Quand la Pologne rejoint l'UE le 1er mai 2004, les relations avec son grand voisin occidental semblent considérablement gâchées par les querelles historiques. Cette situation ne s'améliore pas par la suite : le gouvernement du parti PiS insiste encore plus sur les oppositions historiques. L'utilisation faite du passé entre 2005 et 2007 se démarque par une agressivité inégalée depuis 1989. De plus, les questions historiques sont même devenues le sujet majeur de la politique allemande de la Pologne sous les Kaczyński.[1] Après les élections polonaises de 2007 et la

[1] Adam Holesch. *Verpasster Neuanfang? Deutschland, Polen und die EU*. Bonn: Bouvier, 2007. p. 132. Reinhold Vetter. *Wohin steuert Polen? Das schwierige Erbe der Kaczyńskis*. Berlin: Ch. Links,

victoire du parti PO[1] de Donald Tusk, l'histoire joue un rôle moins dominant dans les relations polono-allemandes, même si la gestion du passé reste un sujet important sur l'agenda bilatéral.

Comment peut-on expliquer que le passé constitue de nouveau un problème politique dans les relations germano-polonaises ? Pour quelles raisons le leitmotiv de la réconciliation a-t-il perdu de sa force ? En quoi l'usage du passé par les hommes politiques a-t-il changé ? Ces questions nécessitent que nous retracions tout d'abord l'évolution des usages du passé. D'autres questions découlent des premières : quelles forces ont conduit au changement de paradigme ? Quels moments ont été décisifs pour la manière d'évoquer le passé ? Il faudra, au cours de notre analyse, situer les usages du passé dans le contexte plus large des relations polono-allemandes, bien évidemment déterminées par de nombreux aspects. La situation géopolitique ainsi que les intérêts politiques et économiques définissent un cadre à l'intérieur duquel les acteurs se penchent sur les questions du passé. Il convient donc de s'interroger sur les motivations des acteurs pour invoquer le passé : est-ce le désir de sensibiliser la société à l'histoire ? Ou peut-on au contraire affirmer que les usages du passé sont guidés par des fins politiques très concrètes, qui ont peu de rapport avec l'histoire ? Dans quelle mesure la conjoncture politique influence-t-elle les usages du passé ? Mais ne faut-il pas aussi prendre en compte les dynamiques propres aux débats historiques, qui, semble-t-il, peuvent contraindre les acteurs politiques ? N'y a-t-il pas finalement une multitude de facteurs qui décident de la façon dont les hommes politiques invoquent le passé ? Dans ce contexte, il sera également très important de se demander quelle place le passé joue à un moment donné : les usages du passé ne constituent qu'une simple figure rhétorique à certains instants, mais nous verrons qu'ils peuvent également être à l'origine de véritables problèmes politiques.

L'objet des usages : le passé germano-polonais

L'analyse des usages du passé exige des connaissances sur l'objet des usages, donc sur les événements de l'histoire polono-allemande auxquels les acteurs font allusion. Pour des raisons de

---

2008, p. 95-99. Piotr Buras. Die IV. Republik und Deutschland: Eine Anatomie des Misstrauens. *Polen-Analysen*, 19 décembre 2006, n° 3, p. 2-6.

[1] *Platforma Obywatelska* : Plateforme civique (libéral-conservateur).

place, nous ne pouvons pas exposer tous les événements historiques « exploités » par les hommes politiques ici, même si cela était souhaitable pour les lecteurs qui ne connaîtraient pas tous les détails de l'histoire des relations germano-polonaises. Nous avons toutefois décidé de présenter les événements dont il est question de manière succincte dans des notes de bas de page. Au cours de notre travail, il apparaîtra très clairement que la grande majorité des usages du passé concerne la Seconde Guerre mondiale et ses conséquences, sans doute la phase la plus douloureuse des relations polono-allemandes et en même temps encore proche du présent : nombre de témoins sont toujours vivants. Mais d'autres aspects de l'histoire commune, comme la politique polonaise d'Otto von Bismarck, surgissent également. On peut souvent lire que « [d]ans le passé, les relations germano-polonaises ont toujours été particulièrement conflictuelles ».[1] Cette opinion, renforcée par la propagande communiste en Pologne avant 1989, reste solidement ancrée chez les populations et elle se comprend quand on regarde l'histoire des deux derniers siècles. Il faut toutefois la nuancer : dans les années 1830, le mouvement national polonais a rencontré une vague de sympathie en Allemagne. Quand on remonte encore plus loin dans le passé, on voit des époques de voisinage pacifique et de coopération, marquées par des échanges humains très denses. L'histoire des relations polono-allemandes constitue alors un fond très riche pour tous ceux qui veulent en user : ce puissant potentiel d'instrumentalisation est lié au « paradoxe de relations historiques particulièrement intenses mais brutalement déchirées ».[2]

Définition des termes

Il convient ici de définir quelques termes que nous employons couramment au cours de ce livre. Tout d'abord, il faut revenir sur les termes « usage politique du passé » et « instrumentalisation du passé ». Il s'agit pour nous de deux termes assez proches l'un de l'autre, puisqu'ils décrivent des actions politiques qui sont à la base relativement similaires : un acteur politique fait référence à un ou plusieurs événements historiques, voire au « passé » dans sa

[1] Jerzy Holzer. La réconciliation germano-polonaise. *Revue d'études comparatives Est-Ouest*, mars 2000, vol. 31, n° 1, p. 68.

[2] Thomas Serrier. Allemagne-Pologne depuis 1945 : parcours de la reconnaissance. *Allemagne d'aujourd'hui*, octobre-décembre 2007, n° 182, p. 26.

totalité, pour justifier son action dans le présent. Il y a toutefois une différence essentielle entre les deux termes en ce qui concerne la façon dont le passé est invoqué : quand celle-ci est perçue comme légitime, on parle d'usage ; quand elle est en revanche perçue comme illégitime, on parle d'instrumentalisation. Le terme « usage » ne porte pas de connotation morale et s'applique généralement à une catégorie plus large de réalités, alors que le terme « instrumentalisation » semble plus fort et connoté d'une manière clairement négative. Différencier ces deux notions est parfois difficile, comme les évaluations morales ne sont pas toujours unanimes et peuvent évoluer dans le temps. Ce qui constitue un usage légitime pour les uns, est dénoncé comme instrumentalisation par les autres.[1]

Par ailleurs, selon Hartog et Revel, les usages du passé n'ont rien de nouveau, mais existent « depuis toujours ». De même, « tout discours historique est susceptible d'usages politiques ».[2] Il y a enfin des usages du passé dont l'opinion publique – et parfois même les auteurs de ces usages – ne sont pas conscients, parce que ces usages sont devenus si courants dans le discours politique qu'ils paraissent normaux et acceptés par tous. Dans notre analyse des usages politiques du passé, nous nous concentrons sur les usages qui sont faits par les hommes politiques. Nous avons volontairement réduit notre champ d'étude sur les plus hauts responsables politiques (chefs d'Etat et de gouvernement, ministres) et les parlementaires nationaux (qui reflètent mieux les différentes positions à l'intérieur d'une société). Il faut toutefois noter qu'il y a une multitude d'acteurs qui tentent de s'imposer grâce à des usages du passé. Quand leurs revendications sont reprises par des responsables politiques, leurs actions deviennent des sujets politiques de premier ordre. Ainsi, certains entrepreneurs de mémoire ou d'identité, issus d'horizons divers

[1] Pour ne citer qu'un exemple du contexte germano-polonais : certains hommes politiques allemands insistent régulièrement sur le fait que les déplacements des populations allemandes après la Seconde Guerre mondiale doivent être considérés comme une injustice. Ils estiment qu'il s'agit là d'un usage (légitime) du passé, parce qu'ils voient avant tout le tort qui a été infligé à des individus. Beaucoup de Polonais considèreront en revanche qu'il s'agit d'une instrumentalisation (illégitime) du passé : la situation juridique de l'époque est interprétée d'une autre façon en Pologne et on insiste sur le fait que les déplacements étaient inévitables.

[2] François Hartog, Jacques Revel. Note de conjoncture historiographique. In François Hartog, Jacques Revel dir. *Les usages politiques du passé.* Paris : Edition de l'Ecole des hautes études en sciences sociales, 2001. p. 13-14.

(associations de victimes, groupes d'intérêt, etc.), jouent un rôle important dans les relations germano-polonaises. De même, il ne faut pas sous-estimer le rôle des médias, puisqu'ils contribuent régulièrement aux débats historiques et mémoriels. De plus, les médias ont un grand pouvoir grâce au choix des thématiques, dans la mesure où ils peuvent décider d'accorder plus ou moins de place aux questions historiques.

En complément de cette distinction entre usage et instrumentalisation, il parait utile de rappeler la différence entre choix du passé et poids du passé que Valérie-Barbara Rosoux définit dans son analyse des usages du passé en politique étrangère.[1] Le choix du passé est une stratégie dont les acteurs sont pleinement conscients, tandis que le poids du passé apparaît comme un fardeau qui façonne les décisions du présent. Classer les actions politiques dans l'une ou l'autre de ces deux catégories n'est pas toujours possible, puisqu'il y a parfois un lien fort entre les deux : la création d'un besoin de commémorer publiquement la fuite et les expulsions des Allemands au cours des années 2000 montre que le poids de passé peut se construire (et se déconstruire) par des choix politiques.

Il faut enfin définir quelques termes qui sont importants dans le contexte polono-allemand. Rappelons notamment le débat très politisé sur les notions qui désignent les déplacements de la population allemande dans le contexte de la Seconde Guerre mondiale. Ce débat était acharné pendant la Guerre froide, mais même après le tournant de 1989, Polonais et Allemands n'ont pas trouvé d'expression qui serait acceptée par les deux côtés.[2] Le terme *Vertreibung* (expulsion) est habituellement utilisé en Allemagne pour l'ensemble des déplacements après la guerre, mais il faut savoir que dans son sens strict, il ne couvre qu'une partie de la réalité historique. Les modalités des déplacements ont été très variées : fuite devant l'Armée Rouge, expulsion « sauvage » par des Polonais avant le traité de Potsdam, évacuation organisée par les autorités polonaises et/ou soviétiques. Il faut toutefois rappeler

[1] Valérie-Barbara Rosoux. *Les usages de la mémoire dans les relations internationales : le recours au passé dans la politique étrangère de la France à l'égard de l'Allemagne et de l'Algérie, de 1962 à nos jours.* Bruxelles : E. Bruylant, 2001.

[2] Włodzimierz Borodziej. Flucht – Vertreibung – Zwangsumsiedlung. In Andreas Lawaty, Hubert Orłowski dir. *Deutsche und Polen. Geschichte-Kultur-Politik.* München: C.H. Beck, 2003. p. 88-95.

que les termes *Vertreibung / Vertriebene*, malgré leur connotation négative pour beaucoup de Polonais, ont aussi une signification sociale et juridique en Allemagne, notamment dans le contexte de l'intégration des Allemands venus de l'Est après la guerre. En Pologne, de nombreux responsables politiques, mais également certains journalistes et chercheurs, s'opposent à l'usage du terme *wypędzenie* (expulsion), parce que sa connotation morale impliquerait que les déplacements étaient contre la loi. De même, le terme est discrédité en Pologne à cause des revendications revanchardes du *Bund der Vertriebenen* (BdV) pendant la Guerre froide. Ils préfèrent alors des termes tels *wysiedlenie* (évacuation) ou *przesiedlenie* (déplacement).[1]

Il n'en reste pas moins que les événements historiques à cette époque étaient d'une telle complexité qu'il est forcément réducteur de les résumer en un seul mot. L'emploi politisé des différents termes pendant la Guerre froide, notamment par les associations des réfugiés et expulsés allemands et le pouvoir communiste en Pologne, fait que les habitudes de langage ne facilitent pas la recherche de termes neutres. Il est alors difficile d'éviter la partialité et nombreux sont les débats autour des expressions à employer. La coexistence de plusieurs termes pourrait constituer un compromis – c'est du moins notre choix pour cet ouvrage.

Le choix des moments et problématiques étudiés

Le passé apparait dans un très grand nombre de déclarations, discours et débats politiques qui traitent des relations germano-polonaises. Pour analyser l'évolution des usages du passé dans le cadre limité de ce livre, il a fallu choisir quelques moments importants et révélateurs. Notre choix a été guidé par le souhait de trouver des moments significatifs, qui ont à la fois suscité un intérêt considérable à l'époque et qui sont caractéristiques pour une catégorie d'usages du passé. Les quatre moments retenus doivent également être représentatifs des différentes périodes de l'époque analysée. Outre ces quatre moments, nous avons retenu un débat symptomatique et révélateur : celui autour de la proposition du BdV de créer un Centre contre les expulsions à Berlin. Cette discussion très médiatisée a, plus que tous les autres

[1] On s'oppose au terme de *Vertreibung* également en République tchèque d'ailleurs, où on utilise le plus souvent le terme *odsun* (transfert).

débats mémoriels, un impact considérable sur les relations bilatérales, sans pour autant se focaliser dans un moment ou événement précis. De nombreux hommes politiques polonais et allemands se sont exprimés sur cette question au cours des dernières années, en se tournant vers l'opinion publique de leur propre pays, mais également vers l'opinion publique et les dirigeants du pays voisin.

Nous commencerons par les années 1989-1991 qui marquent un véritable tournant dans les relations bilatérales – comme dans les relations internationales en général d'ailleurs. La fin de la Guerre froide ainsi que la réunification allemande ont fondamentalement changé la donne des relations polono-allemandes. La nouvelle phase des relations bilatérales commence symboliquement par la visite d'Helmut Kohl en Pologne en novembre 1989, interrompue en raison de la chute du Mur de Berlin. Par la suite, la confirmation définitive de la frontière Oder-Neiße pose un problème considérable dans le processus de la réunification allemande. Mais les deux traités de 1990 et 1991 normalisent les relations bilatérales et constituent un nouveau fondement pour la coopération. Entre 1989 et 1991, les relations sont marquées par de multiples usages du passé, motivés d'une part par le désir de réconciliation, d'autre part par la continuité des aversions et peurs historiques.

Le deuxième moment retenu concerne ce qu'on pourrait appeler « l'apogée de la réconciliation politique ». Il s'agit de la période 1994-1995 qui est marquée par deux discours majeurs : celui du président allemand Roman Herzog à l'occasion du 50ème anniversaire de l'insurrection de Varsovie et celui de Władysław Bartoszewski, alors ministre des Affaires étrangères polonais, à l'occasion du 50ème anniversaire de la fin de la Seconde Guerre mondiale.

On se penchera ensuite sur deux résolutions parlementaires qui font l'objet d'instrumentalisations assez nettes du passé germano-polonais. Dans un contexte pré-électoral, le Bundestag allemand vote en mai 1998 une résolution sur le rôle des expulsés dont les ambiguïtés provoquent une forte réaction de la Diète polonaise. Cette querelle montre à quel point les relations bilatérales sont encore fragiles, mais l'impact négatif de cette « guerre des résolutions » reste toutefois limité.

Le dernier moment analysé concerne le retour de la question des restitutions, dédommagements et réparations en 2004. On s'étonne de la raison d'être de ce débat, puisqu'il semble très peu probable politiquement que des versements entre les deux pays puissent avoir lieu. L'affaire devient toutefois un véritable problème politique au cours de l'année 2004, en raison de l'ambiguïté de la situation juridique et de l'instrumentalisation politique qui en est faite en Pologne.

Nous pensons que les moments et thématiques retenus ont un caractère représentatif des usages du passé dans les relations germano-polonaises entre 1989 et 2005. Il convient toutefois de souligner que d'autres aspects n'ont pas pu être traités, avant tout pour des contraintes de place. La question des dédommagements pour les travailleurs forcés n'est traitée que brièvement parce que les négociations multilatérales à ce sujet dépassent de loin le cadre bilatéral. Les débats des années 1998-2000 répondent à une logique qui se place hors du contexte germano-polonais, parce que les Etats-Unis et les organisations de victimes juives y jouent un rôle prépondérant. Le sujet a certes eu une influence non négligeable sur les relations polono-allemandes, mais analyser le contexte particulier de cette question dépasserait les ambitions de notre ouvrage.[1]

Nous ne traiterons pas non plus de la question épineuse des biens culturels dans ce livre. Depuis 1992, les gouvernements polonais et allemand mènent des négociations plus ou moins intensives, selon les périodes, sur le retour ou le dédommagement de biens culturels déplacés ou détruits pendant la Seconde Guerre mondiale. Il semble toujours impossible de trouver une solution à cause de positions juridiques opposées. De même, la situation est compliquée par le fait que la grande majorité des biens culturels allemands litigieux se trouve aujourd'hui en Pologne, tandis que la plupart des biens culturels polonais ont été détruits par les nazis pendant la Seconde Guerre mondiale. Néanmoins, la question est nettement moins discutée par l'opinion publique que d'autres

---

[1] Le sujet est traité de manière détaillée par les négociateurs polonais : Jan Barcz, Bartosz Jałowiecki, Jerzy Kranz dir. *Między pamięcią a odpowiedzialnością. Rokowania w latach 1998-2000 w sprawie świadczeń za pracę przymusową.* Warszawa: Wydawnictwo Prawo i Praktyka Gospodarcza, 2004. Pour la vision de l'économie allemande : Susanne-Sophia Spiliotis. *Verantwortung und Rechtsfrieden. Die Stiftungsinitiative der deutschen Wirtschaft.* Frankfurt am Main: Fischer, 2003.

questions historiques. Il semble finalement que ce débat complexe intéresse surtout les experts et les intellectuels. La problématique est relativement peu évoquée par les responsables politiques (au moins en public) ; peut-être parce qu'elle se prête moins à l'instrumentalisation politique ? En tout état de cause, la question des biens culturels joue un rôle moins important dans notre contexte.[1]

Il reste un dernier aspect que nous ne traiterons qu'à la marge : le rappel des époques de bon voisinage ou des efforts de réconciliation du passé. Souligner les bonnes traditions de coopération, dans un passé lointain ou à une époque récente, constitue un motif assez régulier des usages du passé. Par ce moyen, les responsables politiques tentent de justifier et conforter la coopération dans le présent. Cet aspect est peu problématique : c'est probablement la raison pour laquelle on lui accorde généralement peu d'attention, surtout dans les médias. Nous estimons donc que son importance reste plutôt limitée et qu'il n'est pas nécessaire de lui accorder un développement propre.

Etat de recherche et sources utilisées

Les relations germano-polonaises sont assurément un sujet de recherche abondamment traité dans les deux pays. Mais l'asymétrie entre les deux pays – que nous analyserons au cours de notre travail – existe également dans le champ de la recherche. L'Allemagne est plus importante pour la Pologne que l'inverse ; l'Allemagne constitue même l'un des deux points de référence fondamentaux pour la Pologne (l'autre étant la Russie). Il n'est donc pas étonnant que le nombre de publications et revues spécialisées sur les relations polono-allemandes soit plus important en Pologne qu'en Allemagne. De même, il existe plus d'institutions de recherche travaillant sur la relation bilatérale en Pologne qu'en Allemagne.

[1] Robert Traba. Kontroversen um die polnischen und deutschen verlorenen Kulturgüter. In Anna Wolff-Powęska, Dieter Bingen dir. *Nachbarn auf Distanz: Polen und Deutsche 1998-2004*. Wiesbaden: Harrassowitz, 2005. p. 395-415. Nawojka Cieślińska-Lobkowicz. Return of Cultural Property in Polish-German Relations of the Past Decade. In Grażyna Czubek, Piotr Kosiewski dir. *Displaced Cultural Assets*. Warszawa: Trio, 2004. p. 129-137. Wojciech Kowalski (interviewé par Gabriele Lesser). « Wir haben den Deutschen nichts gestohlen ». *tageszeitung*, 11/9/2007. Marta Kijowska. Zerstört, versteckt, verschleppt, gefunden. *Neue Zürcher Zeitung*, 10/9/2007.

Dans les années 1989-2005, de nombreuses analyses sur les relations germano-polonaises ont été publiées, mais souvent sur l'état des relations et leurs aspects dominants à ce moment précis. En Pologne, l'intérêt scientifique pour les relations bilatérales reste constamment sur un niveau élevé. En Allemagne, certains moments ont attiré nettement plus d'intérêt que d'autres : le tournant de 1989-1991 a fait l'objet de plusieurs études approfondies, tandis que la suite des relations dans les années 1990 est moins étudiée. A partir de 2000 environ, on accorde de nouveau plus d'intérêt à la Pologne et aux relations germano-polonaises.

Quant au sujet de notre étude, les usages politiques du passé dans les relations germano-polonaises entre 1989 et 2005, il est traité dans beaucoup de travaux plus généraux, mais très souvent de manière secondaire. Le nombre de publications sur certains aspects des usages du passé est assez élevé, notamment sur ceux qui posent problème dans les relations bilatérales. Tel est le cas du débat autour du Centre contre les expulsions ou des revendications de dédommagement de certains expulsés allemands. La plupart des contributions traitent pourtant des événements historiques et de leur interprétation ; on y explique que le passé joue un rôle important dans les relations germano-polonaises aujourd'hui. La façon dont les responsables politiques évoquent le passé ainsi que l'évolution des usages du passé sont en revanche peu analysées. Notamment l'usage du passé à des fins de réconciliation au cours des années 1990 a suscité peu d'intérêt chez les historiens et politologues.

Cette bibliographie générale assez riche, en ouvrages et revues spécialisées, a été le point de départ de notre étude. Puisque notre approche est historique, l'étude de sources primaires assez variées a constitué l'essentiel de notre recherche : nous avons analysé les documents diplomatiques déjà accessibles (un certain nombre de documents allemands et polonais concernant le processus de la réunification allemande ont été publiés), les discours des responsables politiques, les débats parlementaires et les documents officiels. Incontournables pour toute étude en histoire contemporaine, les articles de presse ont également constitué une source importante.[1] Certains acteurs ont entre-temps publié leurs mémoires, dont l'étude nous a parfois apporté une meilleure compréhension des événements. Une vingtaine d'entretiens avec des diplomates, députés, universitaires, experts et journalistes – (anciens) acteurs et observateurs des relations germano-polonaises – ont finalement permis d'obtenir des informations précieuses et d'approfondir notre analyse.[2]

Il est évident qu'un travail d'histoire contemporaine doit faire face au nombre limité de documents accessibles. Les archives sont encore fermées ; la publication de certains documents ne constitue qu'une exception à cette règle. Il faut pourtant noter que ce problème est probablement un peu moins grave dans notre contexte que d'habitude : les usages du passé doivent être publics pour avoir un effet politique. Il est toutefois certain que les motivations des acteurs sont parfois déterminées par des réflexions que nous ne pourrons comprendre plus clairement qu'après l'ouverture des archives. C'est pour cette raison que nos conclusions doivent rester prudentes sur certains points.

Annonce du plan

La première partie de cet ouvrage se compose de l'étude de quatre moments-clés de l'utilisation de l'histoire dans les relations germano-polonaises. Entre 1989 et 1991, la fin du communisme en Pologne et en Allemagne permet un tournant décisif dans les relations bilatérales : le fondement de la coopération future est posé à ce moment-là. Les dirigeants politiques tentent de justifier ce tournant par de nombreux recours au passé commun, mais les expériences historiques constituent également des obstacles au rapprochement (I.). Les responsables politiques des deux côtés poursuivent une politique de réconciliation par la suite, qui trouve son apogée en 1994 et 1995 (II.). Néanmoins, le passé divise de nouveau les deux pays, quand les deux parlements affirment dans des résolutions contradictoires des visions divergentes du passé commun en 1998 (III.). En 2004, la question des dédommagements et réparations dans le contexte de la Seconde Guerre mondiale pose de nouveau un problème politique dans les relations polono-allemandes (IV.).

---

[1] Ont notamment été analysés, à des dates choisies : *Frankfurter Allgemeine Zeitung, Süddeutsche Zeitung, Die Zeit, Der Spiegel, Gazeta Wyborcza, Rzeczpospolita, Tygodnik Powszechny, Polityka.*

[2] Voir la liste des entretiens réalisés en annexe.

La seconde partie analyse les finalités des usages politiques du passé, en soulignant plus particulièrement les ruptures et la continuité de ces usages. Notamment au cours des années 1990, le motif de la « communauté d'intérêts » entre la Pologne et l'Allemagne est une source importante de la politique de réconciliation (V.). Le deuxième type d'usages du passé concerne les utilisations de l'histoire à des fins électorales : la primauté de la politique intérieure est à l'origine d'usages du passé qui nuisent aux relations bilatérales (VI.). Enfin, les usages parfois contradictoires du passé commun sont également dus à des visions différentes de l'histoire commune (VII.).

La conclusion résume les résultats de notre analyse.

PREMIÈRE PARTIE.
L'UTILISATION DE L'HISTOIRE DANS LES RELATIONS POLONO-ALLEMANDES : ÉTUDE DE QUATRE MOMENTS-CLÉS

Dans cette première partie, nous analyserons des exemples concrets des usages du passé par les responsables politiques. Il s'agit de quatre moments clés que nous traiterons dans l'ordre chronologique.

La période du tournant dans les relations bilatérales, de 1989 à 1991, marque aussi un net renforcement des efforts de réconciliation, qui se heurtent toutefois à certaines résistances (I.). En 1994 et 1995, deux commémorations importantes, celle du 50ème anniversaire de l'insurrection de Varsovie et celle du 50ème anniversaire de la fin de la Seconde Guerre mondiale, ont une importance considérable pour les relations germano-polonaises (II.). En 1998, deux résolutions parlementaires au sujet des expulsés, du Bundestag allemand et de la Diète polonaise, montrent que l'usage politique du passé à des fins intérieures peut provoquer des querelles bilatérales inattendues (III.). Finalement, en 2004, les revendications d'un petit groupe d'expulsés allemands provoquent le retour de la question des restitutions, dédommagements et réparations dans les relations bilatérales, ce qui donne lieu à des instrumentalisations du passé qu'on avait cru surmontées après 1989 (IV.).

I. Le tournant dans les relations suite à la chute du communisme (1989-1991)

Les années 1989-1991 marquent, pour de multiples raisons, un véritable tournant dans les relations germano-polonaises. Pour comprendre la signification de ce tournant, il faut brièvement rappeler l'histoire des relations polono-allemandes après 1945.

La Seconde Guerre mondiale constitue sans doute l'apogée d'une relation bilatérale très conflictuelle depuis le XVIIIe siècle. La Pologne, premier pays attaqué par l'Allemagne nazie en 1939, subit des pertes très lourdes au cours de la Seconde Guerre mondiale : on estime le nombre de victimes polonaises entre 4,5 et 6 millions, dont 3 millions de Juifs polonais. De même, 1,7 millions de Polonais sont expulsés de leurs maisons par l'occupant nazi au cours de la guerre. Par la suite, les conférences de Yalta et Potsdam définissent les nouvelles frontières en Europe. L'Allemagne perd ses territoires à l'est dont la grande majorité est, selon la lettre du traité de Potsdam, « placée sous administration polonaise ». La Pologne perd en même temps une partie importante de ses territoires orientaux en faveur de l'Union soviétique. De larges déplacements de population en sont la conséquence : des millions d'Allemands fuient devant l'Armée Rouge ou sont expulsés, évacués et déplacés vers l'Ouest.[1] Près de 1,5 millions de Polonais doivent quitter les territoires devenus soviétiques.[2]

Il n'est donc pas étonnant que les relations germano-polonaises soient très difficiles au lendemain de la guerre. Dans le contexte de la Guerre froide, la République fédérale ne reconnaît pas la nouvelle frontière et se refuse à l'ouverture de relations diplomatiques. Ceci change en 1970, quand le chancelier Willy Brandt signe le traité de Varsovie avec le gouvernement polonais. On y reconnaît l'inviolabilité, mais pas l'intangibilité de la

[1] Il est très difficile de chiffrer le nombre des personnes concernées. Le chiffre de 12 millions d'Allemands semble l'estimation la plus crédible pour la totalité des territoires à l'est ; certains acteurs politiques allemands et le BdV parlent de 15 millions. Entre 7 et 8 millions d'Allemands ont quitté les territoires devenus polonais

[2] Chiffre selon Thomas Urban. *Der Verlust: Die Vertreibung der Deutschen und Polen im 20. Jahrhundert.* München: C.H. Beck, 2004. p. 158.

frontière. La République démocratique allemande (RDA) avait déjà reconnu la ligne Oder-Neiße comme « frontière de l'amitié » en 1950, mais les relations politiques entre les deux pays socialistes restent difficiles pendant toute la période 1949-1989, de même que les relations entre les deux sociétés.[1] En Pologne, l'image de l'ennemi allemand est constitutive de l'identité nationale dans l'après-guerre ; la propagande communiste justifie l'alliance avec l'Union soviétique par le danger du revanchisme ouest-allemand, car seule l'Union soviétique serait capable de garantir la nouvelle frontière. Le traité de 1970 rend ce raisonnement plus difficile : c'est aussi pour cette raison que la génuflexion de Brandt à Varsovie gêne considérablement le pouvoir polonais.[2] Après 1970, les relations entre la République fédérale d'Allemagne (RFA) et la Pologne s'améliorent dans un premier temps, avant d'entrer dans une nouvelle phase de stagnation vers la fin des années 1970. La crise polonaise de 1980-1981 complique encore les relations politiques.[3]

Malgré les difficultés politiques, quelques groupes issus des sociétés civiles et notamment les églises entreprennent d'importantes initiatives de réconciliation avant 1989. L'église protestante allemande se prononce pour l'acceptation de la frontière Oder-Neiße et la réconciliation avec la Pologne en octobre 1965.[4] Peu après, les évêques polonais écrivent une lettre à leurs homologues allemands, qui contient la célèbre phrase « Nous pardonnons et demandons pardon ».[5] Plus tard, l'opposition polonaise développe une nouvelle vision de l'Allemagne et des relations polono-allemandes. L'aide spontanée de la société civile ouest-allemande à l'égard des Polonais pendant l'époque de

---

[1] Basil Kerski, Andrzej Kotula, Kazimierz Wóycicki dir. *Zwangsverordnete Freundschaft? Die Beziehungen zwischen der DDR und Polen 1949-1990.* Osnabrück: Fibre, 2003.

[2] Michael Wolffsohn, Thomas Brechenmacher. *Denkmalsturz? Brandts Kniefall.* München: Olzog, 2005.

[3] Pour les relations RFA-Pologne après 1945, voir par exemple : Dieter Bingen. *Die Polenpolitik der Bonner Republik von Adenauer bis Kohl 1949-1991.* Baden-Baden: Nomos, 1998. idem. La question allemande en Pologne depuis 1945. In François Bafoil dir. *La Pologne.* Paris : Fayard/CERI, 2007. p. 477-496.

[4] Denkschrift « Die Lage der Vertriebenen und das Verhältnis des deutschen Volkes zu seinen östlichen Nachbarn », 4 octobre 1965.

[5] Lettre du 18 novembre 1965 ; la réponse des évêques allemands reste toutefois décevante : il semble qu'ils n'aient pas compris la très importante signification symbolique de la lettre des évêques polonais. Voir à ce sujet : Basil Kerski, Tomasz Kycia, Robert Żurek. *« Wir vergeben und bitten um Vergebung ». Der Briefwechsel der polnischen und deutschen Bischöfe von 1965 und seine Wirkung.* Osnabrück: Fibre, 2006.

Solidarność et l'état de guerre aide à changer l'image de l'Allemagne aux yeux des Polonais.

Vers la fin des années 1980, les relations germano-polonaises s'améliorent progressivement, mais à petits pas. Le débat autour la devise du rassemblement des Silésiens en 1985 crée même de nouvelles tensions dans les relations bilatérales.[1] Mais il est important dans ce contexte qu'en février 1985, le chancelier Kohl affirme pour la première fois en public qu'il respectera pleinement le traité de 1970. En 1989, une visite de Kohl en Pologne est envisagée avant l'été, mais elle est repoussée à cause des développements en Pologne. Les négociations de la « table ronde », puis l'élection de Tadeusz Mazowiecki comme Premier ministre le 24 août 1989 marquent le début de la fin du communisme en Pologne. Après l'installation du gouvernement Mazowiecki – qui est le premier chef de gouvernement non-communiste du bloc soviétique –, les négociations pour la préparation de la visite de Kohl reprennent. Elles avancent assez vite, ce qui permet d'organiser le voyage en novembre 1989.[2]

Avant de nous pencher sur cette visite, il convient de rappeler que le président fédéral allemand, Richard von Weizsäcker, espérait se rendre en Pologne le 1er septembre 1989, pour commémorer dans un esprit de réconciliation le 50ème anniversaire du début de la Seconde Guerre mondiale avec son homologue polonais, le général Jaruzelski. Du côté polonais on était favorable à cette idée, mais des résistances des conservateurs de la CDU/CSU[3] et la stagnation dans les négociations préparatoires pour la visite de Kohl font que von Weizsäcker, d'ailleurs l'un des seuls hommes politiques allemands à s'engager depuis longtemps pour la réconciliation avec la Pologne, est contraint de renoncer à cette idée. De plus, Dieter Bingen estime que la « rivalité

---

[1] L'association des Silésiens (*Schlesische Landsmannschaft*) prévoyait la devise « La Silésie reste à nous » (« *Schlesien bleibt unser* »), mais elle modifie finalement ce slogan ouvertement revanchard sous la pression du chancelier Kohl. Voir Bingen. *Die Polenpolitik*... op. cit. p. 231-232.

[2] Bingen. *Die Polenpolitik*... op. cit. p. 232-253. Włodzimierz Borodziej. Wstęp. In Włodzimierz Borodziej dir. *Polska wobec zjednoczenia Niemiec, 1989-1991. Dokumenty dyplomatyczne*. Warszawa: Scholar, 2006. p. 20-24.

[3] *Christlich Demokratische Union / Christlich-Soziale Union* : Union chrétienne-démocrate / Union chrétienne-sociale (centre-droite).

silencieuse » entre von Weizsäcker et le chancelier Kohl pour les actes symboliques de réconciliation n'a pas permis ce voyage.[1]

Pendant toute la période 1989-1991, la Pologne se trouve au milieu de sa transformation systémique. Pour bien évaluer la politique étrangère polonaise de cette époque, il faut se rappeler que des réformes politiques et économiques de grande portée sont en cours de réalisation et que d'importants changements de personnel ont lieu : il ne faut pas s'étonner que la diplomatie polonaise manque parfois de coordination et de cohérence.[2]

La visite de Kohl en novembre 1989 amorce le tournant dans les relations germano-polonaises. Elle donne lieu à un nombre considérable d'usages du passé par les responsables polonais et allemands : ils rappellent le passé difficile, qui est désormais interprété comme une motivation du rapprochement. La volonté de réconciliation trouve son expression dans un geste symbolique important à Krzyżowa (1.). Par la suite, la question de la réunification allemande devient un sujet important des relations bilatérales. La Pologne montre un intérêt particulier pour le processus menant à la réunification, puisqu'on y décide également de la confirmation de la frontière germano-polonaise. (2.). Quand Polonais et Allemands négocient, signent et finalement ratifient les deux traités qui règlent leurs relations après la Guerre froide, le passé et les problèmes qui y sont liés jouent un rôle important. La majorité des responsables politiques se prononce alors pour la réconciliation, mais certains acteurs continuent de propager les stéréotypes négatifs produits par l'histoire (3.).

1. La visite « historique » d'Helmut Kohl en Pologne en novembre 1989 : les débuts difficiles de la réconciliation politique

Après de longues négociations préalables et une préparation difficile, le chancelier Helmut Kohl se rend en Pologne pour sa première visite officielle en novembre 1989. Accompagné de sept

[1] Bingen. *Die Polenpolitik...* op. cit. p. 248-249. Friedbert Pflüger. *Richard von Weizsäcker: Ein Porträt aus der Nähe.* Stuttgart: Deutsche Verlags-Anstalt, 1990. p. 319-327.

[2] Mieczysław Tomala. *Polen und die deutsche Wiedervereinigung.* Warszawa: Elipsa, 2004. p. 242. Entretien avec Jan Barcz.

ministres, il arrive à Varsovie le 9 novembre. La visite prend un tournant inattendu dans la soirée, quand les premières nouvelles de la chute du Mur de Berlin arrivent. Selon ses mémoires, il est évident pour Kohl qu'il doit tout de suite retourner en Allemagne.[1] Ses hôtes polonais comprennent sa situation, mais ils craignent que son départ signifie la fin de la visite. Cependant, Kohl retourne en Pologne le 11 novembre et reste, comme prévu, jusqu'au 14.

L'ouverture inattendue de la frontière par les autorités de la RDA change évidemment le cadre de la visite. La question d'une possible réunification allemande et ainsi celle de la confirmation de la frontière polono-allemande se trouvent désormais au premier plan. Toutefois, les réformes économiques en Pologne et l'aide économique allemande restent un sujet important.[2]

Dans leurs entretiens respectifs avec Kohl, Mazowiecki et Jaruzelski évoquent un sujet directement lié au passé difficile des deux pays : la demande polonaise d'un dédommagement pour les victimes du national-socialisme et les travailleurs forcés. Mazowiecki avertit même le chancelier que ce sujet pourrait être instrumentalisé par des groupes qui s'opposent au rapprochement germano-polonais ; la suite montrera qu'il a raison sur ce point. Kohl reste toutefois très réservé à ce sujet : l'Allemagne aurait déjà beaucoup payé pour les victimes du national-socialisme.[3] En fin de compte, le sujet ne constitue pas une priorité pour le gouvernement polonais, même s'il constitue une question importante et sensible pour la population polonaise. Kohl souligne que des versements créeraient un précédent pour d'autres pays, ce qui confronterait la RFA à un nombre incalculable de demandes. Même si le chancelier insiste beaucoup sur la responsabilité allemande pour les crimes nazis, il précise clairement qu'il n'est pas disposé à payer des dédommagements, sauf peut-être d'une

[1] Helmut Kohl. *Erinnerungen 1982-1990*. München: Droemer, 2005. p. 966.

[2] Bingen. *Die Polenpolitik*... op. cit. p. 257.

[3] Les victimes allemandes ont obtenu la très grande majorité des indemnités, les victimes résidant dans les pays occidentaux ont obtenu des dédommagements au cours des années 1950 et 1960, les victimes résidant dans les pays communistes n'ont quasiment rien obtenu. Kohl parle de 105 milliards DM de dédommagements à ses interlocuteurs polonais, mais il n'évoque pas la répartition géographique des versements – pour des raisons évidentes. Hans Günter Hockerts, Claudia Moisel, Tobias Winstel dir. *Grenzen der Wiedergut-machung. Die Entschädigung für NS-Verfolgte in West- und Osteuropa 1945-2000*. Gottingen: Wallstein, 2006.

manière très limitée dans des cas extrêmes.[1] Ses interlocuteurs polonais sont déçus de cette attitude ; la porte-parole du gouvernement polonais le dit ouvertement : Kohl « ne voulait pas du tout discuter des dédommagements pour les travailleurs forcés », mais il serait difficile « de parler de réconciliation sans une certaine satisfaction matérielle, sans une réparation morale pour des centaines de milliers de Polonais ».[2]

En conséquence, ce problème épineux n'est pas traité dans la déclaration commune qui est signée par les deux chefs de gouvernement à la fin de la visite. Cette déclaration, le plus important document des relations polono-allemandes depuis le traité de 1970, comporte 78 points et englobe de nombreux champs de coopération. Elle illustre donc un progrès tout à fait considérable que les changements politiques en Pologne ont rendu possible, mais le contexte politique en novembre 1989 ne permet pas encore un tournant décisif. Il est d'ailleurs notable qu'il s'agit d'une déclaration et pas d'un traité de droit international. Toutefois, les développements des mois suivants font que ce document aura une durée de vie limitée. Il servira néanmoins de fondement aux négociations pour le traité de 1991. Les dispositions concernant la minorité allemande en Pologne constituent une avancée considérable, tout en évitant le mot « minorité » ; celles concernant la frontière commune, restent, à la déception des Polonais, très vagues. Enfin, la déclaration contient des éléments très intéressants pour l'analyse des usages du passé. Le passé douloureux y est défini comme un avertissement et une motivation pour l'avenir :

Article 2. « Le 50ème anniversaire de la Seconde Guerre mondiale, déclenchée par l'attaque de l'Allemagne national-socialiste sur la Pologne, et le nombre élevé de victimes que cette guerre a fait, sont un avertissement et un appel pour la mise en œuvre de relations durablement pacifiques entre les deux Etats et peuples. Cet anniversaire rappelle la dimension historico-morale des relations entre Allemands et Polonais ».

Article 78. « Elles [la République fédérale d'Allemagne et la République populaire de Pologne] savent, en ce qui concerne la poursuite du développement des relations tournée vers l'avenir, être en concordance avec le désir profond et longtemps entretenu de leurs

---

[1] Notatki Departamentu IV z rozmów Mazowiecki-Kohl 9, 10 i 14 listopada oraz z rozmowy Skubiszewski-Genscher 10 listopada. In Borodziej dir. *Polska*... op. cit., p. 158-162. Gespräch des Bundeskanzlers Kohl mit Staatspräsident Jaruzelski, Warschau 12/11/1989. In Hanns-Jürgen Küsters, Daniel Hofmann dir. *Dokumente zur Deutschlandpolitik. Deutsche Einheit. Sonderedition aus den Akten des Bundeskanzleramtes 1989/1990*. München: Oldenbourg, 1998. p. 519-529. Gespräch des Bundeskanzlers Kohl mit Ministerpräsident Mazowiecki, Warschau 14/11/1989. In ibid. p. 532-537.

[2] Kohls Besuch in Polen. *Archiv der Gegenwart*, n° 33966, 14/11/1989.

peuples de guérir les plaies du passé, consolider la confiance réciproque et construire un meilleur avenir par l'entente et la réconciliation ».[1]

L'affirmation du « désir profond et de longue date » des Polonais et des Allemands de se réconcilier peut surprendre. Un tel désir existe certes parmi certains groupes des deux côtés, et il y a probablement même une majorité silencieuse d'Allemands qui partage cet avis. Mais le chancelier allemand et bon nombre d'autres responsables politiques de son parti se montrent en même temps très compréhensifs vis-à-vis de ceux qui s'opposent à la réconciliation. Une résolution du congrès de la CSU en juillet 1990 est révélatrice à ce sujet : on y demande une excuse officielle des Polonais pour l'expulsion comme condition préalable à la réconciliation.[2] La situation du côté polonais est beaucoup plus difficile encore : après de longues années de propagande anti-allemande, le nouveau gouvernement rencontre des difficultés pour convaincre les Polonais de changer leur vision du voisin occidental. La peur des Allemands est encore largement répandue en Pologne à cette époque et il semble donc très osé de parler d'un désir profond de réconciliation au sein de la population polonaise en novembre 1989.[3]

De même, il est très intéressant d'analyser les toasts de Mazowiecki et Kohl lors de leur déjeuner commun du 9 novembre. Le Premier ministre polonais rappelle qu'il y avait des conflits dans l'histoire des relations polono-allemandes, mais aussi des moments de coopération entre voisins, dont on parlerait trop peu. Son appel en faveur de la réconciliation des deux sociétés montre qu'il faut encore créer ce désir de réconciliation dont parle la déclaration commune du 14 novembre.[4] Dans sa réponse, le chancelier Kohl rappelle les chapitres douloureux de l'histoire : les

---

[1] Le texte allemand de la déclaration est accessible sur http://www.berlin.polemb.net/index.php?document=328 [7/5/2008]. En l'absence d'indications contraires, toutes les traductions des citations sont faites par l'auteur.

[2] Cité dans Wolfgang Bötsch. Die deutsch-polnischen Beziehungen nach Unterzeichnung des Nachbarschaftsvertrages. *Politische Studien*, septembre/octobre 1991, vol. 42, n° 319, p. 473.

[3] Des sondages de juin 1990 soulignent ce fait : 44% des Polonais exprimaient de l'aversion contre les Allemands, seulement 13% de la sympathie pour eux. Artur Hajnicz. *Polens Wende und Deutschlands Vereinigung*. Paderborn: Schöningh, 1995. p. 137. Voir aussi Michael Ludwig. *Polen und die deutsche Frage*. Bonn: Forschungsinstitut der Deutschen Gesellschaft für Auswärtige Politik e.V./Europa Union Verlag, 1991. p. 27-32.

[4] Toast Premiera PRL, Tadeusza Mazowieckiego wygłoszony 9 listopada 1989 r. podczas obiadu w Pałacu Urzędu Rady Ministrów. In Jan Barcz dir. *Polska-Niemcy. na drodze ku porozumieniu i pojednaniu*. Poznań: Instytut Zachodni, 1990. p. 11-12.

« immenses souffrances » polonaises, mais aussi les victimes allemandes de l'expulsion. Tout comme Mazowiecki, il souligne les moments pacifiques de l'histoire germano-polonaise qui seraient trop peu connus. En parlant de l'enthousiasme que les Allemands exprimaient pour le peuple polonais pendant les années 1830, il propose de fonder les nouvelles relations sur cet héritage.[1]

Le geste symbolique de réconciliation entre Mazowiecki et Kohl, qui a lieu le 12 novembre 1989 à Krzyżowa (Kreisau) en Basse Silésie, constitue probablement le moment le plus important de la visite. De fait Kohl tient beaucoup à ce que le rapprochement trouve une illustration dans un geste symbolique. Dans son entretien avec Mazowiecki le 9 novembre, il explique : « Il faut donner un signe de paix, cela sera plus important que les faits réels ».[2] On ne peut qu'approuver cette idée : le geste de Krzyżowa est devenu un « lieu de mémoire » dans les relations bilatérales.[3]

La rencontre de Kohl et Mazowiecki à Krzyżowa est symbolique pour plusieurs raisons. Le lieu tout d'abord : la cérémonie a lieu sur l'ancien domaine de la famille von Moltke, donc à l'endroit où le cercle de Kreisau *(Kreisauer Kreis)*, l'un des plus importants mouvements de résistance interne contre le national-socialisme, se réunissait pendant la guerre. La cérémonie en elle-même a une forte valeur symbolique. Mazowiecki et Kohl, tous les deux catholiques, assistent ensemble à une « messe de réconciliation ». La messe est célébrée par l'évêque d'Opole, Alfons Nossol : il appelle à la réconciliation entre Polonais et Allemands dans un esprit chrétien.[4] Le moment symbolique du geste de paix a lieu à la fin de la messe : Kohl et Mazowiecki se serrent dans les bras et échangent le salut liturgique, pour montrer symboliquement « qu'une nouvelle ère avait commencé dans les

---

[1] Rede von Bundeskanzler Helmut Kohl anläßlich seines Staatsbesuches in Polen, 9/11/1989. http://www.helmut-kohl.de/index.php?msg=539 [7/5/2008]

[2] Notatki Departamentu IV z rozmów Mazowiecki-Kohl 9, 10 i 14 listopada oraz z rozmowy Skubiszewski-Genscher 10 listopada. In Borodziej dir. *Polska...* op. cit., p. 159.

[3] On parle, surtout en Pologne, de « l'esprit de Krzyzowa » : avant sa première visite en Allemagne en décembre 2007, le Premier ministre Donald Tusk a exprimé son souhait de fonder les relations bilatérales sur cet esprit. http://www.bild.de/BTO/kolumnen/2007/12/vehlewald/10/grusswort,geo=3232908.html [7/5/2008]

[4] Texte et analyse de la messe dans Iwona Bartoszewicz. *Formen der Persuasion im deutsch-polnischen politischen Dialog. Untersuchungen zu politischen Reden zwischen 1989 und 1995*. Wrocław: Wydawnictwo Uniwersytetu Wrocławskiego, 2000. p. 153-174 et 331-332.

relations germano-polonaises ».[1] L'accolade des deux chefs de gouvernement devient en effet un symbole important de réconciliation par la suite, même si certains Polonais y voient également une illustration du rapport de force entre les deux pays : le grand Kohl fait presque disparaître le mince Mazowiecki entre ses bras.

L'idéalisation de ce geste par la suite fait souvent oublier que la cérémonie, et encore plus sa préparation, n'étaient pas sans difficultés. Le chancelier Kohl propose d'abord de célébrer une messe commune sur le Góra Świętej Anny (Annaberg), mont sacré et lieu de pèlerinage des Silésiens. Quelque temps avant sa visite, l'évêque d'Opole, Nossol, invite Kohl à y célébrer une messe en allemand. Mais vu l'importance du Góra Świętej Anny pour l'histoire polonaise,[2] il semble que ce lieu soit peu approprié pour un geste de réconciliation. Les forces communistes et anti-allemandes en Pologne se saisissent vite de la proposition de Kohl et affirment qu'elle serait l'expression de la volonté allemande de reconquérir la Silésie. Malgré ces réactions, Kohl insiste d'abord pour un maintien de la cérémonie ; ce faisant, le chancelier met Mazowiecki dans une situation peu confortable vis-à-vis de ses opposants. Après des demandes répétées de la part des Polonais, Kohl accepte finalement un déplacement de la cérémonie à Krzyżowa. Cette décision apaise le côté polonais, mais Kohl renonce ainsi à une illustration symbolique de son engagement pour les Silésiens allemands. Un tel geste aurait plu aux organisations des expulsés, qui sont une base électorale importante pour la CDU.[3] Władysław Bartoszewski, d'habitude très favorable à Kohl, explique la persistance de Kohl concernant son idée de visiter le Góra Świętej Anny : « Sa compréhension actuelle de la Pologne se limitait à sa prise en considération des expulsés parmi ses électeurs ».[4]

---

[1] Kohl. *Erinnerungen 1982-1990*. op. cit. p. 981.

[2] Une bataille importante entre troupes allemandes et polonaises a eu lieu sur le Góra Świętej Anny en mai 1921, après le référendum sur l'avenir de la Haute-Silésie. La conquête (temporaire) du mont par les troupes polonaises a une forte valeur symbolique pour les Polonais.

[3] Kohls Besuch in Polen. *Archiv der Gegenwart*, n° 33966, 14/11/1989. Helmut Kohl *Ich wollte Deutschlands Einheit*. Berlin: Propyläen, 1996. p. 119-124.

[4] Władysław Bartoszewski. *Und reiß uns den Hass aus der Seele*. Warschau: Deutsch-Polnischer Verlag, 2005. p. 218.

Concernant la cérémonie de Krzyżowa elle-même, elle n'est pas exempte de tensions non plus. Le fait qu'un nombre considérable de Silésiens allemands assistent à la cérémonie met le Premier ministre polonais dans un certain embarras. Déjà la simple présence de Silésiens se revendiquant de nationalité allemande constitue un choc pour la population polonaise, parce que les autorités communistes niaient toujours l'existence d'une minorité allemande en Pologne après 1945. De plus, certains des Silésiens affichent qu'ils considèrent Kohl comme leur chancelier, ce qui implique une remise en question de la frontière germano-polonaise.[1] Ceci pose un problème délicat et inattendu à Tadeusz Mazowiecki.[2] Cet aspect de la cérémonie rappelle donc de mauvais souvenirs de l'Histoire chez nombre de Polonais.[3]

2. La Pologne et la réunification allemande : le débat sur la confirmation de la frontière germano-polonaise

La chute du Mur de Berlin place le sujet de la réunification allemande au centre de l'agenda international. Le chancelier Kohl saisit très vite l'occasion et fait de la réunification sa priorité absolue. Sa politique sera couronnée de succès : en l'espace de moins d'un an, l'Allemagne retrouve son unité nationale. Nous disposons aujourd'hui d'une bibliographie plus qu'abondante sur cet événement majeur de l'histoire allemande et européenne.[4]

---

[1] Ils montrent des pancartes « Helmut, tu es aussi notre chancelier ». Erich Wiedemann. « Die Polen a bissele erschrecken ». *Der Spiegel*, 47/1989.

[2] Tadeusz Mazowiecki interviewé par *Deutschland-Radio Berlin*, 15/6/2001. http://www.dradio.de/dlr/ sendungen/tacheles/167433 [7/5/2008]

[3] Ces souvenirs sont surtout liés au rôle négatif que la minorité allemande de Pologne jouait dans l'entre-deux-guerres : la majorité des Allemands en Pologne refusait de reconnaître le nouvel État polonais et était donc un facteur d'instabilité. En 1989, de nombreux Polonais voient la minorité allemande comme une survivance du *Drang nach Osten* allemand et craignent donc que la minorité allemande puisse de nouveau mettre en danger la Pologne. Marian Wojciechowski. Die deutsche Minderheit in Polen (1920-1939). In Rudolf Jaworski, Marian Wojciechowski dir. *Deutsche und Polen zwischen den Kriegen: Minderheitenstatus und « Volkstumskampf » im Grenzgebiet.* München: Saur, 1997. p. 1-26. Ludwig. *Polen...* op. cit. p. 32-37.

[4] Documents allemands : Küsters, Hofmann dir. *Dokumente...* op. cit. Mémoires des acteurs de l'époque : Hans-Dietrich Genscher. *Erinnerungen.* Berlin: Siedler, 1995. Kohl. *Ich wollte...* op. cit. Horst Teltschik. *329 Tage: Innenansichten der Einigung.* Berlin: Siedler, 1991. Parmi les nombreuses études : Timothy Garton Ash. *Au nom de l'Europe : l'Allemagne dans un continent divisé.* Paris : Gallimard, 1995. Richard Kiessler, Frank Elbe. *Ein runder Tisch mit scharfen*

Le processus de réunification a aussi une importance cruciale pour les relations germano-polonaises, puisque la question de la confirmation définitive de la frontière se pose pour la dernière fois. La frontière Oder-Neiße était le sujet majeur des relations polono-allemandes depuis 1945 et son retour en 1989 est donc chargé d'émotions pour la Pologne. La position polonaise vis-à-vis de la réunification et les négociations concernant la confirmation de la frontière germano-polonaise ont fait l'objet de nombreuses publications.[1] Il convient alors de souligner ici les moments décisifs, puis d'analyser les usages du passé qui sont faits à cette époque.

Avant que la question de la réunification allemande ne devienne un sujet d'actualité, l'opposition polonaise développa une position sur cette éventualité, notamment dans les cercles autour de Jerzy Giedroyc,[2] puis dans l'entourage de *Solidarność*. Les tendances majeures de l'opposition étaient favorables au droit à l'autodétermination des Allemands, puisqu'on pensait que la réunification allemande constituait le seul moyen pour la Pologne d'avoir une frontière commune avec l'Occident, si importante pour pouvoir « rentrer en Europe ». La fin de la RDA est donc dans l'intérêt de l'opposition polonaise, ainsi que le maintien de l'Allemagne unifiée dans l'OTAN.[3]

En 1989, les Polonais votent massivement pour l'opposition non-communiste. Mais ils adhèrent en grande majorité, en ce qui concerne la réunification allemande, à la position du régime sortant, qui voit la division de l'Allemagne comme un pilier fondamental de la raison d'Etat polonaise. Le gouvernement de

---

Ecken: Der diplomatische Weg zur deutschen Einheit. Baden-Baden: Nomos, 1993. Alexander von Plato. *Die Vereinigung Deutschlands – ein weltpolitisches Machtspiel.* Berlin: Ch. Links, 2002. Werner Weidenfeld. *Außenpolitik für die deutsche Einheit: Die Entscheidungsjahre 1989-90.* Stuttgart: Deutsche Verlags-Anstalt, 1998. Philip D. Zelikow, Condoleezza Rice. *Germany Unified and Europe Transformed: A Study in Statecraft.* Cambridge, Mass.: Harvard University Press, 1995.

[1] Documents polonais : Borodziej dir. *Polska...* op. cit. Parmi les nombreuses études : Jan Barcz. *Udział Polski w konferencji « 2+4 ».* Warszawa: Polski Instytut Spraw Międzynarodowych, 1994. Bingen. *Die Polenpolitik...* op. cit. p. 261-283. Hajnicz. *Polens...* op. cit. Ludwig. *Polen...* op. cit. Krzysztof Malinowski. *Polityka Republiki Federalnej Niemiec wobec Polski w latach 1982-1991.* Poznań: Instytut Zachodni, 1997. Tomala. *Polen...* op. cit.

[2] Fondateur et rédacteur en chef de l'éminent mensuel d'opposition *Kultura,* qui parut à Paris à partir de 1947.

[3] Hajnicz. *Polens...* op. cit. p. 25-41. Ludwig. *Polen...* op. cit. p. 22-27. Krystyna Rogaczewska. *Niemcy w myśli politycznej opozycji w latach 1976-1989.* Wrocław: Wydawnictwo Uniwersytetu Wrocławskiego, 1998.

Tadeusz Mazowiecki est donc contraint de rester prudent sur la question de la réunification, d'autant plus qu'il se trouve encore dans une cohabitation fragile avec les communistes. Dans cette situation, les responsables polonais insistent sur la confirmation explicite et définitive de la frontière Oder-Neiße avant la réunification. Face aux tergiversations de Kohl, Mazowiecki semble réduire la politique polonaise à cette revendication. Ceci montre, en fin de compte, une méconnaissance de la situation internationale, parce que la reconnaissance de la frontière est inévitable pour l'Allemagne réunifiée à cause des positions de ses Alliés.[1] Au cours d'une discussion sur la politique allemande en octobre 1990, les diplomates polonais sont conscients de ce problème : « [...] nous nous concentrions trop sur les discussions « 2+4 », montrant un manque de confiance vis-à-vis de l'Allemagne ».[2] Mais les peurs historiques pèsent très lourd : selon Mieczysław Tomala, « les émotions dominaient en Pologne, peu de gens réfléchissaient de façon rationnelle [...] ».[3]

Côté allemand, le Bundestag vote, à la veille de la visite de Kohl en Pologne et à une écrasante majorité, une déclaration qui affirme que l'Allemagne n'a pas de revendications territoriales contre la Pologne. Mais cette même résolution du 8 novembre 1989 insiste sur le fait que la position juridique allemande restera inchangée, c'est-à-dire que la République fédérale ne peut pas reconnaître définitivement la frontière Oder-Neiße avant la conclusion d'un traité de paix et la réunification allemande. Le texte constitue alors un compromis entre les positions de la CDU/CSU et de son partenaire de coalition, le FDP[4]. Toutefois, la résolution cache à peine les différences entre le chancelier Kohl (CDU) et son ministre des Affaires étrangères, Hans-Dietrich Genscher (FDP) sur la question. Le SPD[5] pointe du doigt cette contradiction, qui menace la survie même de la coalition gouvernante.[6]

---

[1] Bingen. *Die Polenpolitik...* op. cit. p. 274-275.

[2] Problemy i wnioski z dyskusji w dniu 9.10.1990 r. w sprawie polityki niemieckiej RP. In Borodziej dir. *Polska...* op. cit. p. 425.

[3] Tomala. *Polen...* op. cit. p. 239.

[4] *Freie Demokratische Partei* : Parti libéral-démocrate (libéral).

[5] *Sozialdemokratische Partei Deutschlands* : Parti social-démocrate allemand (social-démocrate).

[6] Séance du Bundestag du 8/11/1989. Weidenfeld. *Außenpolitik...* op. cit. p. 9-13. Borodziej. Wstęp. op. cit. p. 25-26.

Ces différences de position ne changent pas par la suite : Kohl affirme à plusieurs reprises que seul une Allemagne réunifiée et souveraine pouvait reconnaître la frontière polono-allemande, pendant que Genscher déclare l'irrévocabilité des frontières existantes. Ni les déclarations de Kohl pendant la visite de novembre 1989, ni son plan en dix points du 28 novembre 1989 ne peuvent apaiser les peurs polonaises. En effet, il manque au plan du 28 novembre un « 11ème point » sur la confirmation définitive de la frontière Oder-Neiße.

La confirmation de la frontière est pourtant inévitable dans le processus de réunification : les critiques des alliés de l'Allemagne quant à l'absence du « 11ème point » le montrent. Kohl en est bien conscient, mais il évite le plus longtemps possible de prendre une position précise. Les observateurs de l'époque ainsi que les auteurs des travaux postérieurs s'accordent sur le fait que la position de Kohl s'explique par des raisons de politique intérieure.[1] Même si la situation juridique ne permet pas à la RFA de signer un traité sur la reconnaissance définitive de la frontière avant la réunification, Kohl aurait tout à fait pu faire une déclaration politique qui explique sans équivoque les intentions allemandes. Mais afin de ne pas provoquer la colère ni du courant national-conservateur à l'intérieur de son parti, ni des expulsés, Kohl évite le plus longtemps possible de prononcer la « dure vérité » de l'irrévocabilité de la frontière. De plus, les succès inattendus du parti *Die Republikaner* (extrême-droite) à cette époque exercent une pression supplémentaire. Du fait de ses hésitations, Kohl peut justifier plus tard que la reconnaissance de la frontière constitue le « prix de la réunification ». Cette explication paraît pour le moins douteuse au vu des réalités politiques à l'époque, mais elle permet à Kohl de calmer les critiques des expulsés. En réalité, la pression des Etats-Unis est décisive pour la confirmation définitive de la frontière dans le contexte de la réunification allemande.

Même avec le recul, la tactique de Kohl rencontre un écho mitigé : certains affirment que son procédé constitue un « chef d'œuvre tactique », parce qu'il garantissait une majorité large pour la confirmation de la frontière en novembre 1990. D'autres

[1] Même Helmut Kohl le reconnaît ouvertement dans ses mémoires : Helmut Kohl. *Erinnerungen 1990-1994*. München: Droemer, 2007. p. 256-257.

objectent que Kohl subordonnait les relations avec la Pologne à la politique intérieure et montrait ainsi son mépris pour la Pologne.[1]

Au cours des négociations, Kohl s'oppose notamment à la proposition de Mazowiecki de parapher le traité sur la frontière avant la réunification. Cette idée n'a en réalité qu'une valeur symbolique, mais elle montre la méfiance polonaise vis-à-vis de l'Allemagne : le poids du passé pèse encore lourd. Les dirigeants tels que le Premier ministre Tadeusz Mazowiecki et le ministre des Affaires étrangères Krzysztof Skubiszewski savent que les hésitations de Kohl sont dues à des raisons intérieures. Mais ces hésitations les placent sous une très forte pression interne. La méfiance de la population est accrue par les propos anti-allemands des communistes et nationalistes, qui tentent de nuire au gouvernement Mazowiecki en instrumentalisant les peurs de la population.[2]

Les débats sur le procédé se poursuivent durant tout le printemps 1990. En juin 1990, Kohl déclare finalement que la frontière germano-polonaise actuelle est définitive et qu'elle sera confirmée dans un traité de droit international après la réunification allemande.[3] Des résolutions identiques du Bundestag et de la Volkskammer confirment cette position.[4] Dans son discours du 21 juin, Kohl rappelle la responsabilité allemande dans la Seconde Guerre mondiale et la brutalité de la politique hitlérienne en Pologne. Il place ainsi le sort des Allemands qui ont dû quitter les territoires à l'est dans le contexte historique ; le rappel des crimes allemands devient donc un argument pour la confirmation de la frontière.

Le 17 juillet 1990, la conférence « 2+4 »[5] à Paris parvient à régler les questions internationales de la réunification. L'accord annonce la signature d'un traité confirmant la frontière germano-polonaise après la réunification. Le côté polonais demande à plusieurs reprises d'être associé à cette conférence ; la demande est finalement acceptée, notamment grâce au soutien de la France. La visite de Jaruzelski et Mazowiecki à Paris, où ils sont reçus par le

[1] Bingen. *Die Polenpolitik...* op. cit. p. 276. Borodziej. Wstęp. op. cit. p. 26-28.
[2] Ludwig. *Polen...* op. cit. p. 31.
[3] Séance du Bundestag du 21/6/1990.
[4] Texte des déclarations dans Ludwig. *Polen...* op. cit. p. 249-251.
[5] Les deux Allemagnes plus les quatre puissances d'occupation : Etats-Unis, France, Grande-Bretagne, Union soviétique.

président français François Mitterrand en mars 1990, est d'une importance cruciale dans ce contexte. Les responsables polonais soulignent le bien-fondé de leur demande par de multiples analogies historiques : il ne serait pas acceptable qu'on décide de nouveau du sort de la Pologne sans qu'elle ait son mot à dire – comme ce fut le cas à Yalta.[1] Mais quelques jours après la réunification allemande, la diplomatie polonaise l'interprète comme une chance pour la Pologne.[2]

3. Les deux traités polono-allemands : le nouveau fondement des relations bilatérales

Après la réunification allemande, les relations polono-allemandes entrent dans une nouvelle dynamique. Les deux gouvernements reprennent notamment les négociations sur les traités qui définiront le nouveau fondement des relations bilatérales. Le 14 novembre 1990, le traité frontalier est signé.[3] Les négociations sur le contenu du traité, les 30 et 31 octobre 1990, ne durent que quelques heures. Il est intéressant de noter que le désaccord le plus important au cours de ces négociations concerne le préambule du traité, où on fait allusion au passé et plus concrètement aux déplacements de populations à la suite de la Seconde Guerre mondiale. Les négociateurs polonais, craignant une réaction négative de l'opinion publique dans leur pays, s'opposent à l'évocation des déplacements, mais le côté allemand insiste sur ce point – parce qu'il serait important pour apaiser les expulsés allemands.[4] Le texte du préambule montre nettement que le côté allemand peut s'imposer :

« La République fédérale d'Allemagne et la République de Pologne, [...] sachant qu'il s'est écoulé 45 années depuis la fin de la Seconde Guerre mondiale et conscientes que les souffrances indicibles causées par cette guerre, y compris également la perte par de nombreux Allemands et Polonais de leur terre natale par suite d'expulsions ou de

[1] Tomala. *Polen*... op. cit. p. 80-82.

[2] Problemy... doc. cit. p. 425.

[3] Le nom officiel du traité – Traité entre la République fédérale d'Allemagne et la République de Pologne sur la confirmation des frontières existantes entre elles – essaie de concilier les positions divergentes des deux pays sur la situation juridique de la frontière Oder-Neiße avant la signature du traité.

[4] Stenogram z rokowań nad traktatem granicznym, 30/10/1990. In Borodziej dir. *Polska*... op. cit. p. 448-449.

réinstallations, sont un avertissement et un défi devant pousser à établir des relations pacifiques entre les deux peuples et Etats [...] ».[1]

Le traité constitue alors le premier document bilatéral qui reconnaît les souffrances de l'expulsion. Malgré les sensibilités au cours des négociations, il semble que les peurs d'un émoi en Allemagne (à cause de la confirmation définitive de la frontière) ou en Pologne (à cause de la reconnaissance des souffrances allemandes) après la signature du traité sont exagérées : les opinions publiques des deux pays accueillent le document sans émotion particulière. Cependant, le traité ne résout pas le désaccord germano-polonais concernant le moment de la transition juridique de la souveraineté sur les anciens territoires allemands : pour le gouvernement polonais, il se situe en 1945 (traité de Potsdam) ; pour le gouvernement allemand, il se situe en 1990. Il ne s'agit pas d'une simple question de doctrine : cette différence s'avère importante pour la question des biens immobiliers.[2]

Lors de la signature du traité, le 14 novembre 1990 à Varsovie, Hans-Dietrich Genscher tient un discours émouvant et riche d'allusions au passé. Il justifie le traité comme un « impératif de paix » et affirme que l'Allemagne ne cède rien qui n'était pas déjà perdu avant. Il essaie également de consoler les expulsés allemands en rappelant leurs souffrances. Il les place pourtant dans le cadre historique des crimes allemands pendant la Seconde Guerre mondiale et rappelle également les souffrances polonaises. Par la suite, il évoque de manière détaillée l'héritage culturel commun des deux peuples et les moments de bon voisinage dans le passé. Il fait le choix délibéré de passer sous silence un certain nombre de conflits dans le passé et va même jusqu'à plaider pour l'écriture d'une histoire idéalisée des relations germano-polonaises : « Nos historiens sont [...] invités à nous rappeler nos points communs ».[3]

Après la signature du traité frontalier, les négociations pour le « grand traité », celui de bon voisinage et de coopération amicale, sont la priorité absolue des relations bilatérales. Les négociations sont pourtant interrompues pendant plus de trois mois, en raison

---

[1] Texte français selon le recueil des traités des Nations Unies (traité n° 29542), http://157.150.195.4/LibertyIMS::/sidpbdgFpqZI2cL5OHG/Cmd%3DXmlGetRequest%3BName%3D%2364%3BNoUI%3D1%3BF0%3D1708%3BF1%3DFrench%3BF2%3D29542%3BF3%3D377%3Bstyle%3DXmlPageViewer%2Exsl [7/5/2008]

[2] Bingen. *Die Polenpolitik*... op. cit. p. 279-283.

[3] Texte et analyse du discours dans Bartoszewicz. *Formen*... op. cit. p. 174-203 et p. 333-337.

des élections présidentielles en Pologne (Lech Wałęsa est élu président le 9 décembre 1990 ; le Premier ministre Tadeusz Mazowiecki démissionne par la suite) et des élections législatives en Allemagne (la coalition CDU/CSU-FDP est réélue lors des élections du 2 décembre 1990).

Au cours de négociations sur le « grand » traité, ce sont les passages concernant la minorité allemande en Pologne qui nécessitent le plus de débats. Régler le statut des Allemands en Pologne est la priorité absolue du gouvernement allemand. Sur ce point, Kohl se trouve de nouveau face aux demandes du BdV. Le gouvernement polonais se montre très prudent sur ce point, à cause d'expériences historiques malheureuses et parce qu'il ne veut pas privilégier la minorité allemande par rapport aux autres minorités nationales en Pologne.[1] En revanche, il est crucial pour la Pologne d'obtenir dans le traité une affirmation du soutien allemand pour le « retour en Europe » de la Pologne. Ainsi, la signature du traité est un grand succès pour la coopération polono-allemande naissante et elle scelle l'orientation vers l'avenir.[2] En conséquence, le traité est nettement moins riche en usages du passé que la déclaration de 1989 ou le traité frontalier de 1990. Un seul paragraphe du préambule fait allusion au passé :

> « La République fédérale d'Allemagne et la République de Pologne, s'efforçant de clore le douloureux chapitre du passé et décidées à renouer les bonnes traditions et la coexistence amicale qui ont marqué l'histoire séculaire de l'Allemagne et de la Pologne, [...] fermement convaincues que par la réalisation du désir longtemps entretenu par les deux peuples de parvenir à la compréhension et à la réconciliation [...] ».[3]

Contrairement aux deux textes précédents, le contenu du « douloureux chapitre du passé » n'est pas détaillé. Dans leurs discours lors de la signature du traité le 17 juin 1991, les deux chefs de gouvernement, Helmut Kohl et Jan Krzysztof Bielecki, affirment cette évolution des usages du passé : ils n'évoquent que brièvement les conflits et souffrances du passé, mais soulignent les périodes de bon voisinage. Les relations germano-polonaises seraient alors réorientées vers un avenir commun dans un cadre européen. Ces idées sont constamment reprises par la suite ; les

---

[1] Problemy... doc. cit. p. 428.

[2] Bingen. *Die Polenpolitik*... op. cit. p. 285-304. Borodziej. Wstęp. op. cit. p. 33-34.

[3] Texte français selon le recueil des traités des Nations Unies (traité n° 29544), http://157.150.195.4/LibertyIMS::/sidAdj5EOm4qS4f0E6z/Cmd%3DXmlGetRequest%3BName%3D%2364%3BNoU1%3D1%3BF0%3D1708%3BF1%3DFrench%3BF2%3D29544%3BF3%3D463%3Bstyle%3DXmlPageViewer%2Exsl [7/5/2008]

moments difficiles de l'histoire servent désormais de motivation pour le rapprochement.

La réorientation des relations bilatérales vers l'avenir se heurte pourtant à deux problèmes liés au passé. En effet, les deux gouvernements ne réussissent pas à régler dans le cadre du traité ni les demandes polonaises pour un dédommagement matériel des victimes polonaises du national-socialisme, ni les questions de propriété des biens immobiliers abandonnés par les Allemands dans le contexte de la Seconde Guerre mondiale. Les deux ministres des Affaires étrangères échangent alors deux lettres lors de la signature du traité, qui constatent simplement que le traité n'aborde pas les questions de propriété. Les responsables politiques des deux côtés parlent pudiquement d'une « question ouverte » qui en même temps ne se poserait plus politiquement.

Depuis le tournant démocratique en Pologne, les nombreuses organisations des victimes polonaises du national-socialisme font monter la pression à l'encontre du gouvernement polonais pour que celui-ci essaie d'obtenir un dédommagement matériel en leur faveur. L'opinion publique polonaise leur est favorable et c'est ainsi que le Premier ministre Mazowiecki soulève à plusieurs reprises cette problématique devant ses interlocuteurs allemands. Ses demandes restent pourtant sans suite dans un premier temps. Probablement à cause de la pression croissante contre le gouvernement polonais et du danger que cela représente pour l'avenir des relations bilatérales, Kohl accepte finalement un versement de 500 millions de mark allemand (DM). Il annonce sa décision le 17 juin 1991 au Premier ministre polonais Jan Krzysztof Bielecki, le successeur de Mazowiecki.[1] Un document interne du ministère polonais des Affaires étrangères évalue peu avant le montant minimum pour les dédommagements à environ 2 milliards de DM,[2] mais Bielecki ne proteste pas contre la somme proposée par Kohl. Il semble pourtant que la Pologne aurait pu obtenir au moins 1 milliard de DM avec une meilleure tactique de négociation.[3] Ceci souligne le fait que la question des

---

[1] Zapis Departamentu Europy z rozmów premiera i ministra spraw zagranicznych z kanclerzem i federalnym ministrem spraw zagranicznych, 17/6/1991. In Borodziej dir. *Polska*... op. cit. p. 533.

[2] Tezy Departamentu Europy do rozmów z politykami niemieckimi w czasie wizyty w Bonn 17 czerwca, 12/6/1991. In Borodziej dir. *Polska*... op. cit. p. 528.

[3] Cette information nous a été donnée par deux interlocuteurs proches du dossier, sous couvert d'anonymat.

dédommagements n'est pas une priorité pour le gouvernement polonais. Ainsi, un document important de l'époque n'inclut pas la question des dédommagements dans les priorités de la politique allemande, mais la décrit comme un danger potentiel, car elle se prête bien à la « manipulation politique ».[1]

Le danger de la « manipulation politique » s'avère bien fondé : le sujet est instrumentalisé par ceux qui s'opposent au rapprochement polono-allemand. Certains insistent d'une manière démesurée sur l'immoralité des Allemands et demandent des sommes fantaisistes. La question est très présente dans les médias et fait à plusieurs reprises l'objet de débats parlementaires. C'est ainsi qu'au cours des débats sur la ratification des deux traités germano-polonais en automne 1991, le gouvernement allemand, de même que le gouvernement polonais – qui n'aurait pas suffisamment insisté sur la question – sont critiqués par beaucoup de députés. Il faut toutefois noter que d'autres, à l'instar de Bronisław Geremek, dénoncent justement l'instrumentalisation de la question au cours des débats.

Tout comme la question du dédommagement, les articles concernant les minorités font l'objet de critiques parfois aiguës pendant les débats. Le fait que le traité ne règle pas la question des droits de propriété est en revanche peu critiqué : la majorité des députés considère avec optimisme que cette question ne posera pas de problème dans l'avenir. Les débats de ratification se caractérisent alors par une certaine polarisation, qui s'explique sans doute par l'approche des élections législatives. Les critiques restent toutefois largement rhétoriques : la Diète ratifie les traités à une large majorité. On observe au cours de ces débats des exemples de rhétorique anti-allemande, souvent fondée sur ces arguments historiques, qui perpétuent le discours de l'époque communiste.[2]

Au Bundestag, il y a quasi-unanimité pour les deux traités. Dix-sept députés proches du BdV votent contre le traité frontalier, mais le débat reste beaucoup plus calme qu'en Pologne. Quelques usages du passé faits par les députés méritent toutefois d'être analysés : les députés chrétiens-démocrates insistent davantage sur les souffrances des expulsés allemands, alors que ceux du SPD rappellent la terreur nazie et la culpabilité allemande. De même,

---

[1] Problemy... doc. cit. p. 426-428.

[2] Les protocoles des débats parlementaires se trouvent dans Jan Barcz. *Polska – Niemcy: dobre sąsiedztwo i przyjazna współpraca.* Warszawa: Polski Instytut Spraw Międzynarodowych, 1992.

gauche et droite ne sont pas d'accord sur le dédommagement des victimes du national-socialisme. Le SPD, le PDS[1] et avant tout les Verts considèrent la solution envisagée comme insatisfaisante. Enfin, l'opposition dénonce le fait que le « droit à la *Heimat* », c'est-à-dire le droit des expulsés de s'installer dans leur région natale, est mentionné dans la lettre échangée lors de la signature du traité. Il s'agit d'une revendication traditionnelle des organisations des expulsés, qui est d'une importance plutôt symbolique, puisque le nombre des expulsés qui seraient réellement intéressés par un retour est minime. Les débats ainsi que les votes au Bundestag montrent donc que la CDU/CSU tente d'apaiser les organisations des expulsés opposées à la reconnaissance définitive de la frontière Oder-Neiße. Pour ce faire, les partis de droite ont recours à des usages du passé qui confortent l'électorat conservateur proche du BdV. Ils acceptent de provoquer ainsi des malentendus chez le partenaire polonais.[2]

---

[1] *Partei des demokratischen Sozialismus* : Parti du socialisme démocratique (post-communiste / socialiste).

[2] Séances du Bundestag du 6/8/1991 et du 17/10/1991.

II. L'apogée de la réconciliation politique (1994-1995)

Trois ans après la signature du traité de bon voisinage, les relations germano-polonaises ont trouvé un fondement relativement stable. Ainsi, leur qualité est considérée comme bonne par la majorité des observateurs à ce moment-là. Les contacts bilatéraux sont dominés par les efforts polonais afin de se rapprocher de l'UE et de l'OTAN, puis par les questions économiques. C'est ainsi que la demande polonaise de rejoindre l'UE constitue le cœur de la communauté d'intérêts polono-allemande. Cet objectif reste prioritaire dans la politique étrangère polonaise, qui est marquée par un consensus et une stabilité remarquable – à une époque où la politique intérieure voit de nombreux changements et des évolutions parfois inattendues, avec une grande instabilité gouvernementale.

Les relations politiques entre l'Allemagne et la Pologne sont certes bonnes à cette époque. Mais, comme le remarquent certains observateurs, les relations entre les deux sociétés restent encore difficiles. Les vieux stéréotypes négatifs sont toujours présents : ignorance, désintérêt et aversion réciproque divisent beaucoup de Polonais et Allemands. Parmi les responsables politiques, Władysław Bartoszewski est l'un des rares à rappeler publiquement que le décalage entre les relations politiques et celles entre les peuples reste un défi pour la politique bilatérale.

Sur le plan de la politique mémorielle, la réconciliation devient un leitmotiv important. Les leaders politiques rappellent régulièrement les prémices de la réconciliation et appellent à un rapprochement des populations. La vision d'un futur européen commun est constamment évoquée, ainsi que le modèle de la réconciliation franco-allemande. Ces thématiques trouvent une illustration exemplaire dans les commémorations de 1994 et 1995. Deux discours, celui du président fédéral Roman Herzog à l'occasion du 50ème anniversaire de l'insurrection de Varsovie (1.), puis celui de Władysław Bartoszewski à l'occasion du 50ème anniversaire de la fin de la Seconde Guerre mondiale (3.), sont l'expression la plus évidente de cette politique. L'étude de ces deux moments-clés – auxquels les responsables politiques se référeront souvent par la suite – nous montrera alors le modèle dominant des usages du passé de cette époque. Soulignons toutefois que la mise en œuvre des commémorations n'est pas sans difficultés. Il convient notamment de revenir sur la querelle polono-allemande concernant la commémoration de la fin de la guerre (2.), parce que ce débat est important pour comprendre les difficultés qui se présentent aux hommes politiques allemands et polonais quand ils tentent d'affronter le passé.

1. Le discours de Roman Herzog à l'occasion du 50ème anniversaire de l'insurrection de Varsovie (1er août 1994)

L'insurrection de Varsovie est de première importance pour la mémoire collective des Polonais contemporains.[1] Cet événement historique était écarté de la mémoire officielle pendant l'époque communiste, mais il restait présent dans la mémoire vive de la population. De plus, sa commémoration était une demande insistante de l'opposition. Après le tournant de 1989, la commémoration publique de l'insurrection devient donc une question politique qui suscite beaucoup d'émotion. Ceci vaut notamment pour le 50ème anniversaire de l'insurrection en 1994, à l'occasion duquel les premières grandes commémorations sont organisées.[2] Dans ce contexte, le président polonais Lech Wałęsa prend la décision – souvent considérée comme audacieuse – d'inviter les présidents allemand et russe aux commémorations.[3] Cette décision fait ensuite l'objet d'un débat assez vif en Pologne :

---

[1] L'insurrection de Varsovie fut le soulèvement de la résistance polonaise contre l'armée allemande en 1944 (du 1er août au 2 octobre). Le gouvernement polonais en exil espérait libérer Varsovie par ses propres forces et avant l'arrivée de l'Armée Rouge, qui avançait très vite vers la capitale polonaise à ce moment-là. Après le début de l'insurrection, Staline fit arrêter ses troupes sur l'autre rive de la Vistule, pendant que la résistance polonaise se battait sans véritable chance de gagner contre la *Wehrmacht*. Après deux mois de combat, l'armée de l'intérieur *(Armia Krajowa)* capitule. Sur ordre d'Hitler, les troupes allemandes détruisent la ville ; près de 200 000 Polonais (militaires et civils) trouvent la mort. Beaucoup de Polonais reprochent aux Soviétiques leur passivité et d'avoir empêché un soutien aérien efficace par les Alliés occidentaux. Norman Davies. *Rising '44: The Battle for Warsaw*. 2nde édition. London: Pan, 2004. Włodzimierz Borodziej. *Der Warschauer Aufstand 1944*. Frankfurt am Main: S. Fischer, 2001.

[2] Pour une analyse des commémorations, voir Titus Ensink, Christoph Sauer dir. *The Art of Commemoration. Fifty Years after the Warsaw Uprising*. Amsterdam: John Benjamins, 2003.

[3] Seul le président allemand Roman Herzog accepte l'invitation. Boris Eltsine n'envoie que le chef de sa chancellerie, ce qui est perçu comme un affront en Pologne.

certains partis d'opposition et plusieurs organisations d'anciens combattants – mais pas la plus importante d'entre elles – s'opposent à la présence de représentants allemand ou russe aux cérémonies, en soulignant que dans le passé, ces deux pays avaient toujours été des ennemis de la Pologne. Le temps de la réconciliation ne serait pas encore venu. Même si la plupart des médias polonais se montrent favorables à ces invitations, la majorité de la population semble s'y opposer : des sondages effectués avant le 1er août 1994 montrent qu'une majorité de la population polonaise se prononce contre la présence du président allemand.

Côté allemand, les préparatifs de la commémoration soulèvent, pour des raisons évidentes, moins d'intérêt. Une interview du président fédéral Roman Herzog, publiée dans le magazine *Stern* du 1er juin 1994, suscite toutefois nombre de commentaires, en Allemagne et en Pologne : Roman Herzog y déclare aller en Pologne à l'occasion du 50ème anniversaire de l'insurrection du ghetto de Varsovie.[1] Il confond donc les deux insurrections, ce qui ne fait que confirmer les voix critiques en Pologne.[2] L'erreur est symptomatique de la méconnaissance de l'histoire polonaise en Allemagne et en Europe de l'Ouest : Herzog est loin d'être le seul à confondre les deux insurrections. Il renforce alors le sentiment d'injustice chez beaucoup de Polonais qui critiquent les Occidentaux pour ne pas assez reconnaître la résistance et les souffrances polonaises.

Il faut toutefois noter que les polémiques qui ont eu lieu avant la commémoration perdent de leur importance après le 1er août. Le bref discours de Roman Herzog répond aux attentes polonaises et peut être considéré comme une étape importante dans la réconciliation germano-polonaise : les responsables politiques se réfèrent volontiers à ce discours par la suite. Le président allemand répond en quelque sorte à la lettre des évêques polonais de 1965 quand il déclare à la fin de son discours : « Aujourd'hui, je m'incline devant les combattants de l'insurrection de Varsovie et

---

[1] L'insurrection du ghetto de Varsovie eut lieu en avril et mai 1943 : plusieurs centaines de jeunes résidents du ghetto s'opposèrent aux déportations en attaquant les troupes allemandes.

[2] Dans ses mémoires, Roman Herzog écrit qu'il « ne peut plus dire » comment cette gaffe s'est produite. Roman Herzog. *Jahre der Politik: Die Erinnerungen*. München: Siedler, 2007. p. 175.

devant toutes les victimes polonaises de la guerre. Je demande pardon pour ce que les Allemands vous ont fait subir ».[1] Avec ces mots, dont la formulation a été très longuement débattue par Herzog et ses collaborateurs,[2] le président fédéral est le premier haut représentant allemand qui demande *expressis verbis* pardon pour les crimes nazis. Ce geste est très apprécié et reconnu comme honnête par les Polonais, qui attendaient ces mots depuis longtemps. Sur le lieu même, l'audience répond à Herzog avec des applaudissements longs et respectueux ; dans les médias polonais, le discours est reçu très favorablement. Des anciens combattants, dont certains n'étaient pas favorables, au début, à la participation de Herzog, réagissent de manière très positive. Le discours de Herzog devient pour beaucoup l'événement majeur des commémorations, celui du représentant russe étant en revanche unanimement critiqué.

Il est important de noter dans notre contexte que Herzog, tout en affrontant le passé, fait le lien avec le futur. Les victimes polonaises de la guerre seraient un avertissement et une obligation pour l'avenir selon Herzog, qui affirme quelques instants plus tard que l'Allemagne soutiendra toujours les efforts polonais en vue de rejoindre l'UE et l'OTAN. Sa lecture du passé est d'ailleurs proche de celle proposée par le président polonais Lech Wałęsa. Dans son discours du même jour, Wałęsa dit qu'« une mer de sang » aurait divisé les peuples polonais et allemand. Mais après avoir rappelé les gestes de réconciliation des évêques polonais en 1965 et de Willy Brandt en 1970, il confirme que les Polonais ne ressentent pas envers le peuple allemand les sentiments qu'ils ont envers des « assassins de Varsovie ». Il se montre au contraire convaincu que Polonais et Allemands vivront en bon voisinage à l'avenir.

Dans son discours du 28 avril 1995, Władysław Bartoszewski revient sur la commémoration du 50ème anniversaire de l'insurrection. Son analyse nous semble très juste : selon lui, la commémoration de 1994, même si elle rappelle un « anniversaire qui divise », montre que de tels anniversaires peuvent en même

---

[1] Texte allemand du discours sur http://www.bundespraesident.de/Reden-und-Interviews/Reden-Roman-Herzog-,11072.12003/Ansprache-von-Bundespraesident.htm?global.back=/Reden-und-Interviews/-%2c11072%2c12/ Reden-Roman-Herzog.htm%3flink%3dbpr_liste [28/5/2008]

[2] Michael Jochum nous livre une vue de l'intérieur sur la longue et difficile préparation du discours : Michael Jochum. « Ich bitte um Vergebung ». *Die Zeit*, 7/2000.

temps avoir un effet positif pour l'avenir. La décision de Wałęsa d'inviter Herzog et la capacité de ce dernier à trouver des mots appropriés ont sans doute fait avancer les relations germano-polonaises. Un usage du passé dans l'esprit de la réconciliation a permis de réduire la force des souvenirs historiques douloureux : on ne peut que souligner l'importance du discours de Herzog pour l'amélioration de l'image des Allemands en Pologne.

Il est très important pour cela que la grande majorité des Allemands approuve cette vision du passé, au moins tacitement. Comme en Pologne, la quasi-totalité des commentaires publics, émanant des acteurs politiques et des médias, est très favorable au discours de Herzog. Le président allemand est conscient du fait que la réception de son discours en Allemagne est importante pour son effet en Pologne : c'est aussi pour cette raison qu'il inclut une référence aux victimes allemandes dans son discours. Elle est très peu commentée, mais Herzog avait probablement peur qu'un débat en Allemagne du même type que celui qui a suivi la génuflexion de Brandt en 1970 (« Avait-il le droit de s'agenouiller ? ») puisse avoir lieu.[1] Cette peur s'avère en fin de compte sans fondement réel.

2. La querelle germano-polonaise sur la commémoration du 8 mai 1995

Les commémorations du 50ème anniversaire de l'insurrection de Varsovie sont en effet le début d'un « marathon de commémorations ». Celles du 55ème anniversaire du début de la Seconde Guerre mondiale, le 1er septembre 1994 à Gdańsk, suscitent relativement peu d'intérêt. Mais il est toutefois notable que pour la première fois, des militaires polonais et allemands commémorent ensemble cet événement. Les commémorations du 50ème anniversaire de la libération du camp d'Auschwitz, le 27 janvier 1995, sont en revanche très médiatisées, et cela dans de nombreux pays du monde. Avant même les commémorations, une violente querelle a lieu autour de l'organisation des cérémonies : les organisateurs polonais, avec en tête le président Lech Wałęsa,

[1] Werner A. Perger, « Es ist richtig, daß ich hier bin ». *Die Zeit*, 32/1994.

veulent insister sur les victimes polonaises, ce que les organisations juives et les médias occidentaux dénoncent très vivement. Les responsables politiques allemands restent – pour de bonnes raisons – réservés dans le débat qui ne trouve pas de solution satisfaisante. Le contentieux a en revanche un aspect germano-polonais par le biais des médias : beaucoup de journalistes allemands critiquent la position de Lech Wałęsa, ce qui semble justifiable dans un premier temps. Mais des propos polémiques et exagérés contre l'antisémitisme des Polonais (souvent décrit comme très profond) s'ensuivent dans beaucoup de cas. Quelques voix, comme Klaus Bachmann, dénoncent alors la dérive de nombreux Allemands qui, sans véritablement connaître la Pologne, estiment opportun d'imposer aux Polonais la « bonne » vision du passé. Ceci ne ferait que renforcer l'image de l'arrogance allemande vis-à-vis des Polonais. Il faut donc relever que la mémoire de la Shoah et la question de l'antisémitisme sont des sujets problématiques dans les relations polono-allemandes ; on aura plus tard l'occasion de revenir sur ce point.

La dernière des grandes commémorations de 1995, celle de la fin de la Seconde Guerre mondiale, devient un sujet délicat dans les relations germano-polonaises. Mais, après un désaccord initial, on saisit l'occasion d'en faire une démonstration de la réconciliation.

Au début, les responsables allemands ne prévoient pas d'organiser une cérémonie internationale pour le 8 mai 1995. Ils changent d'avis quand François Mitterrand demande de pouvoir s'adresser aux Allemands ce jour-là.[1] Sur l'initiative du chancelier Helmut Kohl, une commémoration est donc organisée le 8 mai à Berlin ; on y invite des représentants des quatre anciennes puissances occupantes de l'Allemagne (Etats-Unis, Russie, Grande-Bretagne, France).[2] Quand Władysław Bartoszewski, ministre polonais des Affaires étrangères depuis peu, apprend les détails de cette cérémonie en mars 1995, il demande publiquement à ce que le président polonais soit également invité à cette cérémonie. Ses arguments – que la Pologne fut le premier pays

[1] Le président français tiendra d'ailleurs un remarquable discours le 8 mai 1995 à Berlin, qui sera son dernier grand discours public.

[2] Dans un premier temps, Kohl justifie le choix de ces quatre pays par le fait qu'ils seraient les puissances signataires du traité de Potsdam – une maladresse remarquable, puisque la France n'était pas présente à la conférence de Potsdam.

attaqué par la *Wehrmacht* en 1939, que les pertes polonaises étaient parmi les plus lourdes, que la Pologne était aussi une puissance victorieuse : il y avait plus de soldats polonais que français au combat – ne convainquent pas le chancelier.[1] Par la suite, cette question délicate domine les relations polono-allemandes pendant plusieurs semaines. Il s'agit d'abord d'une question de prestige, mais aussi, de manière sous-jacente, d'un débat autour de la bonne interprétation de l'histoire de la Seconde Guerre mondiale. On peut se demander si Bartoszewski n'a pas commis une erreur diplomatique en déclarant en public qu'il fallait inviter le président polonais. Il est néanmoins important de souligner que Bartoszewski laisse entendre à plusieurs reprises qu'en cas d'invitation pour le 8 mai, Wałęsa pourrait faire un geste vis-à-vis des expulsés allemands, du même type que celui de Václav Havel[2] et en réponse au discours de Roman Herzog du 1er août 1994. Cette déclaration n'est pas sans importance pour le débat germano-polonais sur les déplacements de populations après 1945, sur lequel nous reviendrons plus tard.

Dans les médias allemands, le sujet suscite d'abord moins d'intérêt qu'en Pologne. Mais les explications peu cohérentes de Kohl sont de plus en plus critiquées et la majorité des commentaires demande de convier la Pologne aux commémorations. Même l'ancien chancelier Helmut Schmidt prend position et demande d'inviter Wałęsa.[3] Les différences quant à l'interprétation du 8 mai 1945 (jour de deuil ou de libération) et la question de l'invitation de Wałęsa font également l'objet d'un débat parlementaire. Fait remarquable, CDU et SPD s'y affrontent sur un ton polémique pour savoir qui ferait la meilleure politique vis-à-vis de la Pologne.[4] Sur un plan plus pragmatique, un certain nombre d'hommes politiques allemands critiques de Kohl (de l'opposition, mais aussi dans la CDU) se mobilisent pour trouver une solution à l'imbroglio polono-

[1] Bartoszewski insiste dans ses mémoires sur le fait que la non invitation de Wałęsa était une erreur de Kohl. Władysław Bartoszewski (interviewé par Michał Komar). *...mimo wszystko. wywiadu rzeki księga druga*. Warszawa: Świat Książki, 2008. p. 176.

[2] En 1989-1990, le président tchécoslovaque Václav Havel s'est excusé pour les expulsions des Allemands des Sudètes. Ce geste, auquel les Allemands (et notamment ceux des Sudètes) n'ont pas répondu de la même manière, a souvent été critiqué en République tchèque.

[3] Helmut Schmidt. Falsche Symbole. *Die Zeit*, 14/1995.

[4] Séance du Bundestag du 30/3/1995.

allemand. Après des négociations difficiles (et plus discrètes), Władysław Bartoszewski accepte finalement de parler devant les deux chambres du Parlement allemand, réunies pour commémorer la fin de la guerre.

On peut, avec Janusz Tycner, interpréter la question de la commémoration du 8 mai comme un test à la suite des nombreuses déclarations allemandes visant à faire de la Pologne « sa France à l'est », à se réconcilier avec la Pologne sur le modèle de la réconciliation franco-allemande. Concernant la commémoration du 8 mai, il se révèle alors qu'on en est encore loin, que la Pologne joue un rôle bien inférieur dans la politique étrangère allemande.[1] En Pologne, on voit la question surtout en termes de prestige et la non-invitation de Wałęsa est donc interprétée comme un affront. Il s'agit donc certainement d'une « occasion manquée » pour les relations bilatérales. Compte tenu de la décision polonaise d'inviter Roman Herzog aux commémorations de 1994, l'ignorance allemande vis-à-vis de la Pologne a certainement fait des dégâts – même si l'organisation d'une cérémonie alternative, où un représentant polonais comme seul orateur étranger s'adresse à la classe politique allemande, témoigne de la volonté allemande de ne pas faire apparaître une telle image. Le ministre polonais a alors la chance de s'exprimer au cours d'un événement conçu pour lui ; grâce à cela, l'opinion publique allemande lui accorde une attention exceptionnelle.

Avant de passer à l'analyse du discours du 28 avril 1995, il convient de souligner que les commémorations de la fin de la Seconde Guerre mondiale posent encore un autre problème délicat pour la Pologne. N'ayant pas reçu l'invitation espérée pour Berlin, le président polonais est en revanche invité à la cérémonie moscovite du 9 mai 1995. Mais Wałęsa décide de ne pas y aller, parce qu'il n'aurait pas le droit de prendre la parole au cours de la cérémonie. Le Premier ministre polonais de l'époque, le post-communiste Józef Oleksy, ne partage pas l'avis du président et participe à la cérémonie moscovite. Ceci soulève une grande polémique en Pologne et donne lieu à un différend profond entre président et Premier ministre. L'affaire de la commémoration de la fin de la guerre illustre alors les profondes tensions en politique intérieure et la force mobilisatrice des questions historiques.

---

[1] Janusz Tycner. Alte Vorurteile rosten nicht. *Die Zeit*, 27/1995.

L'approche des élections présidentielles de novembre 1995 contribue sans doute à la ferveur de la controverse.

3. Le discours de Władysław Bartoszewski à l'occasion du 50ème anniversaire de la fin de la Seconde Guerre mondiale (28 avril 1995)

Le 28 avril 1995, Władysław Bartoszewski s'adresse alors aux membres du Bundestag et du Bundesrat réunis dans une séance spéciale. C'est en effet la première fois dans l'histoire qu'un représentant polonais s'adresse au Parlement allemand. Dans son discours, Bartoszewski ne revient pas sur les difficiles débats préalables ; il estime même – quelques années plus tard – qu'après tout, ce n'était « pas la pire des solutions » qui a été retenue.[1] Dans la presse allemande, certains soulignent la magnanimité de Bartoszewski d'accepter l'invitation du Parlement allemand : il met alors fin à une discussion qui, comme nous venons de le souligner, a déjà causé quelques dégâts. Notons encore que le chancelier Kohl et ses ministres, ainsi que le président fédéral Roman Herzog, assistent au discours, mais environ cent députés de la CDU/CSU ne sont pas présents, ce qui est perçu par certains comme un signe politique.

Dans son discours, long de près de 60 minutes et prononcé en allemand, Bartoszewski rappelle avant tout le sort de la Pologne pendant la Seconde Guerre mondiale. Il trouve des mots forts pour parler des victimes polonaises et juives, en mentionnant les plus de 5 millions de Polonais qui ont trouvé la mort pendant l'occupation nazie, parmi lesquels se trouvaient 3 millions de Juifs polonais. De même, il évoque les combats des soldats polonais et le fait que la Pologne a perdu d'importants territoires après la guerre – c'est surtout la force des faits qui donne de l'importance à son discours. Dans plusieurs commentaires, cette approche est saluée, puisque les connaissances de l'histoire polonaise, notamment concernant l'époque de la Seconde Guerre mondiale, étaient très faibles en Allemagne, même parmi les élites.

---

[1] Bartoszewski (interviewé par Komar). ...*mimo*... op. cit. p. 177.

Le passage du discours sur les transferts de population après 1945 est très attendu par une partie du public allemand : quelle formule le ministre polonais emploiera-t-il pour traiter cet aspect du passé qui a longtemps divisé Polonais et Allemands ? Avant même de le prononcer, Bartoszewski explique les grandes lignes de son discours. Il annonce alors qu'il ne pourra pas utiliser le mot *Vertreibung*, puisque celui-ci n'existerait pas en polonais.[1] Dans son discours, il rappelle les déplacements de population de la manière suivante :

> « Nous nous souvenons du fait que de nombreuses personnes de la population allemande étaient également concernées par [la tragédie des déplacements forcés] et que des Polonais ont aussi fait partie des coupables. Je voudrais le dire ouvertement : nous regrettons le sort individuel et les souffrances d'Allemands innocents qui ont été affectés par les conséquences de la guerre et qui ont perdu leur terre natale ».[2]

Cette partie du discours est citée dans quasiment tous les médias allemands. Curieusement, on peut lire parfois qu'« enfin, la Pologne s'est excusée pour les expulsions ». Mais Bartoszewski a justement indiqué au préalable que lui, en tant que ministre des Affaires étrangères, ne pourra pas s'excuser, parce que les excuses seraient réservées aux chefs d'Etat. Il emploie alors des formules semblables à celles que Skubiszewski, Mazowiecki et Bielecki ont utilisées en 1989-1991. Il faut toutefois noter qu'après le discours de Bartoszewski, un débat médiatique autour de la question *« Faut-il s'excuser pour l'expulsion ? »* commence dans plusieurs journaux polonais.

Bartoszewski rappelle ensuite les différents gestes de réconciliation polono-allemande depuis 1965 et plaide pour une poursuite des efforts sur cette voie. Mais il indique également aux Allemands que leur vision de la responsabilité des expulsions serait erronée : on oublierait trop souvent en Allemagne que les puissances victorieuses – et non la Pologne – ont pris la décision de l'évacuation de la population allemande à Potsdam. Il critique alors le fait que les Allemands auraient développé un sentiment de victimisation à partir de cette lecture biaisée du passé qui fait de la Pologne un objet pour évacuer ses frustrations de la guerre. Ce point, dont la discussion nous semblerait importante pour un travail de mémoire commun, est pourtant peu commenté en

---

[1] Interviews de Bartoszewski dans *Frankfurter Rundschau*, 16/3/1995 et *Süddeutsche Zeitung*, 26/4/1995.

[2] Le texte allemand du discours se trouve sur http://www.bundestag.de/geschichte/gastredner/bartoszewski/rede_bartoszewski.html [9/6/2008]

Allemagne : un véritable débat transnational sur le passé commun n'a pas eu lieu. Comme Roman Herzog en 1994, Bartoszewski fait le lien entre passé, présent et avenir. Selon le ministre polonais, il faut garder à l'esprit le passé difficile. Mais le travail de mémoire ne devrait constituer que le cadre des relations, les motivations principales pour la coopération devant être orientées vers l'avenir. L'adhésion polonaise à l'OTAN et à l'UE figure alors de nouveau comme objectif commun et unificateur dans son discours, qu'il finit par l'espoir de voir les deux pays coopérer dans un contexte européen.

La réception du discours est très positive en Allemagne. Les parlementaires présents répondent par de longs applaudissements et de nombreux commentateurs ont vu une grande manifestation d'émotion parmi les responsables politiques allemands à la fin du discours de Bartoszewski. Le nombre d'articles dans la presse est tout à fait remarquable ; rarement le discours d'un invité étranger a suscité autant d'intérêt en Allemagne. Les commentaires des hommes politiques et des journalistes sont en général très favorables et on précise le caractère « historique » du discours : il est vrai qu'il sera souvent cité par la suite comme l'une des étapes les plus importantes de la réconciliation. Le fait que 20 millions d'Allemands regardent des extraits du discours à la télévision allemande vient renforcer cette analyse.[1]

La presse polonaise parle beaucoup moins de ce discours dont l'auditoire principal est sans doute le public allemand. La plupart des commentaires approuvent l'allocution de Bartoszewski et se félicitent que grâce à ce discours, la tragédie polonaise serait maintenant plus présente dans la conscience historique allemande. Il est toutefois curieux de voir que les observateurs allemands donnent en général une image plus positive des réactions polonaises que les observateurs polonais. Dans la presse allemande, on parle de l'admiration pour le discours en Pologne, pendant que les analystes polonais soulignent les voix critiques. Un sondage publié le 2 juin 1995 dans *Życie Warszawy* montre que 43% des Polonais n'approuvent pas les mots de Bartoszewski, alors que moins d'un tiers des sondés les accueillent favorablement. Dans la classe politique, l'écho est plus positif. Un seul député critique ouvertement le discours : il proteste contre l'idée que la Pologne

[1] Bartoszewski (interviewé par Komar). ...*mimo*... op. cit. p 178.

devrait « aller à genoux à Bruxelles via la porte de Brandebourg » – il estime que cette idée est soutenue par le discours de Bartoszewski. Cette voix critique mérite d'être citée, parce que l'idée que « la Pologne n'ira pas à genoux » est récurrente dans le débat polonais concernant les relations avec l'Allemagne et l'Union européenne. Certains groupes politiques (le parti des paysans PSL[1], les nationalistes du KPN[2]) l'utiliseront à plusieurs reprises dans les années suivantes.

Voyons enfin comment Lech Wałęsa commémore la fin de la guerre dans son discours du 8 mai 1995. Il y précise que le 8 mai n'a pas été une journée de victoire pour la Pologne et qu'on ne peut pas parler de libération. Selon le président polonais, l'Occident oublie la contribution polonaise dans la guerre, ce qui montrerait que l'Europe serait toujours scindée en deux, entre les « meilleurs » et les « pires ». Wałęsa critique alors assez ouvertement le chancelier Kohl pour ne pas l'avoir invité à la commémoration berlinoise du 8 mai. De même, le rôle de la Pologne dans la chute du communisme – et ainsi le rôle de Wałęsa – ne serait pas perçu dignement. Ce discours amer, déjà marqué par la campagne électorale, est sévèrement critiqué par la gauche polonaise.

Peu après, en juillet 1995, Helmut Kohl se rend en Pologne. Il s'agit de sa deuxième visite, après celle de 1989. Avant même la visite de Kohl, le Premier ministre polonais essaie de recourir à un usage symptomatique du passé : il place la visite de 1995 sous la devise « Ensemble en Europe », en la distinguant ainsi de la visite de 1989, qui, elle, aurait été « La visite de la réconciliation ». Les commentaires de l'époque tournent en effet autour de la question de savoir s'il y a déjà une « normalité » dans les relations germano-polonaises. Une réponse définitive semble difficile, même si les leaders politiques essaient à tout prix de le faire croire. Dans un important discours devant le Parlement polonais, Kohl confirme les grandes lignes de la lecture du passé proposée par Bartoszewski, mais il consacre relativement peu de temps au passé. Il précise qu'il fallait « enfin tirer les leçons du passé » : c'est l'une des raisons expliquant sa déclaration selon laquelle la Pologne

---

[1] *Polskie Stronnictwo Ludowe :* Parti populaire polonais ou Parti des paysans polonais (centriste, agraire).

[2] *Konfederacja Polski Niepodległej :* Confédération de la Pologne indépendante (nationaliste).

devrait rejoindre l'Union européenne avant 2000.[1] Cette affirmation évidemment non contraignante – et probablement peu réaliste déjà à l'époque – est reçue très favorablement par les Polonais : elle aide beaucoup à convaincre les Polonais de voir l'Allemagne comme l'avocat de la Pologne dans le processus de l'élargissement de l'UE. L'avenir européen joue sans doute un rôle beaucoup plus important pendant cette visite que le passé commun difficile.

Pour conclure brièvement ce chapitre sur l'apogée de la réconciliation politique, nous devrions insister sur le fait que les responsables politiques de l'époque réussissent à faire de deux commémorations potentiellement difficiles pour les relations bilatérales d'importants moments de réconciliation. La mise en œuvre pose quelques problèmes, mais la volonté politique des deux côtés – qui est probablement plus grande du côté polonais que du côté allemand – permet de saisir cette chance. Au vu des expériences historiques des Polonais pendant la Seconde Guerre mondiale et de la politique mémorielle du régime communiste, il est étonnant que les commémorations polonaises de 1994 et 1995 se déroulent d'une manière assez favorable aux Allemands. En revanche, les déclarations ne manquent pas d'accents critiques vis-à-vis de la Russie. Il y a sans doute des raisons géopolitiques derrière ce choix : la Pologne a décidé de « rejoindre l'Ouest » et elle a donc misé sur une alliance avec l'Allemagne.[2]

D'une manière plus générale, nous pouvons constater que le passé et la mémoire de la Seconde Guerre mondiale jouent un rôle moins déterminant en 1994-1995 qu'auparavant. L'historien Włodzimierz Borodziej confirme cette idée, en affirmant que la période 1939-1945 est moins déterminante pour la population polonaise en 1995 qu'elle ne l'était en 1955 ou 1975.[3] L'histoire joue en même temps un rôle moins important dans les relations polono-allemandes qu'auparavant – pendant la Guerre froide ou même en 1991. La volonté des responsables politiques des deux

[1] Le texte allemand du discours du 6 juillet 1995 : http://www.berlin.polemb.net/index.php?document=332 [7/8/2008]

[2] Włodzimierz Borodziej. Erinnerung an den Zweiten Weltkrieg – 50 Jahre später. In Ewa Kobylińska, Andreas Lawaty dir. *Erinnern, vergessen, verdrängen: Polnische und deutsche Erfahrungen*. Wiesbaden: Harrassowitz, 1998. p. 69.

[3] ibid. p. 77.

côtés de trouver une vision commune du passé, qui se manifeste dans les discours de Herzog et de Bartoszewski, a pu apaiser le poids du passé. Janusz Reiter, ambassadeur polonais en Allemagne de 1990 à 1995, affirme alors dans une interview publiée dans le *Tagesspiegel* du 16 juillet 1995 que les différences de niveau de vie poseraient plus de problèmes pour les relations germano-polonaises que les difficiles expériences historiques. Il précise toutefois que le passé pourrait de nouveau dominer les relations bilatérales, si Polonais et Allemands rompaient avec le consensus naissant sur l'interprétation du passé. Son avertissement s'avérera juste – nous le voyons à travers la « guerre des résolutions » de 1998.

III. La « guerre des résolutions » entre le Bundestag et la Diète (1998)

Trois ans après le grand discours de Bartoszewski, les députés allemands et polonais font publiquement preuve d'un désaccord concernant l'interprétation, ou plutôt la gestion, du passé commun. C'est en effet la première fois depuis 1990 qu'une divergence d'opinion apparaît si clairement entre les responsables politiques des deux pays. Elle se manifeste dans deux déclarations, la première étant votée par le Bundestag, la deuxième par la Diète. Nous allons voir que le contexte de la campagne électorale en Allemagne est à l'origine de ce que certains ont appelé une « guerre des résolutions » à l'époque. Mais le contexte bilatéral avait également changé, de manière indirecte, mais quand même sensible, puisqu'en mars 1998, les négociations d'adhésion entre l'Union européenne et la Pologne commencent. Au cours de ces négociations, des divergences entre les positions polonaises et allemandes deviennent visibles. L'un de ces points, l'achat de terrain polonais par des étrangers, pose problème justement à cause du passé germano-polonais. Il n'est donc pas étonnant que les problèmes issus du passé et ceux liés à l'adhésion polonaise à l'UE se recoupent dans les débats politiques et médiatiques.

C'est aussi dans ce cadre qu'il faut voir les deux déclarations votées en 1998. Il convient alors d'analyser leur genèse et leurs effets, en commençant par la résolution du Bundestag du 29 mai 1998 (1.), puis en étudiant celle de la Diète du 3 juillet 1998 (2.). On s'interrogera enfin sur les conséquences de cet échange de résolutions (3.).

1. La résolution du Bundestag sur le rôle des expulsés (29 mai 1998)

Depuis l'Ostpolitik de Willy Brandt, les organisations d'expulsés, réunies dans le BdV, sont un électorat fidèle à la CDU/CSU. Leur influence politique réelle diminue pourtant au cours des années, ce qui est illustré par le fait qu'ils ne réussissent pas, malgré leurs efforts, à empêcher la reconnaissance définitive de la frontière polono-allemande en 1990. Au cours des années 1990, la CDU/CSU réussit à instrumentaliser les organisations d'expulsés, en excluant les questions de propriété du traité germano-polonais de 1991 et du traité germano-tchécoslovaque de 1992. Elle essaie alors de maintenir l'illusion d'un règlement ultérieur de la question des biens immobiliers, c'est-à-dire la restitution des anciennes propriétés ou des versements de dédommagement en faveur des expulsés allemands. En réalité, une telle solution est hors de portée, puisqu'une demande officielle des compensations risquerait de provoquer des revendications polonaises pour des montants bien plus élevés. De même, il est certain que les pays signataires du traité de Potsdam – qui sont devenus des partenaires importants de l'Allemagne depuis – n'accepteraient sans doute pas une telle demande.[1]

La CDU/CSU défend sa position ambiguë de manière plutôt discrète, sans l'afficher offensivement. C'est pourquoi les leaders politiques polonais tolèrent en silence cette position – jusqu'en 1998, quand un petit groupe de députés de la CDU/CSU, tous liés au BdV, réussit à faire voter une résolution portant sur le rôle des expulsés.[2] Dans le contexte de la campagne électorale pour les élections législatives du 27 septembre 1998, cette résolution affirme alors le double discours de la CDU/CSU. Le texte, qui présente de manière positive les activités des expulsés et de leurs organisations, demande au gouvernement fédéral d'intégrer les expulsés, les rapatriés et les minorités allemandes dans la coopération avec les pays d'Europe centrale. Les formulations restent souvent vagues : ainsi, on exprime l'espoir que l'adhésion à l'UE de la Pologne et de la République tchèque « facilitera la résolution des questions bilatérales ouvertes ». Après avoir affirmé que l'expulsion des Allemands après la Seconde Guerre mondiale était une « grande injustice et contraire au droit international », le texte demande au gouvernement fédéral de s'engager pour « les intérêts légitimes des expulsés ». Or, la résolution ne détaille ni « les questions bilatérales ouvertes », ni « les intérêts légitimes des

---

[1] Beata Ociepka. *Związek Wypędzonych w systemie politycznym RFN i jego wpływ na stosunki polsko-niemieckie 1982-1992*. Wrocław: Wydawnictwo Uniwersytetu Wrocławskiego, 1997. p. 286-289.

[2] Résolution « *Vertriebene, Aussiedler und deutsche Minderheiten sind eine Brücke zwischen den Deutschen und ihren östlichen Nachbarn* », Bundestagsdrucksache 13/10845.

expulsés ». Ceci apporte une ambiguïté à ce texte, qui rencontre alors l'incompréhension des Polonais et des Tchèques.

Pour comprendre le vote de la résolution, il faut savoir qu'à ce moment, les scores de la CDU/CSU sont très bas dans les sondages (à environ 37%, contre 43% pour le SPD). On peut alors interpréter la résolution comme une tentative désespérée pour mobiliser l'électorat conservateur et plus particulièrement les voix des expulsés – ou au moins de ceux des expulsés qui se retrouvent dans les revendications du BdV. Il n'est donc pas étonnant que le débat parlementaire avant le vote de la résolution soit fortement marqué par la campagne électorale.[1] La prise de parole d'Erika Steinbach, députée CDU et depuis peu présidente du BdV, est particulièrement dure : elle demande que l'Allemagne n'accepte pas l'adhésion à l'UE de la Pologne et de la République tchèque avant la résolution des « questions ouvertes ». Avec cette revendication, Steinbach est pourtant minoritaire dans son camp ; d'importants hommes politiques de la CDU (comme Wolfgang Schäuble) et du gouvernement (comme le ministre des Affaires étrangères, Klaus Kinkel, FDP) prennent aussitôt leurs distances. Mais le chancelier Kohl ne prend pas de position claire sur « les questions ouvertes » : la politique intérieure, c'est-à-dire la mobilisation des électeurs potentiels, est alors plus importante pour lui que la politique extérieure, c'est-à-dire les relations avec la Pologne.

La résolution est votée par la majorité de la coalition CDU/CSU-FDP, même si un représentant du FDP critique les propos de Steinbach dans le débat au Bundestag, ce qui montre les difficultés que pose le texte à son parti. Les députés sociaux-démocrates évitent de prendre une position claire vis-à-vis des ambiguïtés de la résolution dans le débat. Comme le SPD ne veut pas provoquer la critique du BdV avant les élections, le groupe parlementaire s'abstient.[2] Ainsi, seul les Verts et le PDS votent contre ce texte.

Il faut préciser que l'opinion publique allemande remarque à peine cette résolution dans un premier temps. Elle est vue comme le résultat d'un petit groupe de pression bien organisé et les principaux médias n'en parlent quasiment pas les jours suivant le vote. Même parmi les députés de la coalition gouvernementale,

---

[1] Séance du Bundestag du 29/5/1998.
[2] Entretien avec Angelica Schwall-Düren.

peu nombreux sont ceux qui accordent une attention particulière à ce sujet au moment du vote. On attend généralement que la résolution passe relativement inaperçue – comme en effet beaucoup de résolutions parlementaires. Ainsi, la résolution du Bundestag ne devient un sujet de débat qu'après la réponse de la Diète du 3 juillet.

Enfin, on peut se demander pourquoi les députés de la majorité CDU/CSU-FDP approuvent cette résolution : ne se rendent-ils pas compte qu'un tel texte peut entraver les relations germano-polonaises et germano-tchèques ? Au contraire, ne peut-on pas penser qu'ils le savent bien et font alors un choix délibéré, illustrant ainsi le fait qu'ils n'accordent pas d'importance réelle aux relations avec la Pologne ? Janusz Reiter pose justement la question de savoir laquelle des deux versions serait la pire pour la Pologne.[1] Plusieurs indices nous montrent qu'il faut privilégier l'hypothèse d'un choix politique délibéré : certains hommes politiques de la CDU (comme Wolfgang Schäuble) s'opposent d'abord à cette résolution, justement parce qu'ils craignent des conséquences négatives sur les relations germano-polonaises. De même, dans la phase d'élaboration du texte, une première version de la résolution rencontre l'opposition du ministère allemand des Affaires étrangères. Le texte est alors modifié afin de le rendre moins agressif. Enfin, quelques députés de l'opposition dénoncent le danger que comporte la résolution pour la politique étrangère allemande au cours du débat parlementaire du 29 mai. Les députés votant pour la résolution sont donc avertis de potentielles conséquences négatives.

Dans ce contexte, nous pouvons interpréter le vote de la résolution comme un exemple du paternalisme allemand vis-à-vis de la Pologne : grâce à la position dominante de l'Allemagne dans les relations bilatérales, les responsables allemands pensent être en mesure de ne pas prendre en compte la position et les soucis polonais. De même, le fait de rappeler dans la résolution qu'après son adhésion à l'UE, la Pologne devra accorder le droit européen du libre établissement également aux expulsés – ce que personne en Pologne n'avait mis en question – est souvent interprété comme un exemple de l'arrogance allemande vis-à-vis de la Pologne. Toutefois, il convient d'admettre que la plupart des

[1] Sposób na Niemców (dyskusja). *Gazeta Wyborcza*, 18-19/7/1998.

députés allemands ne se rendent pas compte de l'énorme sensibilité polonaise concernant le sujet des biens immobiliers des expulsés. Ils savent probablement que le texte de la résolution posera un problème en Pologne, mais ils seront alors surpris par l'étendue des réactions polonaises. Avant d'analyser justement le contexte polonais, mentionnons encore qu'un autre aspect de la « gestion du passé » est instrumentalisé dans la campagne électorale allemande : un député de la CSU demande au gouvernement de lier les négociations sur le retour des biens culturels à l'adhésion de la Pologne à l'OTAN et à l'UE. Cette tentative ne rencontre ni attention, ni succès en Allemagne. En revanche, elle provoque de vives réactions dans les médias polonais. Toutefois, le sujet mobilise beaucoup moins politiquement que la question des biens immobiliers. Ainsi, il ne devient pas un sujet majeur dans les relations bilatérales à ce moment-là.[1]

2. La réponse de la Diète : la résolution du 3 juillet 1998

Même si la résolution du Bundestag ne contient rien de nouveau sur le fond – elle rappelle plutôt des idées souvent répétées par la CDU/CSU –, elle rencontre en Pologne un écho beaucoup plus grand qu'en Allemagne. C'est surtout le fait qu'un document officiel révèle une position plutôt dissimulée auparavant qui provoque les réactions polonaises. Ainsi, Tadeusz Mazowiecki, ancien Premier ministre polonais et pionnier de la réconciliation polono-allemande, réplique publiquement qu'il n'y a pas de « questions ouvertes ». Nous verrons que c'est pour plusieurs raisons que la Diète répond par sa propre résolution au texte du Bundestag. Votée le 3 juillet 1998, la résolution de la Diète précise que la résolution du Bundestag « n'est pas positive pour la coopération polono-allemande », puisqu'elle « révèle des tendances dangereuses ».[2] Le texte de la Diète ne s'attaque pas directement

---

[1] Klaus Bachmann. Von der Euphorie zum Mißtrauen. Deutsch-polnische Beziehungen nach der Wende. *Osteuropa*, août 2000, vol. 50, n° 8, p. 861.

[2] Le texte de la résolution : Oświadczenie Sejmu Rzeczypospolitej Polskiej z dnia 3 lipca 1998 r. w sprawie rezolucji Bundestagu « Wypędzeni, przesiedleńcy i mniejszości niemieckie

au contenu du document allemand, mais il en tire plutôt les conséquences. Il y est affirmé que la coopération européenne ne devrait remettre en question ni le système du droit international, ni l'ordre territorial issu de la Seconde Guerre mondiale. De même, l'adhésion polonaise à l'UE devrait signifier l'intangibilité des frontières polonaises et des titres polonais de propriété immobilière. Ces phrases révèlent l'interprétation polonaise des raisons ayant conduit les députés allemands à évoquer les « questions ouvertes ». Mais il faut connaître le contexte de la situation pour comprendre ce ton alarmiste.

Une différence d'interprétation juridique du traité de Potsdam de 1945 est à l'origine du problème. Alors que la Pologne interprète le règlement des questions territoriales et du transfert de populations comme conforme au droit international, la doctrine allemande le considère comme contraire au droit international. La résolution du Bundestag a justement affirmé cette interprétation, même si la diplomatie allemande ne l'applique pas en réalité : autrement, elle n'aurait pu signer ni le traité de 1970, ni celui de 1990. Il faut savoir que la doctrine juridique allemande est en contradiction avec les positions de tous les alliés de l'Allemagne et que la réalité politique ne permet pas de la mettre en application. Cette position juridique permet toutefois de prétendre que les questions de propriété seraient toujours ouvertes. Même si on prend en compte ces ambiguïtés, il est osé d'interpréter la résolution du Bundestag comme une remise en question de la frontière germano-polonaise. Les revendications de la Diète semblent donc bien exagérées.

Or, il faut savoir que la question de la reconnaissance de la frontière, tout comme celle des titres de propriété dans les territoires cédés à la Pologne en 1945, a une longue histoire. La position des gouvernements polonais après la guerre était peu claire dans un premier temps, et même après 1990, les titres de propriété ne sont pas automatiquement inscrits dans les livres fonciers. C'est ainsi qu'on peut expliquer les réactions parfois hystériques en Pologne suite aux lettres demandant le retour des biens immobiliers, que des particuliers allemands, expulsés dans le contexte de la Seconde Guerre mondiale, adressent au cours des

---

są pomostem między Niemcami i ich wschodnimi sąsiadami » z dnia 29 maja 1998 r. *Monitor Polski*, 1998, n° 23, poz. 332.

années 1990 à des particuliers et collectivités polonais. Ces lettres, dont les formulaires sont diffusés par des groupuscules d'extrême droite en Allemagne, n'ont aucun fondement juridique, mais la grande sensibilité du sujet fait que certaines couches de population en Pologne sont très inquiètes.[1] Il ne faut pas s'étonner que plusieurs groupes politiques en Pologne utilisent justement ces peurs peu rationnelles, notamment dans le contexte de leurs campagnes contre l'adhésion à l'UE. Ainsi, fait-on croire que grâce à la liberté de circulation et d'établissement de l'UE, un grand nombre d'expulsés allemands retourneront et « regermaniseront » les terrains à l'ouest et au nord de la Pologne. Le prétendu « danger allemand », qui se nourrit de nombreuses références historiques, sert alors d'argument contre l'adhésion à l'UE. Par la suite, la peur de voir les Allemands acheter massivement des terrains en Pologne après l'adhésion polonaise à l'UE contraint le gouvernement polonais à négocier un délai de transition sur les achats de terrain.

C'est donc pour une multitude de raisons que l'eurosceptique parti des paysans PSL prend l'initiative d'élaborer une réponse de la Diète à la résolution du Bundestag. La conjoncture électorale aide de nouveau : des élections régionales et locales ont lieu en octobre 1998 et justement le PSL, ce petit parti d'opposition sorti affaibli des élections législatives de 1997, cherche de se démarquer à ce moment-là. En s'appuyant sur les peurs de la population, il arrive à faire voter unanimement un texte remanié cependant par rapport à sa première version plus dure, par crainte de trop brusquer les Allemands. Même les partis qui prônaient le plus ardemment la réconciliation et le rapprochement au début des années 1990, comme les libéraux de l'Union de la liberté *(Unia Wolności,* UW), votent, non sans hésitations, pour la résolution : d'un côté, on ne veut pas accepter la provocation allemande ; de l'autre, on ne peut pas se montrer antipatriotique et lâche vis-à-vis des Allemands avant les élections – c'est notamment cet argument qui rallie tous les partis politiques derrière la résolution. Certains sont conscients du fait que le texte va probablement trop loin, puisqu'il accuse le Bundestag de vouloir réviser les frontières. Mais il est en effet difficile de s'opposer à une telle dynamique dans un

[1] Selon Burkhard Hess, autour de 30.000 lettres ont été envoyées aux autorités polonaises. Burkhard Hess. Geschichte vor den Richter! Entschädigungsfragen im deutsch-polnischen Verhältnis. *DGAP-Analyse*, janvier 2005, n° 1, p. 5.

pays où les débats politiques sont souvent rudes et les médias très mobilisateurs quand il s'agit de la fierté nationale. Sur ce point, la culture politique polonaise est différente de celle de l'Allemagne, où on cherche le consensus et où règne un « politiquement correct » assez strict. De plus, le langage politique est plus modéré en Allemagne qu'en Pologne, où on cherche la confrontation et la polémique.

3. Les conséquences de la « guerre des résolutions »

Si l'instrumentalisation du passé (et plus précisément de la gestion du passé) à des fins électorales est à l'origine des deux résolutions, les différences de culture politique renforcent ensuite les effets, puisque la résolution de la Diète rencontre une incompréhension totale chez les hommes politiques allemands. Elle fait de même l'objet d'un tollé dans les médias allemands qui, ignorant souvent le contexte particulier de la question, commentent la résolution en des termes très négatifs. Un problème de perception renforce les malentendus : les commentaires des extrémistes des deux côtés sont pris pour l'opinion majoritaire. Si Erika Steinbach constate après le vote de la résolution de la Diète que la Pologne ne serait pas prête pour rejoindre l'UE, les médias et les acteurs politiques en Pologne lui accordent une importance qui ne correspond pas à la réalité : certains font croire que la présidente du BdV pourrait empêcher à elle seule la Pologne de rejoindre l'UE.

Le fait que les deux Parlements n'aient pas su éviter le vote de résolutions qui enflamment le partenaire montre surtout l'absence de contacts réguliers et de débat profond entre les responsables politiques des deux pays. Des deux côtés, on manque de compétence pour comprendre la position de l'autre. De plus, certains n'ont pas la volonté de comprendre l'autre : c'est notamment le cas de ceux qui sont à l'initiative des résolutions. Ceci montre in fine que les relations germano-polonaises manquent encore d'un fondement stable au niveau politique. La réaction du ministre polonais des Affaires étrangères, Bronisław Geremek, est révélatrice à ce sujet : en conclusion de l'affaire, il préconise que les deux côtés doivent se parler – il reconnaît alors implicitement un manque de dialogue.[1]

Pour remédier à ce déficit, la présidente du Bundestag, Rita Süssmuth, se rend à Varsovie en juillet 1998 : elle tente d'expliquer le vote du Bundestag. Cette visite peut apaiser les débats dans un premier temps, mais les problèmes de fond ne sont pas débattus de manière satisfaisante (ce qui serait effectivement difficile en un seule rencontre). Il aurait fallu un effort considérable par la suite pour trouver une solution viable pour la gestion des différences d'interprétation juridique et des « questions ouvertes ». Mais les hommes politiques n'accordent pas assez d'importance au sujet, notamment en Allemagne, où la campagne électorale domine les agendas. D'une manière plus générale, on mise sur l'adhésion de la Pologne à l'UE qui, croit-on à l'époque, devrait résoudre les problèmes : ceci s'avérera un vain espoir par la suite.[2]

En fin de compte, l'affaire renforce surtout les extrémistes des deux côtés : les adversaires du rapprochement polono-allemand dominent le débat pendant plusieurs mois et on pourrait presque dire qu'ils prennent les majorités des modérés en otage. Surtout du côté polonais, les députés ne veulent pas apparaître comme de mauvais patriotes ou des amis des Allemands à un moment où le débat sur l'Allemagne se concentre de plus en plus sur les positions extrémistes de Steinbach. Il est évident que ce débat nuit aux relations bilatérales et brouille la perception réciproque. En Pologne, même ceux qui critiquent le ton de la résolution de la Diète estiment que les Allemands ne traitent pas la Pologne comme partenaire, mais l'utilisent comme objet de la campagne électorale. Cette impression, justifiée jusqu'à un certain point, est alors fatale pour la vision de la coopération.

Avec le recul, nous pouvons interpréter la « guerre des résolutions » comme un avertissement quant aux dangers de l'instrumentalisation du passé. L'affaire a montré que propager une vision strictement nationale et historiquement biaisée du passé commun (en l'occurrence des déplacements forcés de la population allemande après la Seconde Guerre mondiale) risque d'entraver considérablement les relations bilatérales. Comme les résolutions ne créent pas de problème majeur qu'il aurait fallu

---

[1] Bronisław Geremek (interviewé par Theo Sommer). Heimweh nach Europa. *Die Zeit*. 32/1998.

[2] Entretien avec Johannes Bauch.

résoudre immédiatement, cet avertissement est toutefois relativement vite oublié. D'autres questions liées aux négociations d'adhésion de la Pologne, telles la liberté de circulation des travailleurs polonais après l'adhésion à l'UE et les subventions agricoles aux paysans polonais, sont plus importantes dans les relations germano-polonaises à ce moment précis. Concernant les questions de propriété, les responsables politiques n'entreprennent pas d'efforts pour trouver une solution durable. Le danger d'un retour du sujet sur l'agenda politique persiste donc. On verra en 2004 que ce danger était bien réel.

IV. Les dédommagements et réparations, source de problèmes pour les relations polono-allemandes (2004)

Six ans après les résolutions de 1998, la question des biens immobiliers abandonnés par les Allemands dans le contexte de la Seconde Guerre mondiale revient avec force dans l'agenda bilatéral. La demande de dédommagements d'un petit groupe d'expulsés allemands, organisés dans l'association *Preußische Treuhand,*[1] crée d'importantes tensions, puisque l'opinion publique polonaise se mobilise fortement contre les activités de ce groupe. Le gouvernement allemand est forcé de réagir, mais ses efforts ne peuvent pas calmer toutes les peurs polonaises. Ainsi, la Diète exprime d'une manière spectaculaire son mécontentement concernant la position allemande, en demandant de rouvrir les négociations sur les réparations de guerre. L'affaire constitue alors un exemple particulièrement intéressant des usages politiques du passé dans le contexte germano-polonais.

Pour comprendre cette escalade des revendications, il faut se rappeler que les relations germano-polonaises se trouvent dans une phase difficile en 2004. Du fait des divergences polono-allemandes concernant les détails de l'adhésion polonaise à l'UE, la constitution européenne, la guerre d'Irak et la proposition de créer un centre contre les expulsions, beaucoup d'observateurs constatent à ce moment que les relations bilatérales traversent une crise. Ce sont donc des aspects très variés que nous devons prendre en compte pour comprendre pourquoi le débat sur les dédommagements et réparations prend une telle ampleur. La polémique atteint son apogée en 2004, quand le Parlement polonais se prononce sur ce sujet. La gestion du passé est devenue, une nouvelle fois, l'objet d'une discorde germano-polonaise. Dans notre analyse, nous expliquerons d'abord le contexte du retour de la question des biens immobiliers quittés par des citoyens allemands à la fin de la Seconde Guerre mondiale (1.). Deux moments importants de l'affaire ont lieu à l'été 2004. D'abord, le

[1] « Fiduciaire prussienne » L'organisation employait la traduction anglaise « *Prussian Claims Conference* » pendant un certain temps ; l'allusion évidente à la « *Jewish Claims Conference* » fut fortement critiquée.

discours du chancelier allemand à l'occasion du 60ème anniversaire de l'insurrection de Varsovie précise la position du gouvernement allemand (2.). Ensuite, la résolution de la Diète du 10 septembre 2004 et les nombreuses réactions qu'elle suscite soulignent davantage l'importance du sujet (3.).

1. Le retour de la question des biens immobiliers

Quand les habitants allemands des anciens territoires allemands de l'est sont forcés de quitter leur pays à la fin de la Seconde Guerre mondiale et dans les années suivantes, ils sont privés de leurs biens immobiliers. C'est ainsi que la République fédérale d'Allemagne leur accorde des indemnités de compensation selon « la loi de péréquation » *(Lastenausgleichsgesetz)* du 14 août 1952. Mais le gouvernement fédéral, fidèle à son interprétation selon laquelle les expulsions et déplacements étaient contraires au droit international, insiste sur le fait qu'il ne s'agit pas, au sens juridique, d'un dédommagement, mais d'une aide à l'intégration. Les expulsés auraient donc droit à des dédommagements de la part des Etats sur les territoires desquels se trouvent aujourd'hui leurs anciens biens immobiliers. Même après la fin de la Guerre froide, le gouvernement allemand n'a jamais modifié sa position sur ce point. La doctrine juridique polonaise contredit cette vision, sur la base du traité de Potsdam. Les questions de propriété sont donc un problème connu de longue date dans les relations germano-polonaises. On décide en 1990-1991 de les écarter des négociations sur les traités bilatéraux qui régleront les relations dans l'après-guerre froide. Plus tard, les différences de position sont à l'origine de la querelle sur les deux résolutions de 1998. Le sujet, qui intéresse peu le public allemand, reste toujours d'importance en Pologne, puisque les peurs d'un retour des Allemands persistent dans certaines couches de la population. Le sujet est, paradoxalement, de nouveau de grande actualité en 2004, au moment de l'adhésion polonaise à l'UE.

Une association allemande est à l'origine du retour de la question. La *Preußische Treuhand,* un groupe marginal organisé en société en commandite par actions, tente depuis sa fondation en 2000 d'obtenir la restitution de biens immobiliers perdus en 1945, ou au moins des dédommagements.[1] Ce groupe, dont les membres viennent de l'entourage de deux organisations régionales d'expulsés (*Landsmannschaft Schlesien* et *Landsmannschaft Ostpreußen*), annonce son intention de porter plainte devant des cours polonaises, américaines et internationales afin d'atteindre ses objectifs. Selon l'organisation, l'adhésion polonaise à l'UE serait un moment propice pour mener cette action. Cet argument n'est pas fondé juridiquement, mais la *Preußische Treuhand* trouve un énorme écho médiatique en Pologne. Dans ce contexte, il faut savoir que pour beaucoup de Polonais, les revendications de la *Preußische Treuhand* sont vues comme intrinsèquement liées à la proposition d'ouvrir un centre contre les expulsions à Berlin : ce musée serait alors conçu comme justification morale des revendications matérielles.

Sous la pression de l'opinion publique, les hommes politiques polonais ne peuvent pas rester inactifs : les groupes modérés sont plutôt contraints de réagir et ils essaient de réduire la portée du sujet dans un premier temps. Au contraire, des partis populistes comme PiS ou LPR[2] s'emparent du sujet afin de profiter politiquement de son instrumentalisation. Ils ont donc tout intérêt à faire de la question un sujet majeur.

En revanche, les médias allemands ne s'intéressent ni à cette organisation, ni au problème en général dans un premier temps. La *Preußische Treuhand* n'est pas prise au sérieux et la classe politique en Allemagne considère le problème comme marginal. Interrogés sur le sujet, les responsables allemands soulignent le fait que le groupe est composés de quelques « passéistes incurables » (*« Ewiggestrige »*) et qu'il ne bénéficie de quasiment aucun soutien politique en Allemagne : aucun député du Bundestag ne se déclare favorable à l'action de la *Preußische Treuhand.* De même, l'organisation centrale des expulsés, le BdV, prend – après quelques hésitations – ses distances vis-à-vis de l'organisation. C'est ainsi que la classe politique allemande et les médias allemands n'accordent pas d'attention à ce sujet dans un premier temps. Les responsables politiques allemands ne sont conscients ni de la sensibilité polonaise pour le sujet, ni des réactions de la presse et d'une partie de la classe politique polonaise aux activités de la *Preußische*

[1] Voir le site internet, dont la piètre qualité témoigne du caractère marginal de l'organisation : http://www.preussische-treuhand.org

[2] *Liga Polskich Rodzin :* Ligue des familles polonaises (nationaliste / extrême-droite).

Treuhand. Ainsi, ils ont du mal à saisir le danger potentiel du problème. Ce n'est qu'au cours de l'année 2004, et notamment suite au discours de Gerhard Schröder à Varsovie et à la résolution de la Diète, que la *Preußische Treuhand* fait l'objet de débats en Allemagne.

2. Le discours de Gerhard Schröder à l'occasion du 60ème anniversaire de l'insurrection de Varsovie (1er août 2004)

La commémoration du 60ème anniversaire de l'insurrection de Varsovie – événement qui, a priori, n'a pas de lien direct avec les revendications de la *Preußische Treuhand* –, devient toutefois un moment important dans ce contexte. Le chancelier allemand Gerhard Schröder participe aux commémorations et de nombreuses voix polonaises lui demandent au préalable de clarifier la position allemande concernant les revendications de la *Preußische Treuhand* à cette occasion. La déclaration du chancelier allemand au sujet de ces revendications devient même plus importante pour l'opinion publique polonaise que ses mots concernant l'insurrection de Varsovie. Ceci est en partie dû au fait que dix ans plus tôt déjà, le président allemand Roman Herzog a tenu un discours remarquable à l'occasion du 50ème anniversaire de l'insurrection de Varsovie (cf. II.). Concernant l'insurrection, « tout a été dit » en 1994, mais la commémoration commune reste un symbole fort du rapprochement polono-allemand.

Comme les relations germano-polonaises sont sans doute tendues en 2004, on peut estimer que la situation de Gerhard Schröder est plus difficile que celle de Roman Herzog en 1994. Son discours est plus important politiquement et les commémorations sont marquées par davantage d'émotion, puisque c'est probablement la dernière fois qu'un nombre considérable d'anciens combattants est présent à une grande commémoration.[1] Dans ses mémoires, Gerhard Schröder se souvient de sa nervosité et de la tension avant le discours. Il qualifie ce 1er août 2004 d'« un des moments les plus émouvants » de son mandat et estime dans ce contexte que les relations avec la

[1] Entretien avec Janusz Reiter.

Pologne seraient les relations « les plus difficiles et les plus sensibles » des relations bilatérales avec les pays voisins de l'Allemagne.[1]

Ses propos sur l'insurrection restent dans la tradition bien connue de la réconciliation : le passé est de nouveau considéré comme motivation pour une coopération étroite à l'avenir. Le chancelier allemand rend tout d'abord hommage aux insurgés de 1944 : « Nous nous inclinons devant l'esprit de sacrifice et la fierté des hommes et femmes de l'armée intérieure. [...] Leur patriotisme est un exemple éclatant de la grande histoire de la nation polonaise ». Il rappelle ensuite les crimes nazis en Pologne, devant lesquels il faut « s'incliner de honte ». Mais il finit ce paragraphe par une note optimiste : « Sur ce lieu de fierté polonaise et de honte allemande, nous mettons notre espoir sur la réconciliation et la paix ».[2] A la fin de son discours, Gerhard Schröder se tourne vers l'avenir, en appelant Polonais et Allemands à transformer leur coopération en un « pacte de l'avenir », puisqu'on ne pourrait pas rendre un meilleur hommage aux héros et victimes de l'insurrection de Varsovie.

Cette accentuation de la responsabilité allemande ainsi que les gestes de Gerhard Schröder trouvent un écho très positif en Pologne. Ainsi, le président polonais Aleksander Kwaśniewski (SLD[3]) encense Schröder comme « un grand allié dans la bataille pour la vérité historique » dans son discours du 1er août 2004.[4] Mais les réactions des médias et des hommes politiques polonais se concentrent surtout sur ses propos concernant les propositions de créer un centre contre les expulsions à Berlin ainsi que les revendications de la *Preußische Treuhand.* Schröder rappelle donc la position de son gouvernement qui se prononce contre un centre national à Berlin, mais soutient l'idée d'un réseau de coopération européenne sur les transferts forcés de population. Le passage le

---

[1] Gerhard Schröder. *Entscheidungen. Mein Leben in der Politik.* Hamburg: Hoffmann und Campe, 2006. p. 340-348.

[2] Texte allemand du discours sur http://archiv.bundesregierung.de/bpaexport/bulletin/35/693635/multi.htm [16/6/2008]

[3] *Sojusz Lewicy Demokratycznej :* Alliance de la gauche démocratique (post-communiste / social-démocrate).

[4] Dans ce discours, Kwaśniewski affirme l'importance de l'insurrection de Varsovie pour l'identité polonaise et rend hommage aux combattants de 1944. Il souligne en même temps l'importance de la réconciliation et le fait que la Pologne serait en 2004 entourée de partenaires. Texte du discours dans *Gazeta Wyborcza,* 2/8/2004.

plus important politiquement du discours concerne les questions de propriété :

> « Nous Allemands savons très bien qui a commencé la guerre et qui étaient ses premières victimes. C'est pourquoi il ne peut plus y avoir de revendications de restitution de la part de l'Allemagne, qui dénaturent l'histoire. Les questions de propriété liées à la Seconde Guerre mondiale ne sont plus un sujet des relations germano-polonaises pour les deux gouvernements. Ni le gouvernement fédéral, ni d'autres forces politiques sérieuses en Allemagne ne soutiennent des revendications individuelles, si elles sont pourtant faites valoir. Le gouvernement fédéral défendra cette position également devant tous les tribunaux internationaux ».[1]

Le chancelier allemand tente alors d'apaiser les peurs polonaises en clarifiant la position allemande à ce sujet. Mais il ne peut pas satisfaire toutes les demandes polonaises, puisqu'il ne renonce pas à d'éventuels droits individuels au nom de tous les Allemands. Il affirme uniquement qu'il ne fallait plus rien revendiquer. Ainsi, Gerhard Schröder évite toute indication montrant que le gouvernement allemand pourrait se voir amené à payer des dédommagements aux expulsés : de nombreuses voix en Pologne, aussi du côté gouvernemental, demandent une telle solution intra-allemande, ou au moins une garantie au cas où la *Preußische Treuhand* gagnerait devant les tribunaux. Mais c'est la solution que le gouvernement allemand veut éviter à tout prix, puisqu'elle pourrait se révéler très coûteuse. Gerhard Schröder reste donc dans la continuité des positions des gouvernements précédents ; la seule nouveauté de son discours est l'affirmation que le gouvernement allemand ne soutiendra pas les revendications individuelles. La position allemande reste donc ambiguë, au moins à un certain degré ; ceci est illustré par les différences qui existent entre les nombreuses expertises juridiques.[2] Ces différences portent notamment sur l'existence de

---

[1] Texte allemand du discours sur http://archiv.bundesregierung.de/bpaexport/bulletin/35/693635/multi.htm [16/6/2008]

[2] Il n'est pas de notre ambition de participer à ce débat juridique et nous renvoyons aux différentes expertises et prises de position : Jan Barcz, Jochen A. Frowein. *Gutachten zu Ansprüchen aus Deutschland gegen Polen in Zusammenhang mit dem 2. Weltkrieg (erstellt im Auftrag der Regierungen der Bundesrepublik Deutschland und der Republik Polen)*. 2 novembre 2004. Maria Frankowska. Oświadczenie kanclerza Gerharda Schroedera złożone 1 sierpnia 2004 r. w Warszawie w świetle prawa międzynarodowego. In Witold M. Góralski. dir. *Transfer. Obywatelstwo. Majątek. Trudne problemy stosunków polsko-niemieckich*. Warszawa: Polski Instytut Spraw Międzynarodowych, 2005. p. 201-227. Markus Gabel. Allemagne – Pologne. Revendications des expulsés et réparations de guerre. *Le Courrier des pays de l'Est*, mai-juin 2005, n° 1049, p. 30-41. Witold M. Góralski. Znaczenie ekspertyzy Barcz-Frowein w sprawie roszczeń z Niemiec przeciwko Polsce w związku z II wojną światową dla stosunków polsko-niemieckich. In Góralski dir. *Transfer...* op. cit. p. 229-279. Hess. Geschichte... op. cit. Tobias H. Irmscher, Jan Sandorski. *Ansprüche? Die Eigentumsfrage in den*

droits en faveur des expulsés et déplacés, ainsi que sur la portée juridique du discours de Schröder. Il y a toutefois un grand consensus concernant la question la plus importante en termes politiques, à savoir la probabilité que la *Preußische Treuhand* réussit de faire valoir ses revendications de dédommagement devant des tribunaux : elle est mince, voire inexistante.

Les responsables politiques des deux côtés ont du mal à se positionner vis-à-vis de cette situation juridique complexe, puisqu'il se révèle très difficile d'accorder la situation juridique avec les volontés politiques. Pour clarifier la situation, les gouvernements polonais et allemand demandent en septembre 2004 une expertise conjointe à deux professeurs de droit international, Jan Barcz et Jochen A. Frowein. Leur expertise précise que les revendications individuelles que la *Preußische Treuhand* veut faire valoir n'ont pas de fondement juridique. Ceci est important, puisqu'on y affirme pour la première fois qu'il n'existe plus de droits, même selon la doctrine juridique allemande. Ainsi, les revendications de la *Preußische Treuhand* n'ont aucune chance d'aboutir devant des tribunaux polonais, allemands, américains ou internationaux. De même, l'Allemagne a renoncé à faire valoir des revendications interétatiques avec la déclaration de Schröder du 1er août 2004 selon cette expertise. Par la suite, les deux gouvernements se réfèrent au texte de Barcz et Frowein pour souligner que la question ne se pose plus dans les relations bilatérales. Mais comme cette expertise ne constitue pas un traité de droit international, elle ne met pas fin à la querelle. Se fondant sur d'autres expertises, certains acteurs politiques (tels le *Bund der Vertriebenen* en Allemagne et le parti PiS en Pologne) demandent au gouvernement allemand de procéder au dédommagement des expulsés pour en finir avec les ambiguïtés. D'autres proposent de fixer par un traité bilatéral « l'option zéro », c'est-à-dire que chaque gouvernement renonce aux droits individuels au nom de ses citoyens. Mais les deux gouvernements refusent cette solution, parce qu'elle risquerait d'être contestée par les tribunaux : en renonçant aux droits de leurs citoyens, les gouvernements

---

deutsch-polnischen Beziehungen. Potsdam: Universitäts-Verlag, 2007. Eckart Klein. *Gutachten zur Rechtslage des im heutigen Polen entzogenen Privateigentums Deutscher (erstattet im Auftrag des Deutschen Bundestages)*. 4 avril 2005. Jerzy Kranz, Klaus Bachmann. Die Nulloption scheint ein Faktum zu sein: Bemerkungen zum deutsch-polnischen Reparationsstreit. *Reports & Analyses*, Centrum Stosunków Międzynarodowych, 2004, n° 11.

reconnaîtraient implicitement l'existence de ces droits. On pourrait alors s'attendre à ce que les tribunaux obligent les gouvernements à dédommager leurs citoyens – cette solution se révélerait très coûteuse pour les deux côtés. En réalité, il semble que l'option zéro l'emporte tacitement, sans être confirmée par un traité.

Malgré les précisions de Gerhard Schröder, la solution choisie par le gouvernement allemand concernant les propriétés des expulsés et déplacés souffre toujours de contradictions. La peur du gouvernement allemand de devoir payer des dédommagements aux expulsés plus de soixante ans après les faits semble bien réelle, malgré toutes les déclarations publiques affirmant le contraire. Cette peur est finalement plus importante que la volonté d'apaiser les peurs polonaises – qui sont largement le résultat de l'instrumentalisation du sujet par la droite populiste polonaise. En réalité, la très grande majorité des expulsés allemands et de leurs descendants ne demande pas de dédommagement ; mais ceci pourrait changer si un précédent juridique leur donnait l'occasion de le faire facilement. En fin de compte, on peut constater que la République fédérale d'Allemagne n'a toujours pas complètement adapté sa doctrine juridique aux réalités de l'après-guerre. Dans le contexte germano-polonais, le gouvernement allemand est soucieux d'éviter tout retour de ce sujet gênant et tente de limiter sa portée, sans pour autant chercher une solution juridique sans équivoque – ce qui semble effectivement très difficile. C'est ainsi que la question a pu revenir au centre du débat politique ; l'incapacité à trouver une solution juridique incontestable constitue le « péché d'omission » des relations germano-polonaises dans les années 1990.[1]

3. La résolution de la Diète sur les réparations et dédommagements (10 septembre 2004)

Les activités de la *Preußische Treuhand* trouvent un écho politique en Pologne dès l'année 2003, quand des députés de la droite national-conservatrice proposent des résolutions parlementaires qui d'une part condamnent la remise en question de la situation

[1] Entretien avec Jan Barcz.

des propriétés dans les territoires devenus polonais en 1945,[1] et d'autre part demandent de négocier de nouveau la question des réparations de guerre pour la Pologne. Leurs efforts rencontrent d'abord un écho limité chez les députés de la droite modérée et de la majorité post-communiste. Le gouvernement reste également très réservé sur ce sujet. Mais les députés issus de plusieurs petites formations de la droite national-conservatrice obtiennent un premier succès en mars 2004, lorsqu'une résolution sur les revendications de dédommagement est votée unanimement. Dans ce texte, la Diète affirme que toutes les questions de propriété et de dédommagement émanant des transferts de population en 1945 sont définitivement réglées. Cette résolution provoque finalement peu de réactions en Pologne et encore moins en Allemagne, mais elle montre la préoccupation politique pour le sujet.

Par la suite, le même cercle de députés évoque avec fermeté la question des réparations de guerre. Ceci constitue un développement remarquable, puisque cette question n'a pas été soulevée depuis 1990 dans le débat politique polonais. En soulignant que la Pologne n'a jamais obtenu de réparations appropriées pour les dommages de la Seconde Guerre mondiale, on propose de répondre aux revendications de la *Preußische Treuhand* par des revendications de réparation. Ces tentatives rencontrent la désapprobation des députés post-communistes et de la droite modérée dans un premier temps, mais dans le contexte de la crise politique en Pologne,[2] la droite populiste fait monter la pression sur les autres forces politiques. Le discours de Schröder du 1er août 2004 renforce – un peu paradoxalement – la tension : le chancelier allemand tente de trouver un compromis, mais en même temps, il souligne de nouveau les ambiguïtés de la position allemande. Un grand débat parlementaire sur la politique

---

[1] Selon la propagande communiste de l'époque, la Pologne a « regagné » ses territoires à l'ouest et au nord en 1945. Cette interprétation est douteuse historiquement pour au moins une partie des territoires ; l'emploi du terme *Ziemie Odzyskane* (territoires regagnés) par les députés, par exemple dans la résolution du 12 mars 2004, se fonde donc sur une interprétation historiquement douteuse et héritée de l'époque communiste.

[2] Le parti de gouvernement SLD est en difficulté à cause de plusieurs scandales de corruption et un taux de chômage très élevé. Après la séparation d'une partie de son parti, le Premier ministre Leszek Miller, très impopulaire à ce moment-là, perd sa majorité et démissionne le 2 mai 2004. L'économiste Marek Belka (sans appartenance politique) est ensuite nommé Premier ministre, mais il ne trouve pas de majorité parlementaire dans un premier temps. À l'été 2004, on s'attend à des élections législatives anticipées au printemps 2005 ; les élections ont finalement lieu en septembre 2005.

allemande a lieu le 25 août 2004, au cours duquel des accusations violentes vis-à-vis de l'Allemagne et du gouvernement polonais sont formulées par la droite conservatrice.[1]

Les différentes forces politiques au Parlement polonais négocient à ce moment le texte d'une résolution au sujet des revendications de la *Preußische Treuhand* et au même titre du droit polonais aux réparations de guerre. Quelques jours avant le vote, lors du débat parlementaire du 25 août 2004, le plus grand parti de gouvernement SLD se prononce encore contre toute demande de réparation. Mais il estime finalement que les pertes politiques d'une opposition aux revendications de la droite conservatrice seraient trop élevées ; c'est ainsi qu'une résolution, dite de compromis, est finalement votée à l'unanimité le 10 septembre 2004.[2] La résolution illustre la crise des relations polono-allemandes à ce moment-là et elle fait du 10 septembre 2004 une « journée noire » pour les relations bilatérales.[3] Elle déclenche en même temps un débat très profond, en Pologne et en Allemagne, sur les questions de propriété, sur les réparations de guerre et de même sur la situation générale des relations bilatérales.

Dans ce texte – qui n'est pas contraignant pour le gouvernement – la Diète constate que jusqu'à présent, la Pologne n'a pas obtenu de réparations de guerre appropriées pour les immenses destructions et pertes causées par l'agression allemande de 1939 et l'occupation allemande jusqu'en 1945. Il appelle alors le gouvernent polonais à entreprendre des activités dans ce sens vis-à-vis du gouvernement allemand. Le Parlement polonais affirme ensuite que la Pologne n'a aucune obligation matérielle issue de la Seconde Guerre mondiale et de ses conséquences vis-à-vis des citoyens allemands. En troisième lieu, il appelle le gouvernement polonais à faire connaître à l'opinion publique une estimation des pertes matérielles et immatérielles subies par la Pologne et ses citoyens pendant la Seconde Guerre mondiale. La Diète demande finalement au gouvernement allemand de reconnaître l'illégalité

---

[1] Séance de la Diète du 25/8/2004.

[2] Il n'y a qu'une abstention, mais 131 députés ne participent pas au vote, ce que l'on peut interpréter comme un rejet passif. Le texte de la résolution dans *Monitor Polski*, 2004, n° 39, poz. 678.

[3] Basil Kerski. Ein schwarzer Tag für Deutschland und Polen. *Internationale Politik*, octobre 2004, vol. 59, n° 10, p. 107-112.

des revendications allemandes de dédommagement et d'assumer la responsabilité d'éventuels dédommagements.

C'est clairement la demande de rouvrir le chapitre des réparations de guerre qui fait de la résolution un document important pour les relations germano-polonaises. Il convient alors d'expliquer brièvement le contexte historique et la motivation des députés pour voter cette résolution. Au lendemain de la Seconde Guerre mondiale, la question des réparations de guerre fut réglée par le traité de Potsdam, qui prévoyait que la Pologne obtiendrait des réparations de la part de l'Allemagne via l'Union soviétique. Ceci n'était pas à l'avantage de la Pologne, puisque les leaders soviétiques liaient alors la question des réparations à celle des livraisons de charbon polonais à l'URSS. Cette disposition était particulièrement défavorable pour la Pologne. Toutefois, la Pologne a obtenu d'importantes réparations de la part de l'Allemagne, notamment des territoires qui constituaient avant la guerre un cinquième du territoire allemand. Vu la complexité de la question, il semble impossible de juger objectivement si la Pologne a obtenu des réparations satisfaisantes.[1] Mais bon nombre de Polonais ont encore aujourd'hui le sentiment de ne pas avoir obtenu ce qui aurait dû leur revenir de droit. Le fait que la partie occidentale du pays agresseur de 1939 ait profité du plan Marshall et se soit développé économiquement par la suite – pendant que l'économie communiste a freiné le développement de la Pologne – aggrave ce sentiment d'injustice historique. Dans ce contexte, on peut comprendre pourquoi certains acteurs politiques espèrent obtenir un certain succès auprès de leur électorat s'ils font de nouveau des réparations de guerre un sujet politique. Pour ce faire, ils s'attaquent notamment à la déclaration du 23 août 1953, dans laquelle le gouvernement polonais a renoncé aux réparations de la part de l'Allemagne. Pour justifier la résolution du 10 septembre 2004, certains députés remettent effectivement en question la validité de la déclaration de 1953. Ils essaient même par la suite de faire voter une nouvelle résolution qui confirmerait explicitement la caducité de ladite déclaration ; cependant, cette tentative échoue.

Or, les experts du droit international ne sont pas d'accord sur l'interprétation de la déclaration de 1953. Les juristes allemands se

---

[1] Pour une vision polonaise, voir les différentes contributions dans Witold M. Góralski dir. *Problem reparacji, odszkodowań i świadczeń w stosunkach polsko-niemieckich 1944-2004*. Warszawa: Polski Instytut Spraw Międzynarodowych, 2004.

prononcent généralement pour la validité de la déclaration, les experts polonais la contestent majoritairement, se fondant surtout sur l'idée que le gouvernement polonais n'était pas souverain en 1953. Il semble donc difficile d'établir la portée juridique exacte de la déclaration de 1953.[1] Néanmoins, selon certains auteurs, la question ne se pose plus depuis le traité 2+4 de 1990, qui clôt implicitement la question des réparations. Władysław Czapliński remarque à juste titre que la Pologne devrait plutôt s'adresser à la Russie en tant qu'Etat successeur de l'Union soviétique pour le règlement incorrect de la question des réparations.[2]

Toutefois, la demande de rouvrir les négociations de réparation semble être davantage un signal politique que l'expression d'une véritable volonté de relancer le débat sur des subtilités juridiques : il s'agit de montrer aux Allemands que les revendications de la *Preußische Treuband* et la passivité du gouvernement allemand vis-à-vis de celles-ci inquiètent la population polonaise. La demande de réparations doit souligner que le contexte historico-moral est en faveur des Polonais et qu'il serait indécent de la part des Allemands de demander des compensations. Elle sert aussi de menace : si le gouvernement allemand n'agit pas contre la *Preußische Treuband,* il devrait s'attendre à des revendications polonaises bien supérieures. Pour souligner cet aspect, la Diète demande au gouvernement polonais d'établir une estimation des pertes polonaises de la Seconde Guerre mondiale. Quelques villes polonaises procèdent à de telles estimations à partir de 2004, dont notamment la capitale Varsovie.[3]

Des peurs réelles à cause des activités de la *Preußische Treuband* et de la position ambiguë du gouvernement allemand sont à l'origine de la résolution et des demandes de réparations. Puisque

---

[1] Voir Tobias H. Irmscher. Deutsch-polnische Vermögensfragen. Eine deutsche Sicht. In Irmscher, Sandorski. *Ansprüche?...* op. cit. p. 21-23. Hess. Geschichte... op. cit. p. 3-4. Jan Sandorski. Zrzeczenie się w 1953 r. przez Polskę reparacji wobec Niemiec w świetle prawa międzynarodowego. In Góralski dir. *Problem...* op. cit. tome 1, p. 123-155. Joanna Żurowska. Debata w Sejmie RP nad roszczeniami niemieckimi wobec Polski związanymi z konsekwencjami drugiej wojny światowej. *Rocznik polsko-niemiecki,* 2006, n° 14, p. 35.

[2] Kranz, Bachmann. *Die...* op. cit., p. 3. Władysław Czapliński. Reparacje od Rosji, nie od Niemiec. *Rzeczpospolita,* 15/9/2004.

[3] A la demande de son maire Lech Kaczyński, l'administration de la ville publie en novembre 2004 un rapport faisant état de pertes de 45,3 milliards de dollar américain. Miasto Stołeczne Warszawa. *Raport o stratach wojennych Warszawy.* Warszawa: Miasto Stołeczne Warszawa, 2004. http://www.um.warszawa.pl/v_syrenka/ratusz/Raport_o_stratach_wojennych_Warszawy.pdf [19/6/2008]

la question de la propriété dans les régions occidentales et septentrionales de la Pologne est un sujet très sensible en Pologne, la discussion polonaise est marquée par une importante charge émotionnelle, ce qui facilite l'instrumentalisation de faits historiques à des fins électorales.[1] La question des dédommagements et réparations devient alors l'objet d'une épreuve de force politique en Pologne. Le vote de la résolution du 10 septembre 2004 est l'apogée d'une escalade qui dure plusieurs mois ; c'est en même temps un moment absurde, puisque les députés de la coalition gouvernementale votent contre leur propre gouvernement. L'analyse de Piotr Buras semble juste : la demande de réparations constitue la capitulation des forces modérées devant les démagogues du LPR et du PiS.[2]

Le gouvernement polonais s'est effectivement prononcé contre toute demande de réparation déjà avant le vote de la résolution du 10 septembre 2004. Il réitère cette position par la suite, dans des déclarations médiatiques et dans une prise de position officielle le 19 octobre 2004. Selon le gouvernement de Marek Belka, la renonciation aux réparations faite en 1953 serait toujours valide et il ne faudrait pas compliquer les relations polono-allemandes par de nouvelles demandes. Tout en affirmant qu'il comprend les inquiétudes des députés, le gouvernement polonais tente donc d'apaiser la situation. Les grands titres de la presse polonaise sont divisés à ce sujet, puisque la presse libérale et de gauche critique la résolution et la presse conservatrice et de droite s'y montre favorable. La question reste de grande actualité par la suite, et de très nombreux articles et débats sont consacrés à ce sujet.

Les réactions allemandes sont pourtant encore plus intéressantes à étudier : la résolution est d'abord perçue comme un choc en Allemagne. Dans un premier temps, la demande de réparations provoque de nombreux commentaires dans la presse allemande. La résolution de la Diète, qui rencontre la surprise et l'étonnement des journalistes, est jugée très négativement : elle serait « superflue » et nuirait aux relations germano-polonaises. Quand on analyse de manière critique les articles consacrés à ce sujet, on remarque que des stéréotypes négatifs y sont sous-jacents. La Pologne est décrite comme un pays national-

[1] Un sondage publié dans *Rzeczpospolita* le 22 septembre 2004 montre effectivement que 64% des Polonais sont favorables au vote de la résolution.
[2] Piotr Buras. Abdykacja elit. *Gazeta Wyborcza*, 16/9/2004.

conservateur, non démocratique et anti-allemand.[1] Un débat sur les raisons et conséquences de la résolution commence, mais son ampleur et sa durée restent très limitées par rapport aux discussions dans la presse polonaise. Ceci illustre de nouveau l'asymétrie concernant l'intérêt pour le pays partenaire : le rôle de l'Allemagne dans le débat public polonais est beaucoup plus important que le rôle de la Pologne dans le débat public allemand. L'appel de Rita Süssmuth et Angelica Schwall-Düren pour une meilleure prise de conscience des positions polonaises en Allemagne, publié après le vote de la résolution, est symptomatique à cet égard.[2]

Du côté des responsables politiques allemands, on se montre également surpris et irrité par la résolution de la Diète. Certains se disent même « choqués » par la « réaction excessive » du Parlement polonais. La critique, voire l'indignation, sont récurrents dans les réponses, puisqu'on estime que la question des réparations de guerre ne se poserait plus à l'heure de l'intégration européenne. Dans ce contexte, le gouvernement est naturellement plus prudent dans ses commentaires que les parlementaires. Parmi ces derniers, on peut constater que certains voient la résolution comme une réaction aux revendications de la *Preußische Treuhand,* alors que d'autres l'interprètent comme une provocation du côté polonais.

Il est frappant de constater que les deux gouvernements, polonais et allemand, font ostensiblement preuve d'une position commune par la suite. Après une réunion des deux chefs de gouvernement le 27 septembre, ils affirment unanimement que les questions de réparation et dédommagement ne sont plus un sujet des relations bilatérales. Ils tentent même, pour la première fois depuis 1945, une approche bilatérale et concertée du problème des revendications individuelles de citoyens allemands et polonais, en demandant à deux experts de réaliser une expertise juridique conjointe. A cette occasion, le chancelier allemand affirme également que le ministère allemand des finances ne demandera plus aux « rapatriés tardifs » *(Spätaussiedler)*[3] de déposer des plaintes

---

[1] Ulrike Notarp. *Der polnische Parlamentsbeschluss zu Reparationsforderungen an Deutschland im Spiegel der deutschen Presse.* Wrocław: Wydawnictwo Uniwersytetu Wrocławskiego, 2005. p. 10-14.

[2] Rita Süssmuth, Angelica Schwall-Düren. In großer Sorge. *Die Zeit,* 46/2004.

[3] Des personnes d'origine allemande qui ont quitté la Pologne après 1953, notamment au cours des années 1970 et 1980.

en Pologne avant de leur payer des indemnisations selon le *Lastenausgleichsgesetz* (cf. infra). Cette pratique administrative était effectivement en contradiction avec la position gouvernementale et elle contribuait aux inquiétudes polonaises. Enfin, la création de deux postes de coordinateurs de haut niveau pour les relations bilatérales est décidée à ce moment – sans doute comme réponse aux problèmes bilatéraux rencontrés en 2004.

En fin de compte, le vote de la résolution et les réactions qui s'ensuivent montrent de nouveau les défaillances du dialogue germano-polonais. La résolution de la Diète, votée sans aucune concertation préalable avec le côté allemand, illustre aussi le désespoir polonais face au désintérêt allemand pour la Pologne : l'année de l'adhésion polonaise à l'UE montre que les grandes attentes polonaises vis-à-vis de l'Allemagne depuis 1989 n'ont pas été satisfaites.

Même après 2004, Polonais et Allemands n'ont pas trouvé de solution unanimement acceptée concernant les revendications de ce petit groupe d'expulsés allemands réunis dans la *Preußische Treuhand* : la peur allemande de devoir payer des dédommagements après un jugement inattendu empêche que les deux côtés s'accordent sur une solution juridique sans équivoque, telle qu'elle est demandée, plus ou moins intensivement, par le côté polonais. Le gouvernement national-conservateur des frères Kaczyński, issu des élections d'octobre 2005, fait notamment des revendications de la *Preußische Treuhand* un sujet important. Il demande avec fermeté au gouvernement allemand de renoncer aux droits de ses citoyens par un traité bilatéral – il est très intéressant dans ce contexte de constater que la présidente du BdV, Erika Steinbach, partage cet avis et demande un règlement intra-allemand, c'est-à-dire des indemnités de l'Etat allemand aux expulsés. De même, le parti PiS et ses alliés créent volontairement la confusion, en assimilant les plaintes des « rapatriés tardifs » aux revendications de la *Preußische Treuhand,* même si la situation juridique est très différente dans les deux cas. Il est toutefois frappant que le parti PiS, une fois arrivé au gouvernement, n'entreprend rien pour recommencer les négociations sur les réparations de guerre avec le côté allemand. En 2004, le PiS était pourtant à l'origine de la demande de réparations par la Diète – ce retour en arrière souligne le caractère irréaliste de la revendication de 2004.

En revanche, le gouvernement de Donald Tusk, issu des élections législatives d'octobre 2007, réserve un traitement beaucoup moins médiatisé aux revendications de la *Preußische Treuhand*. De son côté, la chancelière Angela Merkel a confirmé la position du gouvernement Schröder, en précisant que son gouvernement ne soutiendrait pas les revendications de certains expulsés. Tout comme Schröder, elle s'oppose à un traité bilatéral dans lequel l'Allemagne renoncerait aux droits de ses citoyens – une telle solution provoquerait des plaintes en Allemagne, qui coûteraient probablement plusieurs milliards d'euros à l'Etat allemand. Il semble certain qu'aucun gouvernement allemand ne prendra cette mesure. En même temps, le sujet des dédommagements garde toute son actualité, puisque la *Preußische Treuhand* a déposé une plainte devant la Cour européenne des droits de l'homme à Strasbourg en décembre 2006. A l'heure actuelle, on attend toujours l'avis de la cour dans cette affaire : si elle rejette la plainte (ce qui est attendu par tous les observateurs), la question perdra probablement encore de l'importance.

SECONDE PARTIE.
LES FINALITÉS DES USAGES POLITIQUES DU PASSÉ : RUPTURES ET CONTINUITÉ

Au travers des quatre études de cas, nous avons pu acquérir une idée de la variété des usages politiques du passé dans les relations germano-polonaises depuis 1989. Dans cette seconde partie, nous analyserons le contexte plus large des relations bilatérales entre 1989 et 2005, afin d'expliquer les motivations qui sont à l'origine de ces usages du passé. Notre approche sera thématique et chronologique à la fois, puisque certains éléments sont caractéristiques pour des moments bien définis des relations bilatérales. D'autres, au contraire, reviennent de façon assez régulière au cours de la période étudiée, mais selon des intensités différentes. L'étude des quatre moments étudiés nous servira de base pour illustrer nos explications, mais d'autres exemples viendront compléter notre analyse.

Insistons dans ce contexte sur le fait que l'importance du passé pour les relations bilatérales évolue au cours de la période étudiée. Après le changement historique de 1989, l'attention des acteurs politiques et de la société est clairement tournée vers l'avenir. L'histoire est régulièrement évoquée, mais elle ne constitue pas un sujet politique important en tant que tel. Ceci vaut notamment en Pologne, où l'on veut rompre avec le régime communiste, qui, par son instrumentalisation idéologique de l'histoire, a délégitimée tout usage politique du passé. En Allemagne, on espère commencer un processus de réconciliation avec la Pologne, suivant l'exemple des relations franco-allemandes ou germano-israéliennes. Ceci est avant tout motivé par l'intérêt allemand de normaliser les relations avec la Pologne, et beaucoup moins par une volonté profonde d'affronter ensemble le passé commun. Toutefois, à travers plusieurs étapes, l'histoire « revient » par la suite et elle devient un sujet politique important, qui se retrouve toujours plus haut sur l'agenda bilatéral. Au moment de l'adhésion polonaise à l'UE, le passé semble même dominer les relations germano-polonaises. Afin de comprendre pourquoi les acteurs politiques consacrent beaucoup d'énergie aux sujets historiques, nous devons tenir compte de l'inflation de l'intérêt social pour le passé.

Au cours des années 1990, le passé joue donc un rôle plutôt limité dans les relations polono-allemandes. Pourtant, ceci n'empêche pas les acteurs politiques d'utiliser le passé pendant cette période ; il sert avant tout comme motivation pour le rapprochement et la réconciliation. Nous verrons que des raisons variées sont à l'origine de cette tendance, mais l'intérêt partagé de voir la Pologne rejoindre les institutions européennes et transatlantiques en est sans doute la plus importante (V.). Ce motif entre pourtant en concurrence avec des usages du passé à des fins de politique intérieure, qui sont récurrents notamment au cours de différentes campagnes électorales. A ces moments, la primauté de la politique intérieure sur les relations bilatérales apparaît clairement. Elle devient de plus en plus fréquente après 2002 (VI.). Il conviendra enfin d'expliquer que le contexte politique n'est pas la seule raison de l'usage contradictoire du passé. On peut au contraire constater que les représentations polonaises et allemandes de l'histoire commune sont de plus en plus divergentes, puisque les débats historiques dans les deux pays ont pris des trajectoires différentes ces dernières années. Comme le travail de mémoire sur le passé commun reste sur un niveau insuffisant, les responsables politiques ne se rendent pas compte des différences d'interprétation historique dont l'affirmation entrave les relations bilatérales (VII.).

V. La « communauté d'intérêts », force vive de la réconciliation

Dès 1989, la réconciliation devient le leitmotiv des relations germano-polonaises. Les leaders politiques invoquent cet objectif dans d'innombrables discours et il est même inscrit dans les traités bilatéraux de 1990 et 1991. Or, indépendamment du contexte polono-allemand, on peut se demander s'il est habile de parler de « réconciliation » dans un contexte politique. Selon certains, on ne peut pas transposer le concept de réconciliation de son contexte interpersonnel initial à la politique internationale. De même, la forte connotation religieuse de cette notion vient remettre en doute l'emploi du concept pour les relations entre deux Etats.

En tout état de cause, une politique de réconciliation se fonde largement sur la rhétorique, mais également sur des « actions concrètes de rapprochement à dimension micro-sociétales ».[1] De même, « la réconciliation est un processus fondamentalement tourné vers le futur puisqu'elle a pour ambition de permettre l'élaboration d'une vision commune d'un avenir, sinon commun, au moins relevant des mêmes intérêts ».[2] Ce point est essentiel dans le contexte germano-polonais, puisque la Pologne et l'Allemagne ont une vision concrète de l'avenir commun au début des années 1990, à savoir la normalisation des relations bilatérales dans le cadre du « retour en Europe » de la Pologne. Cette vision commune a été interprétée comme « communauté d'intérêts polono-allemande » par Krzysztof Skubiszewski, ministre polonais des Affaires étrangères de 1989 à 1993. Déjà en février 1990, Skubiszewski parle pour la première fois de ce concept, qui sera redéfini à plusieurs reprises par la suite. Au cours des années 1990, le paradigme de la communauté d'intérêts servira comme fondement pour beaucoup d'analyses des relations bilatérales.

Or, notamment les responsables politiques allemands invoquent la nécessité de se réconcilier comme condition pour la réalisation de la communauté d'intérêts. Pour ce faire, ils

---

[1] Anne Bazin. La réconciliation à travers l'écriture d'une histoire commune : l'exemple des commissions d'historiens germano-tchèque et germano-polonaise. *Revue d'études comparatives Est-Ouest*, mars 2000, vol. 31, n° 1, p. 41.

[2] ibid. p. 44.

soulignent l'importance de la réconciliation lors de quasiment tous les rencontres germano-polonais. Au milieu des années 1990, de nombreux auteurs commencent à critiquer ce recours permanent au passé comme excessif. Dès 1994, Klaus Bachmann parle du « kitsch de la réconciliation » *(Versöhnungskitsch)*[1] et beaucoup d'observateurs des relations polono-allemandes ont repris cette notion par la suite.

Compte tenu de ce contexte, il convient d'expliquer pourquoi les responsables politiques plaident pour la réconciliation entre Allemands et Polonais. Comment justifient-ils le recours au paradigme de réconciliation et quelles en sont les raisons profondes ? Nous présenterons alors les motivations polonaises (1.) et allemandes (2.) pour la réconciliation. Il est important de souligner dans ce contexte que ce sont deux pays très inégaux qui tentent la réconciliation (3.).

1. « Le chemin polonais vers l'Europe passe par l'Allemagne » : les motivations polonaises pour la réconciliation avec l'Allemagne

Suite à la fin du régime communiste en Pologne, la Pologne regagne sa souveraineté en politique étrangère. Ainsi, après 45 ans d'appartenance au bloc soviétique, l'orientation de la politique étrangère polonaise est profondément modifiée. L'objectif principal devient le « retour en Europe », c'est-à-dire l'adoption du modèle politique et économique de l'Europe de l'Ouest et l'intégration dans les institutions européennes et transatlantiques. Ce but est partagé par la très grande majorité des forces politiques. Egalement les post-communistes, qui seront au gouvernement de 1993 à 1997, l'acceptent après une courte période d'hésitation. Déjà avant 1989, l'opposition anti-communiste développait les lignes directrices de cette nouvelle orientation de la politique étrangère polonaise. Il était alors établi que l'Allemagne devait jouer un rôle clé dans ce contexte : c'est le seul pays membre de l'UE et de l'OTAN qui, après la réunification, partage une frontière avec la Pologne. De plus, l'Allemagne est un membre

[1] Klaus Bachmann. Die Versöhnung muß von Polen ausgehen. *Die tageszeitung*, 5/8/1994.

important de ces deux organisations et de surcroît un pays traditionnellement proche des Etats-Unis. Ce dernier aspect est important pour la Pologne, puisqu'elle espère nouer des liens étroits avec Washington. La volonté de se rapprocher de l'Allemagne est donc bien fondée en 1989.

Vu la situation géopolitique, le rapprochement avec l'Allemagne est même inévitable et sans alternative pour la Pologne. Anna Wolff-Powęska souligne à juste titre qu'on ne peut pas réaliser les intérêts existentiels de la Pologne sans coopération avec l'Allemagne.[1] De plus, il n'y a pas d'autre pays européen qui soit intéressé et capable de soutenir les objectifs polonais au début des années 1990. Le Premier ministre Jan Krzysztof Bielecki (en fonction de janvier à décembre 1991) montre alors une parfaite compréhension de la situation quand il la résume en une phrase : « Le chemin polonais vers l'Europe passe par l'Allemagne ». De même, il est notable que c'est un homme politique polonais (et non pas allemand) qui introduit la formule de la « communauté d'intérêts ». Comme la Pologne a un plus grand intérêt que l'Allemagne à faire fonctionner ce concept, c'est également elle qui sera la force principale pour le réaliser dans la politique pratique.[2]

Or, pour se rapprocher, Polonais et Allemands doivent modifier leurs regards sur le passé commun. Les visions du passé étaient jusque là marquées par des interprétations contradictoires et des positions juridiques divergentes, ce qui donnait lieu à des confrontations politiques. Afin de coopérer, il fallait alors rompre avec les images traditionnelles et arriver à une réconciliation pragmatique, c'est-à-dire faire en sorte que le passé ne divise plus. Les leaders des deux pays tentent donc de développer une vision commune qui unit les deux pays. Ainsi, nous pouvons expliquer le paradigme de réconciliation par l'intérêt national polonais : le rapprochement avec l'Allemagne est nécessaire pour garantir le succès de la nouvelle politique étrangère polonaise. Bref, la raison d'Etat demande la réconciliation avec l'Allemagne.

---

[1] Anna Wolff-Powęska. Ideelle und politische Voraussetzungen der Entwicklung der deutsch-polnischen Beziehungen. In Wolff-Powęska, Bingen dir. *Nachbarn...* op. cit. p. 10.

[2] Witold M. Góralski. The Polish-German Community of Interests. Origins – Achievements – Threats. In Witold M. Góralski dir. *Poland – Germany 1945-2007. From Confrontation to Cooperation and Partnership in Europe.* Warszawa: Polski Instytut Spraw Międzynarodowych, 2007. p. 325-328.

Ce raisonnement est notamment évoqué pour convaincre les Polonais qui s'opposent à la réconciliation avec l'Allemagne. Lors des débats parlementaires sur les traités de 1990 et 1991, et plus précisément concernant la question des dédommagements pour les travailleurs forcés, les partisans du rapprochement avec l'Allemagne expliquent que le raison d'Etat demanderait de renoncer à des revendications élevées et d'accepter une réconciliation « dans les termes allemands ».[1] De même, lors des débats autour de la commémoration du 50ème anniversaire de l'insurrection de Varsovie en 1994, Jan Nowak-Jeziorański, courrier légendaire pendant l'insurrection et importante autorité en Pologne, défend l'idée d'inviter le président allemand Roman Herzog. Il explique que l'avenir de la Pologne demande la réconciliation avec les Allemands, puisque la réconciliation serait une garantie de sécurité pour la Pologne.[2]

Toutefois, il y a au total peu d'exemples de justification de la politique de réconciliation par des arguments de « géopolitique dure », au moins en ce qui concerne les prises de parole en public. Les hommes politiques tentent plutôt de convaincre la population de la nécessité morale de se réconcilier. Dans ce contexte, il faut souligner que des considérations éthiques jouent un rôle important dans la politique étrangère polonaise au début des années 1990. Ainsi, une analyse de la politique de réconciliation uniquement en termes d'intérêt national serait réductrice puisque les expériences personnelles et les motivations chrétiennes des responsables polonais issus de l'opposition anti-communiste sont à l'origine de leur approche morale à la politique en général, et aux relations polono-allemandes en particulier. Ils tentent alors de souligner leur supériorité morale sur les forces communistes, mais également vis-à-vis de l'Allemagne. Il faut savoir que certains des acteurs clés de la politique de réconciliation, comme Tadeusz Mazowiecki ou Władysław Bartoszewski, se sont engagés dans les milieux catholiques pour la réconciliation polono-allemande dès les années 1960. Pour eux, qui connaissent bien l'Allemagne et parlent l'allemand, la réconciliation est alors une valeur en soi. De même, ils définissent les objectifs de la politique étrangère aussi à partir de considérations morales : surmonter les conflits historiques

---

[1] Cf. séances de la Diète du 13/9/1991 et du 18/10/1991.
[2] Jan Nowak-Jeziorański. Pojednanie to bezpieczeństwo. *Gazeta Wyborcza*, 3/6/1994.

constitue alors une motivation importante, voire la source même de la conception d'une nouvelle politique étrangère.[1]

Ainsi, les fondements chrétiens de la politique de réconciliation sont soulignés dans de nombreux discours. À plusieurs reprises, les responsables politiques font référence à la lettre des évêques polonais de 1965. Mazowiecki et Bartoszewski s'approprient cette tradition à plusieurs occasions, mais également Krzysztof Skubiszewski explique dès 1990 que la réconciliation polono-allemande serait importante avant tout en termes moraux.[2]

Il convient de souligner dans ce contexte qu'un grand nombre de responsables politiques polonais de cette époque fait partie de la génération ayant vécu la Seconde Guerre mondiale. Ces expériences personnelles sont alors déterminantes pour leur conception des relations polono-allemandes. La façon de concevoir la politique de réconciliation est effectivement une question de générations : les générations suivantes, nées après la guerre, sont généralement moins préoccupées par la thématique de la réconciliation. Ils ont souvent une approche plus pragmatique aux relations bilatérales ; pourtant, ceci ne signifie pas forcément un désintérêt pour l'histoire. Mais notamment les plus jeunes générations n'acceptent pas le concept de réconciliation comme paradigme dominant des relations bilatérales, puisqu'il leur paraît trop loin de leur réalité.

C'est ainsi que le motif de réconciliation trouve ses limites vers la fin des années 1990. Il est de plus en plus contesté dans la politique intérieure polonaise, comme il ne semble plus adapté pour les défis des relations bilatérales. De même, il cache mal l'asymétrie des relations bilatérales : les Polonais se rendent compte que la réconciliation constitue pour les Allemands plutôt un rituel, affirmé lors des actes de commémoration commune, que la volonté profonde de commencer un débat sur le passé commun. La déception polonaise sur le faible intérêt pour la Pologne chez les Allemands – chez les élites tout comme chez la population – se traduit par l'abandon progressif du paradigme de la réconciliation par les responsables politiques.[3]

---

[1] Entretien avec Janusz Reiter.

[2] Par exemple dans son exposé annuel devant la Diète, le 26/4/1990.

[3] Arnulf Baring. Partner Polen? *Frankfurter Allgemeine Zeitung*, 11/3/1998. Entretiens avec Johannes Bauch, Piotr Buras et Klaus Ziemer.

En effet, le concept de réconciliation rencontre des résistances au niveau de la population polonaise dès 1989. Le poids du passé, renforcé par la propagande communiste, a profondément marqué les esprits ; la réconciliation reste ainsi un projet qui ne peut mobiliser qu'une partie de la population, avant tout les élites. Des sondages au début des années 1990, puis en 1994 et 1995 montrent que la majorité de la population polonaise ne s'identifie pas avec ce concept. De même, de nombreux Polonais rejettent les expressions symboliques de la réconciliation, telles qu'elles sont faites par les acteurs politiques.

Pourtant, si on compare les relations germano-polonaises à d'autres relations bilatérales « difficiles » en Europe centrale, il faut sans doute souligner le succès de la réconciliation entre Polonais et Allemands. En effet, les relations germano-polonaises ont souvent été considérées comme l'exemple d'une réconciliation réussie au milieu des années 1990, qui pourrait servir de modèle par exemple aux relations germano-tchèques.[1] Vu l'absence d'une définition généralement reconnue de la réconciliation, il est toutefois difficile de dire si la réconciliation polono-allemande a été « accomplie » à un moment précis. On peut cependant constater qu'après 1995, le mot apparaît moins souvent dans les discours politiques.

En fin de compte, la volonté polonaise de réconciliation avec l'Allemagne repose sans doute sur deux fondements différents : l'intérêt national polonais *et* les considérations morales. Il est difficile de déterminer l'influence précise de chacune des motivations, aussi parce qu'elles sont étroitement liées. Certes, la raison d'Etat demande la réconciliation – mais certains acteurs font aussi valoir que cette relation a un caractère réciproque, puisque se réconcilier ferait partie de la raison d'Etat. Ce sont sans doute realpolitik *et* morale qui ont poussé la Pologne à chercher le rapprochement avec l'Allemagne. Vu les ambiguïtés du concept de réconciliation en tant que valeur propre, nous accordons toutefois plus de poids aux intérêts nationaux pour expliquer la motivation polonaise pour la réconciliation avec l'Allemagne. Le motif de réconciliation domine beaucoup les discours dans la première moitié des années 1990. Mais la volonté polonaise de normaliser les relations avec l'Allemagne, puis de se rapprocher de l'UE pour

---

[1] Jacques Rupnik, Anne Bazin. Vorwärts zurück: Deutschland, Polen, Tschechien. *Osteuropa*, octobre 2006, vol. 56, n° 10, p. 41-50. Eva Hahn. Mitteleuropäische Nachbarschaften. *Dialog*, 2007, n° 79, p. 70.

la rejoindre à terme, est la raison principale du rapprochement avec l'Allemagne. De plus, réussir la réconciliation reste un objectif politique difficilement mesurable, alors qu'on peut mesurer très concrètement les avantages pratiques du rapprochement avec l'Allemagne, en termes de sécurité et de développement économique. Ainsi, ce dernier objectif domine sans doute la politique réelle.[1]

Au cours des années, l'adhésion polonaise à l'UE est de plus en plus vue comme le couronnement de la réconciliation germano-polonaise. Des deux côtés, le discours de réconciliation sert à justifier le rapprochement de la Pologne aux institutions européennes : on veut se réconcilier « dans l'esprit européen ». Dans ce contexte, il est de la plus grande importance pour la Pologne que le gouvernement allemand soutienne la demande polonaise d'adhésion à l'UE. Nous verrons que l'Allemagne joue effectivement un rôle clé, mais les responsables polonais estiment de leur côté que ceci constitue également un devoir moral pour le gouvernement allemand. La responsabilité historique de l'Allemagne est régulièrement évoquée pour demander un engagement ferme des hommes politiques allemands : œuvrer pour l'adhésion polonaise à l'UE serait alors « l'expiation pour les péchés des ancêtres ».[2]

De manière générale, la Pologne voit les relations polono-allemandes de plus en plus dans le contexte européen. Puisque l'Allemagne est vue comme le pays le plus important de l'UE, on assimile souvent l'UE à l'Allemagne dans les discours. Les relations bilatérales profitent de cette image dans la première moitié des années 1990, puisque le rapprochement entre la Pologne et l'UE avance de manière régulière à cette époque. L'européanisation des relations s'avère alors un grand succès de la coopération germano-polonaise. Toutefois, au moment où les relations entre l'UE et la Pologne deviennent plus difficiles – notamment après le début des négociations d'adhésion en 1998 –, elle peut également poser des problèmes aux relations polono-allemandes, puisque l'Allemagne est vue comme la seule coupable des obstacles sur le chemin vers l'adhésion.

---

[1] Góralski. The Polish-German... op. cit. p. 340.

[2] Bogdan Koszel. Deutschland – Polen – Europäische Union: Gemeinsame Interessen und Widersprüche. Polnische Erwartungen und deutsche Aktivitäten (1989-1998). In Wolff-Powęska, Bingen dir. *Nachbarn...* op. cit. p. 21.

2. « L'Allemagne, avocat de l'adhésion polonaise à l'Union européenne » : les motivations allemandes pour la réconciliation avec la Pologne

Tout comme les principaux acteurs polonais, les hommes politiques allemands définissent leur politique polonaise avant tout en termes de réconciliation après 1989. Dans de nombreux discours, ils mettent en avant la responsabilité historique de l'Allemagne pour justifier une nouvelle approche aux relations avec la Pologne. Vu les crimes allemands contre le peuple polonais pendant la Seconde Guerre mondiale, il serait une obligation morale d'œuvrer pour la réconciliation avec ce pays. Dans ce contexte, le passé sert de motivation aux décideurs politiques pour faciliter l'échange entre les sociétés. Notamment les responsables allemands lancent de nombreuses initiatives dans ce domaine, concernant par exemple la coopération économique ou l'échange de jeunes : en 1991, l'Office germano-polonais de Jeunesse est fondé, après un engagement de longue durée pour ce projet de la part d'Helmut Kohl. De même, la commémoration commune du passé, notamment lors des cérémonies de 1994 et 1995, continue d'être un vecteur important de la politique de réconciliation. Toutefois, la réconciliation avec la Pologne reste le projet d'un petit groupe d'intéressés en Allemagne : ni parmi les élites, ni parmi la population n'émerge un réel intérêt pour la Pologne. Ce désintérêt est d'ailleurs constaté et déploré de façon régulière par de nombreux observateurs. Ainsi, la réconciliation reste un projet politique qui est largement porté par la concordance d'intérêts.

Dans les discours politiques des années 1990, la réconciliation franco-allemande est constamment évoquée comme référence. De même, les hommes politiques allemands soulignent le cadre européen de la réconciliation : le rapprochement de la Pologne aux institutions européennes serait alors la meilleure expression de la réconciliation germano-polonaise. Ce parallélisme est très présent et constamment souligné dans les prises de parole d'Helmut Kohl. De la même façon, le président allemand Roman Herzog rapproche explicitement les deux idées dans son discours lors du 50ème anniversaire de l'insurrection de Varsovie.

La volonté de réconciliation se traduit ensuite par le soutien allemand pour l'adhésion polonaise à l'UE. Notamment à partir de

1992, le gouvernement allemand s'engage plus que tous les autres États membres pour concrétiser la perspective d'adhésion de la Pologne et des autres pays d'Europe centrale. Dans leurs discours, les représentants allemands justifient cet engagement avant tout par des considérations morales et historiques. Au moins pour certains d'entre eux, un sentiment de culpabilité historique est sous-jacent dans ce raisonnement. Il est sans doute important dans ce contexte que la façon de penser l'intégration européenne de plusieurs acteurs clés de l'époque, et notamment d'Helmut Kohl, est fortement marquée par l'expérience de la Seconde Guerre mondiale.

Toutefois, ces arguments ne constituent pas la raison principale pour l'engagement allemand en faveur de l'élargissement à l'est. En réalité, le gouvernement allemand comprend vite que c'est dans son intérêt stratégique d'élargir l'UE, puisque l'Allemagne profitera de manière considérable de l'élargissement. Intégrer les voisins à l'est de l'Allemagne permet tout d'abord « d'exporter de la stabilité » dans cette région en transformation politique et économique. Ceci constitue un avantage évident en termes de sécurité pour l'Allemagne, notamment parce que l'élargissement réduira, à terme, les écarts de richesse aux frontières orientales de l'Allemagne. De même, l'élargissement met l'Allemagne au centre de l'UE : géographiquement, mais aussi en termes de pouvoir. Ainsi, la frontière orientale de l'Allemagne réunifiée ne sera plus une frontière extérieure de l'UE. Enfin, l'adhésion de la Pologne et des autres pays de la zone a de grands avantages pour l'économie allemande, qui pourra développer ses liens traditionnels avec cette région et trouvera alors de nouveaux marchés.[1]

Du point de vue de l'intérêt national de l'Allemagne, les avantages de l'élargissement sont donc nombreux et priment sur les risques, tels les délocalisations ou l'afflux de migrants. Néanmoins, cette opinion n'est pas partagée par toute la classe politique allemande dans un premier temps. Mais au fur et à mesure, le soutien des leaders allemands pour l'élargissement devient quasi-unanime. Toutefois, l'intérêt national allemand est rarement évoqué pour justifier le soutien pour la Pologne et ses voisins : un tel discours aurait renforcé la méfiance de la plupart des partenaires européens déjà réticents concernant

[1] Koszel. Deutschland... op. cit. p. 22-23. Holesch. *Verpasster...* op. cit. p. 43-45.

l'élargissement. Parmi eux, notamment la France essaie de retarder l'élargissement à l'est. Ainsi, la proposition d'une « confédération européenne » par François Mitterrand a souvent été interprétée dans ce sens. Face à ces réserves, la diplomatie allemande avance le dossier de l'élargissement en petits pas, mais de façon régulière et avec succès. Dans ce contexte, le triangle de Weimar, qui réunit à partir de 1991 les ministres des Affaires étrangères, puis les chefs d'Etat et de gouvernement français, allemands et polonais, est l'une des initiatives allemandes pour convaincre la France des avantages de l'élargissement.[1]

L'engagement allemand pour l'élargissement de l'UE constitue le résultat le plus important de la communauté d'intérêts germano-polonaise, qui fonctionne le mieux au milieu des années 1990. Ainsi, c'est notamment grâce à la diplomatie allemande que les « critères de Copenhague » sont établis en 1993. De même, le gouvernement allemand avance le dossier de l'élargissement de manière décisive pendant sa présidence de l'UE en 1994.[2] A plusieurs reprises, l'Allemagne réserve un traitement préférentiel à la Pologne et garantit ainsi que la Pologne sera parmi les premiers pays d'Europe centrale à rejoindre l'UE. Dans ce contexte, le gouvernement allemand s'autoproclame l'avocat de la Pologne, ce que les autres Etats membres de l'UE voient parfois avec des sentiments mitigés. Même au cours des négociations d'adhésion à partir de 1998, quand les positions polonaises et allemandes sont naturellement très différentes sur de divers dossiers, l'objectif stratégique de l'adhésion polonaise reste inchangé. Ainsi, l'Allemagne défend à plusieurs reprises les intérêts polonais vis-à-vis de ses partenaires européens, par exemple aux sommets de Nice (2000) et de Copenhague (2002). Ces occasions seront en même temps les dernières réalisations de la communauté d'intérêts germano-polonaise.[3]

En conclusion, il y a consensus parmi les observateurs sur le constat que la coopération germano-polonaise concernant le

---

[1] Cf. sur le triangle de Weimar : Ludger Kühnhardt, Henri Ménudier, Janusz Reiter. *Das Weimarer Dreieck: Die französisch-deutsch-polnischen Beziehungen als Motor der Europäischen Integration.* Bonn: Zentrum für Europäische Integrationsforschung, 2000. Kai-Olaf Lang. *Das Weimarer Dreieck: Ein neuer « Motor » für die größere EU?* Berlin: Stiftung Wissenschaft und Politik, 2004. SWP-Studie 21/2004.

[2] Holesch. *Verpasster...* op. cit. p. 47-55.

[3] Jan Truszczyński. Polish German Relations and European Integration. In Góralski. *Poland...* op. cit. p. 280-294.

rapprochement, puis l'adhésion de la Pologne à l'UE, est un grand succès. Le soutien allemand se révèle décisif pour la réalisation du plus grand objectif de la politique étrangère polonaise après 1989. Malgré un discours allemand fondé sur des considérations morales et historiques, voire altruistes à certains moments, l'Allemagne prend le rôle de l'avocat de l'élargissement avant tout pour des raisons d'intérêt national. Il est notable que les responsables polonais sont conscients de ce fait et analysent la position allemande comme une politique fondée sur l'intérêt national allemand.[1]

A part l'adhésion polonaise à l'UE, le « retour en Europe » de la Pologne a encore un deuxième aspect, celui de l'adhésion à l'OTAN. Ce processus joue également un rôle important dans le contexte polono-allemand, mais il est finalement moins déterminant que celui de l'élargissement de l'UE. La présence d'un puissant acteur extra-européen, à savoir les Etats-Unis, réduit la marge de manœuvre et ainsi l'influence allemande, puisque la position américaine est le facteur déterminant pour la décision d'intégrer la Pologne à l'OTAN en 1999. Toutefois, le soutien allemand pour l'adhésion polonaise, marqué par quelques hésitations à cause des réserves russes, est un nouvel exemple de la communauté d'intérêts entre les deux pays. Ainsi, les intérêts sécuritaires communs sont une motivation pour l'Allemagne de chercher un accord sur le passé commun et d'œuvrer pour la réconciliation : le rapprochement germano-polonais peut garantir une meilleure position stratégique puisque l'Allemagne ne sera plus un avant-poste de l'alliance atlantique, mais entouré de membres de l'OTAN également à l'est.[2]

3. Asymétrie, paternalisme et complexe d'infériorité : une réconciliation entre deux pays très inégaux

Les motivations politiques pour la réconciliation se fondent donc des deux côtés sur une interaction entre considérations

---

[1] Holesch. *Verpasster...* op. cit. p. 131-132. Góralski. The Polish-German... op. cit. p. 330-331.

[2] Bogdan Koszel. Polish-German Relations and European Security. In Góralski. *Poland...* op. cit. p. 236-254.

historico-morales et considérations politico-stratégiques. Puisque leurs intérêts convergent dans plusieurs domaines clés – concernant la normalisation des relations bilatérales, l'élargissement de l'UE, l'élargissement de l'OTAN –, les deux pays forment une communauté d'intérêts dans les années 1990. Celle-ci agit sans doute comme force vive de la réconciliation, mais nous ne pouvons pas comprendre le fonctionnement de cette coopération sans analyser l'asymétrie des relations bilatérales.

Cette asymétrie a de multiples conséquences, mais il convient d'abord de rappeler quelques données structurelles qui sont à son origine. Concernant la superficie du territoire tout d'abord, la différence reste peu importante par rapport aux différences dans les autres domaines : le territoire allemand s'étale sur 357 114 km², celui de la Pologne sur 312 685 km². Mais déjà en termes de population, l'Allemagne (82,3 millions d'habitants en 2007) fait plus que deux fois la Pologne (38,1 millions). L'aspect le plus important de l'asymétrie concerne la puissance économique : le produit intérieur brut de l'Allemagne est de loin supérieur à celui de la Pologne. En 1996, le ratio est de 15,6 (1 922 milliards d'euros pour l'Allemagne, 123 milliards d'euros pour la Pologne). En 2005, il est de 9,2 (2 245 milliards d'euros pour l'Allemagne, 244 milliards d'euros pour la Pologne). Ainsi, le produit intérieur brut par tête est de 28 200 euros en Allemagne et de 7 100 euros en Pologne (chiffres de 2006).[1] De plus, l'Allemagne, de loin le premier partenaire commercial de la Pologne, est un partenaire beaucoup plus important pour la Pologne que ne l'est la Pologne pour l'Allemagne : entre 1990 et 2003 et selon l'année, entre 21 % et 33 % des exportations polonaises sont destinées à l'Allemagne. Pendant la même période, entre 1,1 % et 2,5 % des exportations allemandes sont destinées à la Pologne.[2]

D'autres facteurs soulignent encore l'asymétrie entre les deux pays, tels le potentiel militaire ou les infrastructures. De plus, les différences dans le domaine politique et administratif sont très frappantes, notamment au début des années 1990 : malgré la réunification, la République fédérale d'Allemagne est une démocratie stable avec une administration efficace. La Pologne se

---

[1] Europe in figures – Eurostat Statistical Yearbook 2008, http://epp.eurostat.ec.europa.eu [9/7/2008]

[2] Ilona Romiszewska. Wirtschaft – eine Bilanz von Gewinnen und Verlusten. In Wolff-Powęska, Bingen dir. *Nachbarn...* op. cit. p. 121-123.

trouve en revanche dans une phase de transition profonde après 1989. Les institutions politiques et administratives sont marquées par une forte instabilité (neuf changements de gouvernement entre 1989 et 1997, grande instabilité du système des partis politiques) et des défaillances fréquentes. De manière générale, les observateurs polonais parlent du « retard civilisateur » de la Pologne, qui serait avant tout dû à l'appartenance polonaise au bloc soviétique pendant 45 ans. Pendant que la partie occidentale de l'Allemagne profite d'un développement économique très favorable après 1945, le retard économique de la Pologne s'accroît à cause du système d'économie planifiée. Enfin, le fait que l'Allemagne est un membre influent des organisations régionales auxquelles la Pologne veut adhérer après 1989 est un autre élément important de ce rapport de force très inégal. Notamment en ce qui concerne sa demande d'adhésion à l'UE, la Pologne est dans une position de demandeur et de client vis-à-vis de l'Allemagne.

L'asymétrie entre les deux pays trouve son expression également dans l'attention qu'on prête à l'autre pays. En Pologne, l'Allemagne est l'un des deux points de référence extérieurs majeurs (l'autre étant la Russie). Le voisin occidental est très présent dans les débats publics et dans les médias. De même, le positionnement vis-à-vis de l'Allemagne est important pour la définition identitaire polonaise. Ceci fait que la politique vis-à-vis de l'Allemagne est toujours un sujet de la politique intérieure polonaise. Ainsi, il est très facile d'instrumentaliser les relations polono-allemandes en Pologne. La focalisation des Polonais sur l'Allemagne semble parfois excessive ; Janusz Reiter la critique à juste titre : « Les Polonais doivent réduire leur obsession concernant l'Allemagne ».[1]

La situation en Allemagne est très différente, car la Pologne y est généralement très peu présente dans les débats médiatiques et politiques. Au cours des années 1990, le grand public allemand s'intéresse rarement à la Pologne, si ce n'est pour rabâcher des stéréotypes négatifs. Sauf à des occasions exceptionnelles, la Pologne joue un rôle mineur dans la politique étrangère allemande, dont les partenaires les plus importants sont Bruxelles, Paris, Londres, Washington et Moscou. La décision d'Helmut Kohl de ne pas inviter Lech Wałęsa à la commémoration du 8 mai 1995

[1] Entretien avec Janusz Reiter.

illustre bien le rôle secondaire de la Pologne. De même, il n'y a qu'un nombre très restreint d'hommes politiques allemands qui s'intéressent de façon régulière à la Pologne. Ceci commence à changer dans le contexte de l'adhésion polonaise à l'UE, et de façon presque spectaculaire après les élections polonaises de 2005 : membre de l'UE, la Pologne est désormais un partenaire plus important. Mais sous le gouvernement des frères Kaczyński, elle est aussi devenue un partenaire difficile, auquel il faut accorder une attention particulière si on veut éviter un blocage de l'UE.

Mais au début des années 1990, la position de la Pologne est marquée par un manque d'alternatives en politique étrangère. Le rapprochement avec l'UE est vu comme seule option par les décideurs politiques, puisqu'une coopération renouvelée avec la Russie n'est pas considéré comme une alternative réelle. Ainsi, la Pologne doit trouver le soutien de l'Allemagne, parce que c'est le seul pays majeur de l'UE favorable à l'élargissement à ce moment. L'Allemagne a beaucoup à gagner de la normalisation des relations avec la Pologne, mais pour la Pologne, de bonnes relations avec l'Allemagne sont tout simplement indispensables au début des années 1990. Dans ce contexte, la Pologne est contrainte d'accepter la position dominante de l'Allemagne – également en ce qui concerne les conditions de la politique de réconciliation, puisqu'une confrontation sur l'histoire aurait pu mettre en danger l'objectif de l'adhésion à l'UE. Le règlement de la question des dédommagements pour les victimes du national-socialisme en 1991 est alors une bonne illustration du rapport de force dans les relations germano-polonaises.

Dans la réalité politique, l'asymétrie entre les deux pays est donc toujours en faveur de l'Allemagne. Pourtant, la justice de l'histoire demanderait plutôt le contraire, puisque c'est l'Allemagne qui doit demander la réconciliation à la Pologne. Les Allemands, qui ont une charge de culpabilité beaucoup plus lourde à porter, dépendent alors des Polonais. Uniquement ces derniers peuvent accepter la réconciliation. Cette vérité morale joue néanmoins un rôle limité dans la réalité politique : contrairement à Israël, la Pologne ne peut pas véritablement profiter de son statut de victime. Car pour cela, les victimes polonaises de la Seconde

Guerre mondiale ne sont pas assez présentes dans la conscience collective allemande.[1]

Le rapport de forces inégal a également des effets sur la façon dont les hommes politiques des deux pays coopèrent. Du côté allemand, nous pouvons déceler chez de nombreux acteurs une attitude de paternalisme, voire d'arrogance vis-à-vis de la Pologne. Le paradoxe dans ce contexte concerne le fait que beaucoup de responsables allemands ont la volonté d'aider la Pologne à se réformer et à se rapprocher de l'UE. Les hommes politiques polonais sont reconnaissants de cette aide – qui est souvent très efficace – et ne critiquent pas ouvertement l'attitude paternaliste des Allemands, puisque l'engagement allemand sert l'intérêt polonais. Mais psychologiquement, ils supportent mal d'être traités comme des protégés, voire des subordonnés – des expériences historiques jouent de nouveau un rôle important dans ce contexte. Ainsi, les hommes politiques polonais n'adhèrent pas à la formule de « l'Allemagne comme avocat de la Pologne », qui est employée notamment par Klaus Kinkel, ministre allemand des Affaires étrangères de 1992 à 1998.[2]

Le paternalisme allemand, très présent au cours des années 1990, mais toujours d'actualité dans les années 2000, est critiqué par de nombreux acteurs des relations polono-allemandes. Ainsi, l'ancien ambassadeur de Pologne en Allemagne Jerzy Kranz souligne : « On a parfois l'impression que les Allemands font volontiers du bien pour les Polonais, mais ils ne leur demandent pas forcément leur avis ».[3] La coordinatrice des relations germano-polonaises au ministère des Affaires étrangères allemand, Gesine Schwan, confirme cette vision : « Chez nous règne toujours l'avis que nous devons faire quelque chose pour la Pologne. On accueille avec étonnement que le pays s'affirme comme acteur politique propre ».[4] Les Polonais ne contestent que rarement cette attitude au cours des années 1990. Mais après 2000, ils acceptent de moins en moins qu'on ne prenne pas en compte leur position en Allemagne. Ceci irrite les décideurs allemands, par exemple

[1] Bachmann. Von der... op. cit. p. 867.

[2] Entretien avec Johannes Bauch.

[3] Jerzy Kranz. Polsko-niemieckie cienie przeszłości. *Sprawy Międzynarodowe*, 2005, vol. 58 , n° 1, p. 16.

[4] Cité par Nils Kreimeier. Schwan fordert deutsch-polnische Außenpolitik. *Financial Times Deutschland*, 10/1/2005.

pendant les débats autour la crise irakienne : on attend de la « gratitude et de l'obéissance » de la part de la Pologne, et non pas des décisions souveraines.[1]

Enfin, le paternalisme allemand concerne également les questions historiques, puisque certains hommes politiques allemands demandent régulièrement aux Polonais de mener une réflexion critique sur leur passé. Dans ce contexte, ils ignorent souvent les différences fondamentales des expériences historiques des deux nations. De même, ils ne voient pas les débats – certes parfois hésitants – qui ont lieu en Pologne depuis 1990, notamment sur l'expulsion de la population allemande ou les relations polono-juives.[2] De même, la résolution du Bundestag de 1998 montre que les députés allemands ne reconnaissent pas que les Polonais ont une vision différente des transferts de population suite à Seconde Guerre mondiale ; au lieu de dialoguer sur les interprétations et respecter la position du partenaire, ils jugent la position allemande (« les expulsions contrevenaient contre le droit international ») comme la seule position valable. Ce mode de pensée est également très présent dans d'autres débats, tel celui sur le Centre contre les expulsions.

Néanmoins, il faut nuancer l'image du paternalisme allemand comme problème majeur des relations germano-polonaises. Si on compare la relation polono-allemande à celle entre d'autres pays à puissance inégale (comme par exemple entre la Pologne et la Lituanie), une attitude paternaliste semble un phénomène normal et inévitable qui, de plus, peut apporter des résultats favorables.[3]

Toutefois, l'attitude paternaliste des Allemands renforce les complexes d'infériorité chez les Polonais. Ces derniers ont leur fondement dans le grand décalage en termes de développement économique et « civilisateur ». Des problèmes de communication et des faiblesses dans l'interprétation de la politique allemande aggravent ensuite le sentiment d'infériorité. Concrètement, beaucoup de Polonais craignent d'être marginalisés économiquement par le voisin hyperpuissant. Même parmi les élites, nombreux sont ceux qui ont peur d'une domination allemande grâce à des investissements et achats massifs de terrain. Pour certains, une incompréhension partielle des conséquences

---

[1] Holesch. *Verpasster...* op. cit. p. 91.
[2] Borodziej. Erinnerung... op. cit. p. 67.
[3] Entretiens avec Jerzy Kranz et Markus Mildenberger.

des réformes économiques après 1989 agrandit les craintes. Paradoxalement, la multiplication des contacts germano-polonais renforce le complexe d'infériorité des Polonais : le contact quotidien leur montre la supériorité et la puissance des Allemands, ainsi que leur propre faiblesse. Ainsi, les décideurs polonais ne font pas tous confiance à l'euphorie de la nouvelle amitié.[1]

De plus, le désintérêt des élites allemandes pour la Pologne – dont la durabilité devient toujours plus visible vers la fin des années 1990 – renforce la frustration chez les responsables polonais. Ceci vaut en particulier pour les hommes politiques polonais qui se sont personnellement engagés pour la réconciliation polono-allemande, non pas sans prendre des risques politiques. Face à l'ignorance allemande, certains changent d'opinion et durcissent le ton vis-à-vis de l'Allemagne. Ainsi, Władysław Bartoszewski, l'un des précurseurs de la réconciliation polono-allemande, propose en 2003 de créer un centre de documentation sur le sort que les Allemands ont réservé aux Polonais depuis 1772, si le Centre contre les expulsions est réalisé à Berlin.[2] Frustré par les échecs du dialogue polono-allemand, il suggère alors le retour à l'affrontement de deux interprétations contradictoires du passé.

[1] Janusz Tycner. Alte Vorurteile rosten nicht. *Die Zeit*, 27/1995.
[2] Władysław Bartoszewski. Przeciw wybiórczej pamięci. *Rzeczpospolita*, 15/7/2003.

VI. La primauté de la politique intérieure et les usages du passé à des fins électorales

Vers la fin des années 1990, il s'avère que les multiples asymétries entre la Pologne et l'Allemagne posent de sérieux obstacles au processus de réconciliation. Avec la résolution du Bundestag en 1998 et la réponse de la Diète réapparaissent des usages politiques du passé à des fins intérieures qui ont des conséquences négatives pour les relations bilatérales. A partir de 2002, ce type d'usages du passé commence de dominer les relations germano-polonaises. Ainsi, la tendance vers la primauté de la politique intérieure sur la politique étrangère s'affirme. En même temps, il est difficile de faire la différence entre politique intérieure et politique étrangère dans le contexte polono-allemand, puisque l'Allemagne est un sujet régulier du débat polonais à cause des liens étroits et des sensibilités historiques. Anna Wolff-Powęska constate à juste titre que les relations avec l'Allemagne font partie de la politique intérieure en Pologne.[1] Le rôle des médias est particulièrement important dans ce contexte, puisque, grâce aux développements des moyens d'information, des discours produits pour un public national sont de plus en plus remarqués dans l'autre pays. Dans le contexte polono-allemand, les déclarations de certains acteurs allemands sont même nettement plus remarquées en Pologne qu'en Allemagne ; le fait que la présidente du BdV depuis 1998, Erika Steinbach, est plus connue en Pologne qu'en Allemagne en est le meilleur exemple.

Le rôle central de l'Allemagne dans le débat public polonais ainsi que l'importance du lobby des expulsés en Allemagne compliquent alors les relations bilatérales, dans le sens où les activités des gouvernements dans le contexte germano-polonais sont suivies de près par les sociétés. Afin d'assurer leur succès aux élections, les hommes politiques doivent trouver un soutien populaire pour leur politique vis-à-vis du partenaire de l'autre rive de l'Oder. Ainsi, ils doivent prendre en compte les perceptions de

---

[1] Anna Wolff-Powęska. Alte und neue Flecken auf dem Bild des Nachbarn in der deutschen Politik. In Dieter Bingen, Peter O. Loew, Kazimierz Wóycicki dir. *Die Destruktion des Dialogs*. Wiesbaden: Harrassowitz, 2007. p. 233-34.

la population. Ceci a notamment provoqué un changement graduel de la politique allemande de la Pologne, qui s'illustre en particulier dans les usages du passé.

Il est de première importance dans ce contexte que les sociétés accordent une attention accrue au passé et aux débats historiques depuis 2000 environ. Le « retour de l'histoire » dans la sphère publique et politique est en effet une tendance paneuropéenne, qui est liée à de multiples interrogations identitaires. Ces interrogations découlent avant tout de l'européanisation croissante et des défis de la globalisation. Elles sont particulièrement importantes pour la Pologne, qui – quinze ans après avoir retrouvé sa souveraineté – intègre l'UE en 2004. En Allemagne, le débat sur la « normalisation » de l'identité nationale après la réunification accentue l'intérêt pour l'histoire. La nouvelle importance du passé est illustrée, entre autres, par les grandes commémorations des 60 ans de la Seconde Guerre mondiale, qui prennent généralement une place plus large dans l'espace public que celles de 1994 et 1995.

A l'occasion des commémorations de 2004 et 2005, la discussion sur la « mémoire européenne » gagne un nouvel élan.[1] Le cas polono-allemand illustre alors les difficultés de l'essor d'une mémoire européenne, puisqu'il faut plutôt parler d'une renationalisation des discours mémoriels dans les années 2000 dans le contexte germano-polonais. Ceci vaut notamment pour les acteurs politiques, qui s'adressent le plus souvent à leur public national. Dans beaucoup de cas, parfois très médiatisés, on voit bien que les usages politiques du passé ont une fin précise : accroître sa popularité chez les électeurs. Surtout pendant les campagnes électorales, les hommes politiques font usage de certains aspects du passé, afin de créer des émotions en leur faveur. Il n'est pas étonnant que les responsables politiques dans l'autre pays réagissent ensuite, avec le même objectif, aux instrumentalisations qu'ils estiment les plus scandaleuses.

Les critiques répétées des instrumentalisations du passé montrent d'ailleurs l'ampleur du phénomène. Par son poids moral et historique, la déclaration commune des conférences des évêques des deux pays, publiée à l'occasion du 40ème anniversaire de

---

[1] Emmanuel Droit, Le Goulag contre la Shoah. Mémoires officielles et cultures mémorielles dans l'Europe élargie, *Vingtième Siècle*, avril-juin 2007, n° 94, p. 101-120.

l'échange de lettres de 1965, est particulièrement importante. Les évêques y dénoncent les indélicats et irresponsables abus des « plaies du passé » à des fins politiques.[1] De même, un nombre considérable d'historiens des deux côtés fustigent à plusieurs reprises les usages du passé.[2] Mais de manière générale, les historiens sont peu présents dans les débats médiatiques, notamment en Allemagne d'ailleurs. Le public fait peu de cas des résultats de la recherche historique ; des stéréotypes et simplifications dominent dans les débats. Il n'est pas étonnant que des sondages aient montré que les populations connaissent toujours moins les faits historiques de la Seconde Guerre mondiale : ceci facilite sans doute l'instrumentalisation de ce passé.[3]

Enfin, la perception réciproque des deux sociétés facilite, au moins au cours des années 1990, les usages du passé à tendance anti-allemande ou anti-polonaise. De nombreux sondages réalisés au cours des années 1990 montrent que la majorité des Allemands a une image négative de la Pologne et des Polonais : leur attitude oscille entre indifférence, pitié et rejet. Les élites politiques et économiques ont une image de plus en plus positive de la Pologne après 1989, mais au niveau de la population, la méfiance persiste. Les médias contribuent à cette perception, en cultivant de vieux stéréotypes négatifs.[4] Mais à partir de 2000, l'opinion des Allemands sur les Polonais s'améliore enfin.[5] Toutefois, les Allemands sont parmi les peuples européens les plus réticents concernant l'élargissement de l'UE.[6]

Du côté polonais, la perception des Allemands part également d'une vision très négative en 1989. Elle s'améliore pourtant plus vite que la vision allemande de la Pologne, pour trouver un niveau

---

[1] Le texte allemand de la déclaration du 21 septembre 2005 se trouve sur http://www.dbk.de/imperia/md/content/pressemitteilungen/2005-polen/gemeinsame_erkl_rung.pdf [9/7/2008]

[2] Cf. les différentes pétitions contre le Centre contre les expulsions. Un exemple sur http://www.vertreibungszentrum.de

[3] Kurt Reumann. Wer war Himmler? *Frankfurter Allgemeine Zeitung*, 6/5/2005. Entretien avec Klaus Ziemer.

[4] Stefan Garsztecki. Obraz Polaków w Niemczech: stare i nowe stereotypy. In Dieter Bingen, Krzysztof Malinowski dir. *Polacy i Niemcy na drodze do partnerskiego sąsiedztwa. Próba bilansu dziesięciolecia 1989-1998*. Poznań: Instytut Zachodni, 2000. p. 49-61

[5] Mateusz Fałkowski, Agnieszka Popko. *Polacy i Niemcy. Wzajemny wizerunek po rozszerzeniu Unii Europejskiej*. Warszawa: Instytut Spraw Publicznych, 2006. p. 22-26 et 60-61.

[6] Cf. les sondages Eurobaromètre de l'époque, sur http://ec.europa.eu/public_opinion/standard_fr.htm

assez stable à partir du milieu des années 1990. Désormais, les résultats des sondages oscillent autour d'un résultat typique : un tiers des Polonais déclare avoir de la sympathie pour les Allemands, un tiers de l'antipathie et un tiers une opinion ambiguë. Les différences entre les groupes d'âge sont prononcées : les plus vieux, qui ont souvent des souvenirs personnels de la Seconde Guerre mondiale, expriment le plus haut degré d'aversion vis-à-vis des Allemands.[1] Néanmoins, la perception de l'Allemagne comme danger pour la Pologne se réduit de manière régulière depuis 1989 : en février 1990, 88% des Polonais voient l'Allemagne comme une source de peurs, contre 21% en novembre 2005.[2]

Ces perceptions jouent sans doute un rôle pour les décisions des acteurs politiques concernant leurs références au passé germano-polonais. Les usages intérieurs du passé commun fonctionnent par des mécanismes marqués de continuité, en Allemagne (1.) tout comme en Pologne (2.). Ces usages du passé aux fins intérieures et au détriment des relations bilatérales sont très présents en 1989-1991. Ils seront moins dominants par la suite, pour devenir de nouveau plus fréquents à partir de 1998. C'est également aux alentours de cette date que la communauté d'intérêts polono-allemande perd de la force : il convient alors de voir les parallèles entre ces deux tendances (3.).

1. Les usages du passé germano-polonais dans la politique intérieure allemande[3]

Dans les déclarations officielles et dans les discours devant des représentants polonais, les responsables politiques allemands soulignent toujours l'objectif de réconciliation et le besoin d'un regard objectif sur le passé, dans le respect de la vision de l'autre. Ces motifs sont aussi évoqués devant le public allemand, mais des usages du passé d'une nature différente les concurrencent dans le

[1] Fałkowski, Popko. *Polacy...* op. cit. p. 77-79.
[2] ibid. p. 94.
[3] Nous nous concentrons ici sur les positions de la CDU/CSU et du SPD. On peut justifier ce choix par le fait que ces partis sont de loin les partis dominants dans le système politique allemand : au cours de la période analysée, ils ont réunis entre 76% et 81% des voix lors des élections au Bundestag. De plus, ils ont plus souvent recours aux usages du passé que les autres partis politiques.

débat national. En effet, l'usage du passé à des fins de réconciliation, tout comme le rappel des périodes historiques de coopération, ne mobilisent que de façon limitée la population allemande (cf. le débat sur le « kitsch de la réconciliation »). En revanche, le rappel des souffrances allemandes pendant la Seconde Guerre mondiale trouve un écho plus fort auprès de la population allemande, notamment à partir de 2002.

Concernant le passé germano-polonais, le complexe des transferts de population dans le contexte de la Seconde Guerre mondiale est le premier objet des usages politiques du passé. Pendant longtemps, la signification politique de ce sujet était réduite à l'interaction entre les responsables politiques et les organisations des expulsés. Mais plus récemment, le débat sur les expulsions soulève de nouveau un intérêt général en Allemagne, ce qui change l'attitude des responsables politiques vis-à-vis du sujet. Ceci est important puisque les organisations des expulsés dépendent de l'attention de la société pour faire valoir leurs revendications. Parmi ces organisations, le BdV et ses composantes régionales sont certainement les plus importantes. Pourtant, la revendication du BdV de représenter tous les réfugiés, déplacés et expulsés n'est pas justifiée. Il existe d'autres organisations, souvent liées aux églises, et la très grande majorité des expulsés n'est affilée à aucune organisation. Le poids politique du BdV est toutefois considérable, puisqu'il est perçu comme un lobby important par la CDU/CSU notamment. L'influence réelle de cette organisation reste difficile à déterminer ; sa présidente prétend représenter deux millions de membres, mais elle n'est pas en mesure de prouver ce chiffre. De nombreux observateurs estiment que le poids du BdV est aujourd'hui surévalué par beaucoup de responsables politiques.[1]

Depuis la reconnaissance de la frontière Oder-Neiße par le gouvernement de Willy Brandt en 1970, le BdV est étroitement lié à la CDU/CSU. Le soutien des grands partis conservateurs pour les revendications des expulsés se montre dans des liens

[1] Erika Steinbach interviewée par Jacqueline Boysen. *Deutschlandfunk*. 16/12/2007. http://www.dradio.de/dlf/sendungen/idw_dlf/711793 [9/7/2008]. Florence Lelait. Les expulsés, éternelle pomme de discorde entre l'Allemagne et la Pologne ? *Allemagne d'aujourd'hui*, octobre-décembre 2007, n° 182, p. 32-33. Markus Mildenberger. Brücke oder Barriere? Die Rolle der Vertriebenen in den deutsch-polnischen Beziehungen. *weltpolitik.net*, 18 septembre 2000. Entretiens avec Robin Lautenbach et Markus Mildenberger.

institutionnalisés. Les dirigeants du BdV sont souvent des députés de la CDU/CSU ; c'est aussi le cas d'Erika Steinbach, présidente du BdV depuis 1998.

Pour ces raisons, les références aux expulsions par les hommes politiques de la CDU/CSU sont souvent interprétées comme des tentatives pour s'assurer les voix des expulsés. De nombreux exemples depuis 1989 montrent que, à des moments clés, le parti chrétien-démocrate accorde plus d'attention au soutien du BdV qu'aux relations germano-polonaises. A l'approche d'élections, les responsables de la CDU/CSU acceptent les conséquences négatives pour les relations germano-polonaises de leurs références historiquement douteuses aux expulsions, si celles-ci peuvent garantir des voix supplémentaires. Adam Krzemiński et Adam Michnik ont donc raison : « La discussion allemande sur les expulsions est une affaire familière qui suit ses propres lois. Elle a été déclenchée régulièrement par la CDU/CSU pendant les campagnes électorales ».[1]

En 1990, Helmut Kohl hésite longuement avant de reconnaître définitivement la frontière Oder-Neiße. Il suit alors le BdV qui s'oppose à la confirmation de la frontière : les voix des expulsés sont plus importantes pour Kohl que les relations avec la Pologne (et celles avec les alliés). Ceci est accueilli avec beaucoup d'amertume par les Polonais.[2] De même, l'exclusion des questions de propriété des traités de 1990 et 1991 est une concession au BdV (cf. I.). Ensuite, la résolution du Bundestag de 1998, votée peu avant les élections législatives de la même année par la majorité CDU/CSU-FDP, se fonde également sur une interprétation du passé qui rencontre l'opposition du côté polonais (cf. III.).

Quatre ans plus tard, la CDU/CSU soutient de nouveau une revendication importante du BdV : celle de créer le Centre contre les expulsions à Berlin. Ce point est même inscrit dans le programme de campagne pour les élections législatives de septembre 2002. Le soutien pour le Centre contre les expulsions, qui rencontre une opposition unanime et farouche en Pologne, montre une nouvelle fois la primauté de la politique intérieure sur la politique étrangère. Le programme de campagne demande également l'annulation des décrets qui réglaient, à la fin de la

---

[1] Adam Krzemiński, Adam Michnik. Das « Zentrum gegen Vertreibungen » gehört nach Breslau. *Die Zeit*, 26/2002.

[2] Borodziej. Wstęp. op. cit. p. 27.

Seconde Guerre mondiale, les déplacements et expulsions des Allemands *(Vertreibungsdekrete)*. Il s'agit notamment, dans le contexte germano-tchèque, des « décrets Beneš ».[1] Mais pendant la campagne électorale, Edmund Stoiber, candidat de la CDU/CSU à la chancellerie, demande également à la Pologne d'annuler les décrets permettant l'expulsion des Allemands. Rapprochant le sujet à l'adhésion imminente des deux pays à l'UE, il souligne alors que ces décrets ne seraient pas compatibles avec les « valeurs européennes ». Dans le cas de la Pologne, cette demande est absurde : les décrets en question sont déjà sans validité depuis très longtemps, comme le soulignent les médias allemands.[2] Toutefois, les Polonais sont très inquiétés par cette déclaration de Stoiber, qui, dans l'espoir de gagner l'électorat de droite, accepte alors volontairement une dégradation des relations bilatérales.[3]

Par la suite, la CDU/CSU continue, en tant que principal parti d'opposition, de s'engager fermement pour le projet du Centre contre les expulsions dans sa version « nationale » à Berlin, tel qu'il est proposé par le BdV. L'opposition polonaise à ce projet ne change en rien la position du parti et le soutien pour le projet d'Erika Steinbach fait également partie du programme de campagne en 2005.

Les références à la fuite et à l'expulsion des Allemands dans une perspective nationale et le soutien pour le BdV constituent alors une continuité dans la politique de la CDU/CSU. Ainsi, les positions de la droite allemande deviennent régulièrement l'objet de critiques polonaises. Néanmoins, les usages du passé de la CDU/CSU trouvent des limites : vu que la culture politique allemande demande un degré élevé de « politiquement correct », des déclarations ouvertement anti-polonaises sont une rare exception, puisqu'elles ne sont pas acceptées par la tendance majoritaire du parti. De plus, on utilise souvent des formulations ambiguës comme « les demandes justifiées des expulsés » (qu'on ne définit pas clairement), puisque des revendications ouvertes trouveraient l'opposition de la majorité du public. Ceci est une

[1] Anne Bazin. Les décrets Beneš : de l'usage du passé dans le débat européen. *Critique internationale*, octobre 2003, n° 21, p. 42-49.

[2] Michael Ludwig. Überraschung aus dem Sejm-Archiv. *Frankfurter Allgemeine Zeitung*, 26/6/2002. Włodzimierz Borodziej. « Bierut-Dekrete »? *Dialog*, 2002, n° 61, p. 19-20.

[3] Basil Kerski. Zwischen Desinteresse und Misstrauen. Zur Krise in den deutsch-polnischen Beziehungen. *Internationale Politik*, avril 2004, vol. 59, n° 4, p. 36.

différence par rapport à la Pologne, où les déclarations sont formulées de manière explicite.[1] Enfin, la CDU/CSU ne soutient pas les revendications les plus extrêmes du BdV, dont la réalisation mettrait directement en danger la raison d'Etat allemande : Kohl accepte finalement la confirmation de la frontière Oder-Neiße (sinon, la réunification allemande n'aurait pas été possible) et le parti ne soutient pas la revendication du BdV de s'opposer à l'adhésion à l'UE de la Pologne et de la République tchèque, tant que ces pays n'acceptent pas les conditions du BdV pour régler les questions de propriété et des « décrets d'expulsion ».

Constatons enfin qu'il y a un paradoxe dans la position de la CDU/CSU : c'est elle, notamment dans la personne d'Helmut Kohl, qui accorde beaucoup d'importance à la réconciliation germano-polonaise. De même, elle soutient les aspirations polonaises de rejoindre l'UE et l'OTAN plus clairement que le SPD. Mais par rapport à leurs collègues du SPD, les hommes politiques de la CDU/CSU ont beaucoup plus souvent recours à des usages du passé qui sont susceptibles de rencontrer l'opposition des Polonais.

Pour le SPD et la gauche allemande, la thématique de la fuite et de l'expulsion joue un rôle très secondaire au cours des années 1970 à 1990. On considère ce sujet comme un domaine des revanchards et « passéistes incurables », et dénonce la politique clientéliste de la CDU/CSU au pouvoir. Pendant les années 1990, le SPD accorde alors peu d'attention au BdV, qui, de plus, est relativement peu présent sur la scène politique entre 1991 et 1998. Le SPD évite toutefois d'offusquer l'organisation des expulsés par des déclarations trop offensives (voir l'abstention lors du vote de la résolution de 1998, cf. III.).

La position générale vis-à-vis du BdV change graduellement à partir de 1998, quand le SPD se trouve de nouveau au gouvernement. Cette évolution est principalement due à deux raisons : premièrement, le BdV modifie ses priorités sous la présidence d'Erika Steinbach. Au lieu d'insister sur des positions juridiques dont la réalisation est peu réaliste, Steinbach demande de l'empathie pour les victimes de l'expulsion. De plus, les droits de l'homme sont désormais au centre du discours du BdV, qui tente de faire reconnaître l'expulsion des Allemands comme un

---

[1] Entretien avec Wlodzimierz Borodziej.

crime contre l'humanité. Dans ce contexte, Steinbach s'engage pour l'interdiction universelle des déplacements forcés de population. Deuxièmement, ces revendications trouvent une grande actualité avec la guerre du Kosovo en 1999, puisque les images des Albanais expulsés de leurs maisons rappellent les souffrances des Allemands à la fin de la Seconde Guerre mondiale. Face à ces évolutions, le SPD renoue le contact avec le BdV et se montre plus ouvert pour certaines de ses revendications. Après de longues années de relative indifférence pour le sort des expulsés, certains représentants du SPD expriment même un sentiment de culpabilité vis-à-vis de ce groupe de la population allemande. Le discours du ministre de l'intérieur, Otto Schily (SPD), devant le rassemblement annuel du BdV en 1999 est une des meilleures illustrations de ce changement.[1]

La position du SPD oscille par la suite, notamment en ce qui concerne la commémoration des expulsions (cf. VII.). Le parti a du mal à trouver une ligne cohérente sur ce sujet, puisque ses dirigeants défendent des positions différentes. Comme le SPD est le principal parti de gouvernement entre 1998 et 2005, il est particulièrement confronté à des choix difficiles : il doit trouver un compromis entre les demandes des citoyens allemands et les positions des pays voisins à l'est, afin de ne pas compliquer de manière démesurée les relations bilatérales.

En fin de compte, le SPD est plus prudent que la CDU/CSU dans ses usages du passé germano-polonais en politique intérieure. Il insiste plus sur le contexte historique, et donc les crimes des nazis qui précédaient l'expulsion. Le souci de ne pas relativiser les crimes allemands est plus prononcé que chez la CDU/CSU, mais le manque de cohérence est le signe le plus caractéristique de la politique du SPD dans ce contexte.

De manière générale, il faut constater que les campagnes électorales sont un moment particulièrement propice aux usages du passé susceptibles de rencontrer un écho critique en Pologne. En 1990, Helmut Kohl agit également en vue des élections de la fin de l'année. De même, les questions liées à l'expulsion des Allemands et à la commémoration de leur sort jouent un rôle important dans les campagnes de 1998, 2002 et 2005. La CDU/CSU essaie à chaque fois d'affirmer son soutien pour le

[1] Le discours d'Otto Schily du 29 mai 1999 se trouve dans *Das Parlament* 26/1999.

BdV. Pour le SPD, il n'est sans doute pas un hasard que le parti infléchit, sous la pression de la droite, sa position sur le Centre contre les expulsions en été 2002 – donc juste avant les élections législatives de 2002 –, en proposant un centre européen au lieu de se prononcer contre toute institutionnalisation de la mémoire des expulsions.

Il reste à savoir si ces usages tactiques du passé à des fins électorales ont réellement une influence sur les décisions des électeurs. Pour ce qui est de la question du Centre contre les expulsions, il est notable que selon un sondage réalisé en août 2003, 75% des Allemands indiquent ne pas avoir entendu parler de l'idée d'ouvrir un tel centre. Dans un sondage similaire en 2006, ils étaient 68% à donner cette réponse.[1] Il semble alors établi que la question ne se trouve pas parmi des préoccupations principales des électeurs et qu'elle joue un rôle très marginal dans les décisions de vote.

2. Les usages du passé polono-allemand dans la politique intérieure polonaise

Comme en Allemagne, l'usage du passé polono-allemand dans la politique intérieure a une longue tradition en Pologne. Pendant l'époque communiste, le prétendu revanchisme ouest-allemand et la volonté historique des Allemands de dominer l'Europe sont des sujets récurrents de la propagande. En raison du poids du passé considérable au lendemain de la Seconde Guerre mondiale, cet aspect de la propagande communiste trouvait un écho très fort auprès de la population polonaise. En 1989, les sentiments anti-allemands sont toujours puissants. Un certain nombre de communistes anti-réformistes, puis de populistes conservateurs et nationalistes, essaie alors de s'appuyer sur ces peurs, à l'aide d'arguments historiques. Ceux qui critiquent le traité polono-allemand de 1991 ont également recours aux usages traditionnels du passé. De plus, en réponse à l'actualité politique, de nouveaux usages apparaissent à ce moment-là, concernant le

[1] P.Jen., K.Z., J.H. Kim są ofiary drugiej wojny. *Rzeczpospolita*, 28/8/2003. Instytut Spraw Publicznych. *Niemcy o Centrum przeciw Wypędzeniom*. 17/8/2006. http://www.isp.org.pl/files/919534497025023300115615426l.pdf [16/7/2008]

dédommagement des victimes polonaises du national-socialisme et la minorité allemande en Pologne, qui est vue comme la « cinquième colonne » du revanchisme allemand (cf. I.).

Néanmoins, le nombre des acteurs politiques ayant recours à ce genre d'arguments reste limité au cours des années 1990. La plupart de la population et une très grande majorité des acteurs politiques partagent alors la volonté d'améliorer les relations polono-allemandes, qui va de pair avec l'objectif du « retour en Europe ». Ainsi, il y a en effet un large consensus pour ne pas instrumentaliser le passé et les peurs concernant l'Allemagne dans la classe politique polonaise. Il en découle que les opposants au rapprochement avec l'Allemagne sont peu présents dans les débats politiques de cette époque. Ils ne disposent que d'un nombre limité de sièges au parlement et leurs formations politiques, de droite conservatrice ou d'extrême droite, changent très régulièrement de composition. Des groupes comme le ZChN[1] restent relativement marginaux pendant cette première phase de la IIIème République polonaise. La plupart du temps, ils ne sont pas représentés au gouvernement, sauf pendant la courte période du gouvernement de Jan Olszewski (décembre 1991 – juin 1992). Mais même là, leur poids en politique étrangère est très limité, puisque le ministère des Affaires étrangères reste dans les mains de Krzysztof Skubiszewski. Ainsi, les gouvernements et les présidents polonais entre 1989 et 2005 défendent toujours le rapprochement polono-allemand ; pendant cette période, les discours anti-allemands et les usages du passé susceptibles d'entraver les relations polono-allemandes émanent exclusivement du parlement, de l'opposition extra-parlementaire ou des médias.[2]

Toutefois, les vieux stéréotypes anti-allemands apparaissent de nouveau plus fréquemment dans les discours de politique intérieure à partir de 1998. Après le début des négociations d'adhésion avec l'UE, les relations polono-allemandes sont avant tout interprétées par ce prisme. Ainsi, la question de l'achat de terrain par des étrangers devient un sujet important de la politique polonaise. Selon le droit communautaire, aucune restriction ne peut exister dans ce domaine. Mais l'instrumentalisation des peurs de la population concernant de possibles achats massifs de

[1] *Zjednoczenie Chrześcijańsko-Narodowe* : Union chrétienne-nationale (national-catholique).
[2] Wolff-Powęska, Alte... op. cit. p. 238-239.

territoires polonais par des Allemands après l'adhésion à l'UE pousse le gouvernement polonais à demander des restrictions transitoires.[1] La thématique trouve un écho important auprès de la population polonaise, aussi parce que les hommes politiques de la droite national-catholique et du parti paysan PSL font de nombreuses références à l'histoire des périodes d'occupation de la Pologne.

Se fondant sur la politique anti-polonaise de l'Allemagne avant 1945, certains députés affirment devant la Diète que les Allemands « ne changent jamais » et que la « germanisation » de la Pologne serait toujours un objectif important pour eux. Comme l'élargissement de l'UE faciliterait la réalisation de cet objectif, la germanisation de la Pologne serait un grand danger de l'adhésion polonaise à l'UE. De plus, la domination économique de l'Allemagne sur la Pologne serait inéluctable. Dans ce contexte, les références à la politique de Bismarck, qui tentait de germaniser les populations polonaises dans les territoires prussiens, sont particulièrement fréquentes.[2]

La question de l'achat de la « terre polonaise » par des étrangers est également une des raisons qui sont à l'origine de la résolution de la Diète de 1998 (cf. III.). Il est caractéristique que le texte de la déclaration fasse également le rapprochement entre l'Allemagne et l'UE en ce qui concerne des dangers éventuels pour la Pologne : les députés confirment que l'adhésion polonaise à l'UE devrait également signifier l'intangibilité des frontières polonaises et la durabilité de la situation de propriété immobilière. Il n'y a, bien sûr, aucun lien réel entre ces sujets. Au contraire, c'est l'instrumentalisation des peurs historiques d'un retour des Allemands qui est à l'origine de cette affirmation. Ainsi, la résolution est un exemple pour la symbiose entre les adversaires de l'adhésion à l'UE et les voix anti-allemandes : les discours s'entremêlent et se renforcent réciproquement. Les eurosceptiques – qui ont souvent une vision critique de l'Allemagne – profitent du fait que les peurs concernant l'Allemagne sont plus concrètes que

---

[1] Le gouvernement polonais obtient, après des négociations difficiles, une période de transition de douze ans, pendant laquelle l'achat de terrains agricoles et forrestiers par des citoyens d'autres Etats membres de l'UE est limité. De plus, une période de cinq ans s'applique pour les résidences secondaires.

[2] Voir par exemple les déclarations devant la Diète de plusieurs députés : Marcin Libicki le 5/4/1998 et le 6/6/2001, Janusz Dobrosz le 14/3/2002, Maciej Giertych le 22/1/2003.

celles concernant Bruxelles, notamment à cause des expériences historiques. Des usages du passé polono-allemand servent alors comme arguments contre l'adhésion à l'UE.

De même, un autre aspect de la résolution de 1998 est caractéristique pour les usages du passé polono-allemand dans la politique intérieure polonaise. La Diète réagit à un événement en Allemagne : la résolution du Bundestag est clairement l'élément déclencheur. Néanmoins, les députés polonais ne se contentent pas de répondre aux ambiguïtés de la résolution du Bundestag, mais accusent à tort les députés allemands de vouloir mettre en question la frontière Oder-Neiße. Ainsi, la résolution du Bundestag sert comme prétexte pour une instrumentalisation populiste des peurs historiques de la population polonaise.

Le même modèle d'action s'applique pour la résolution de la Diète en 2004, quand le Parlement polonais répond dans des termes très fermes à l'action d'une association marginale en Allemagne, qui n'est soutenue ni par le gouvernement allemand, ni par aucun membre du Bundestag. A cause de la position juridique allemande, la situation est pourtant plus compliquée que certains commentaires des médias allemands laissent prétendre, mais la résolution de la Diète est sans doute démesurée. Les activités de la *Preußische Treuhand* servent comme occasion pour une affirmation du patriotisme des députés, qui utilisent le passé à des fins électorales (cf. IV.). De même, un certain nombre des réponses polonaises aux débats historiques en Allemagne concernent uniquement en apparence les évolutions en Allemagne. En présentant les tendances du débat mémoriel en Allemagne de manière réductrice ou dénaturée, certains hommes politiques polonais tentent de justifier leurs objectifs en politique intérieure, notamment en ce qui concerne la politique historique (cf. VII.).[1]

D'ailleurs, le fait que des acteurs polonais répondent de manière régulière à des événements ou tendances en Allemagne souligne davantage l'asymétrie des relations bilatérales. Les hommes politiques allemands font peu des commentaires sur les développements en Pologne et les peu de déclarations à ce sujet trouvent un écho limité en Allemagne. Au contraire, les acteurs politiques polonais peuvent être certains que des déclarations sur les tendances du débat historique en Allemagne mobilisent une

[1] Entretiens avec Włodzimierz Borodziej et Piotr Buras.

partie considérable de la population polonaise. En même temps, le ton virulent de certaines déclarations témoigne du désespoir polonais de ne pas être suffisamment entendu par les responsables allemands : ils estiment alors nécessaire d'utiliser un vocabulaire fort afin que le côté allemand comprenne l'importance du désaccord.

Enfin, d'autres motifs peuvent aussi expliquer les usages du passé dans la politique intérieure polonaise. Le recours au passé polono-allemand semble un moyen efficace pour détourner l'attention du public des problèmes dans d'autres domaines. Ainsi, les hommes politiques font des déclarations fortes sur des sujets historiques notamment quand ils éprouvent des difficultés sur d'autres questions. En 1998, le PSL est à l'origine de la résolution de la Diète aussi parce qu'il a du mal à se démarquer des autres partis politiques après sa défaite aux élections législatives de 1997.[1] Une situation similaire se présente en 2004-2005, quand tous les partis politiques essaient de détourner l'attention de la crise du système politique : la droite a du mal à se réorganiser et de proposer des alternatives crédibles après l'échec sans équivoque du gouvernement de Jerzy Buzek. Les postcommunistes du SLD, au gouvernement depuis 2001, sont confrontés à une grande impopularité à ce moment-là, puisque leur parti est secoué par plusieurs scandales de corruption.[2] De plus, le mécontentement croissant vis-à-vis de certaines conséquences de la transformation économique après 1989 accroît la réceptivité pour des paroles simplistes et nationalistes, qui mettent en cause un ennemi extérieur. Ainsi, les partis populistes remportent de grands succès notamment parmi les perdants de la transformation.[3]

Tout comme en Allemagne, l'approche des élections renforce la disposition pour les instrumentalisations du passé en Pologne. Dans la perspective de gagner des voix supplémentaires, les hommes politiques ont recours au passé afin de créer des émotions chez les électeurs. Ceci est particulièrement évident dans les débats parlementaires portant sur la ratification des traités bilatéraux en 1991, qui ont lieu juste avant les élections législatives de la même année. De même, en 1998, le vote de la résolution

---

[1] Klaus-Peter Schmid. Die Gefahr aus Deutschland. *Die Zeit*, 35/1998.

[2] Reinhard Veser. Deutsch-polnische Kurzschlüsse. *Frankfurter Allgemeine Zeitung*, 3/5/2005.

[3] Anna Wolff-Powęska. Polish Raison d'État and the Process of Normalizing Relations with Germany in Conditions of Freedom and Democracy. In Góralski. *Poland*... op. cit. p. 192.

précède de peu des élections régionales. En 2004-2005 finalement, les difficultés du gouvernement minoritaire de Marek Belka rendent la perspective d'élections législatives anticipées très probable. Il faut alors étudier la résolution du 10 septembre 2004 dans la perspective d'une campagne électorale permanente. De plus, la fausse révélation sur le passé du grand-père de Donald Tusk, entre les deux tours de l'élection présidentielle de 2005, est un exemple particulièrement éclatant d'usages du passé polono-allemand à des fins électorales.[1]

Une différence apparente existe pourtant entre la Pologne et l'Allemagne en ce qui concerne le processus politique menant à des usages du passé qui sont susceptibles d'entraver les relations bilatérales. En Pologne, des forces conservatrices, populistes ou d'extrême droite lancent des sujets avec fermeté. Ils poursuivent leurs demandes pendant plusieurs mois, voire des années, en s'appuyant fortement sur les médias. Ainsi, ils réussissent à plusieurs reprises de créer un consensus pour leur cause : les résolutions parlementaires de 1998 et 2004 sont votées à l'unanimité, donc également par les partis modérés. De plus, les responsables politiques polonais sont tous d'accord pour critiquer, sur le fond, les tendances du débat historique en Allemagne dans les années 2000. Le rejet de l'interprétation allemande des expulsions est quasi-unanime, même si la forme de la critique varie : certains se contentent de dialoguer de manière critique avec les Allemands, d'autres instrumentalisent le débat à des fins intérieures (cf. VII.).

En Allemagne, l'usage du passé germano-polonais se fait, au cours des années 1990, dans un cadre précis de politique clientéliste. Afin de satisfaire le lobby des expulsés, la CDU/CSU fait référence au passé des expulsions d'une façon qui entrave les relations germano-polonaises. Le SPD oscille entre critique directe (par exemple en 1989-1990 concernant la question de la frontière) et une position plus ambiguë (par exemple en s'abstenant lors du vote de la résolution de 1998). Néanmoins, les débats sortent du cadre de la politique clientéliste au cours des années 2000,

[1] Un conseiller de Lech Kaczyński (PiS) déclare que le grand-père de Donald Tusk aurait servi comme volontaire dans la *Wehrmacht*. Il tente alors de dénoncer le manque de patriotisme du candidat du PO ainsi que sa prétendue proximité avec l'Allemagne. La déclaration est vite démasquée comme un mensonge : le grand-père de Tusk fut engagé de force, à cause de son origine kachoube.

notamment en ce qui concerne la discussion sur le Centre contre les expulsions.

Le plus souvent, les querelles germano-polonaises sur des questions historiques commencent par des événements ou évolutions en Allemagne. Dans les considérations des hommes politiques allemands concernant le sujet en question, la Pologne et les conséquences pour les relations germano-polonaises jouent un rôle inférieur, voire marginal. L'affaire ne devient un sujet des relations bilatérales qu'après les réactions des hommes politiques polonais. Ainsi, les réactions polonaises contribuent à ce que les projets (comme le Centre contre les expulsions), les activités (comme celles de la *Preußische Treuhand)* et les personnes (comme Erika Steinbach) qui inquiètent la Pologne deviennent plus connus en Allemagne. L'historien polonais Piotr Cywiński résume bien l'essentiel de ce paradoxe : « Personne n'a renforcé la popularité et le statut de Madame Steinbach comme nous-mêmes [les Polonais] ».[1]

Ceci est lié au fait que l'importance des questions germano-polonaises n'est pas la même dans les deux sociétés. En Allemagne, les débats ne concernent qu'une minorité de la société : au cours des années 1990, les revendications des expulsés, dont la CDU/CSU se fait l'avocat, ne sont partagées que par une partie marginale de la population. Les discussions sur la commémoration de l'expulsion au cours des années 2000 trouvent un écho plus important, mais il est notable que l'importance politique du sujet émane en grande partie des virulentes réactions polonaises. La situation en Pologne est différente : les usages du passé polono-allemand trouvent toujours un écho médiatique important. Il est plus difficile d'évaluer les réactions de la population, mais de nombreux observateurs estiment que la population polonaise est particulièrement sensible aux émotions historiques. Avec des arguments historiques à tendance anti-allemande, les acteurs politiques peuvent être sûrs de trouver un écho positif auprès d'une partie de la population polonaise. Le nombre des Polonais sensibles aux instrumentalisations du passé polono-allemand diminue pourtant après 1989, puisque les Polonais se montrent toujours plus ouverts vis-à-vis des Allemands. Ainsi, la perception des hommes politiques polonais

---

[1] Piotr Cywiński. Debata upiorów. *Gazeta Wyborcza*, 22/9/2004.

est en décalage avec la réalité : beaucoup d'entre eux sont convaincus que les Polonais sont toujours majoritairement germanophobes.[1]

Les opinions concernant l'importance réelle des questions historiques et des arguments anti-allemands pour les décisions de vote sont variées, notamment en ce qui concerne les élections clés de 2005. Il s'agit en général d'estimations approximatives, puisque nous ne disposons pas de données fiables dans ce domaine. Néanmoins, un sondage de septembre 2007 est particulièrement intéressant dans ce contexte. 48% des sondés estiment que la rhétorique anti-allemande du parti PiS nuit au résultat électoral de ce parti, contre 27% qui estiment qu'elle aide à obtenir un meilleur résultat.[2]

3. Une communauté d'intérêts moins soudée, condition préalable aux usages du passé à des fins de politique intérieure et au détriment des relations bilatérales

Les usages du passé germano-polonais en politique intérieure, en Pologne et en Allemagne, font leur retour en 1998, pour peser lourdement sur les relations bilatérales à partir de 2002. Or, nous pouvons observer un parallélisme temporel dans ce contexte qui est, au moins à première vue, étonnant. Car les négociations d'adhésion entre l'UE et la Pologne commencent en mars 1998 et le Conseil européen de décembre 2002 entérine l'élargissement. Le début des négociations constitue d'une part un grand succès pour le couple germano-polonais, parce que la perspective d'adhésion se concrétise enfin. D'autre part, les relations polono-allemandes entrent ainsi dans une nouvelle phase : la Pologne aura désormais moins besoin de son « avocat » allemand. Au contraire, on passe à la négociation de sujets très précis et parfois difficiles. Allemands et Polonais partagent toujours le grand objectif stratégique de voir la Pologne rejoindre l'UE, mais ceci n'empêche pas que dans le détail, les intérêts des deux pays s'opposent parfois.

---

[1] Entretiens avec Włodzimierz Borodziej, Bartosz Wieliński et Anna Wolff-Powęska.

[2] 25% des sondés n'ont pas d'opinion. Cezary Gmyz. Niemcy nie szkodzą. *Rzeczpospolita online*, 14/9/2007. http://www.rp.pl/artykul/62952.html [16/7/2008]

En effet, les gouvernements polonais et allemand défendent des positions diamétralement opposées sur plusieurs dossiers à propos des négociations d'adhésion. Nous avons déjà évoqué la question épineuse de l'achat de terrains par des étrangers en Pologne. Sur le fond, le sujet n'est pas considéré comme très important par le gouvernement allemand. Mais l'Allemagne critique la position polonaise pour des raisons tactiques : le fait que les Polonais insistent sur une période de transition dans ce domaine facilite de beaucoup la réalisation de l'objectif allemand d'une période de transition dans le domaine de la libre circulation des travailleurs. Le gouvernement allemand veut protéger le marché de travail allemand de l'arrivée, prétendue massive, d'immigrants venus des nouveaux pays membres : tout comme la restriction de l'achat de terrain, cette mesure est unanimement dénoncée comme frein au développement par les économistes. Mais des deux côtés, ces questions sont liées à des craintes historiques des populations et les gouvernements agissent sous une forte pression des forces populistes. Les peurs historiques des uns sont donc compensées par les peurs historiques des autres.[1]

De même, le dossier de la politique agricole commune oppose Polonais et Allemands. Les premiers tentent d'obtenir des montants élevés de subventions dès le premier jour de leur adhésion à l'UE, tandis que les derniers veulent procéder à une réforme profonde de la politique agricole commune, qui limitera sensiblement les subventions aux agriculteurs. Les différences d'intérêts entre l'Allemagne et la Pologne au cours des négociations d'adhésion, illustrées notamment par les trois dossiers mentionnés, sont disproportionnellement soulignées dans les médias des deux pays. En Pologne, ceci provoque une baisse de l'enthousiasme pour l'UE. En Allemagne, de nombreux sondages indiquent que la population se prononce majoritairement contre l'élargissement de l'UE, et notamment contre l'adhésion de la Pologne. Les positions critiques des populations posent donc un problème supplémentaire aux gouvernements. Bref, le début des

[1] Concernant la libre circulation des travailleurs, une période de transition d'au maximum sept ans est finalement accordée aux anciens pays membres. Klaus Bachmann. Zweierlei Asymmetrie. Deutschland – Polen und Deutschland – Tschechien. Aufarbeitung der Vergangenheit und die politischen Beziehungen. In Wolff-Powęska, Bingen dir. *Nachbarn...* op. cit. p. 214-215.

négociations d'adhésion relativise la validité du paradigme de la communauté d'intérêts.

A part le début des négociations d'adhésion et la « guerre des déclarations », l'année 1998 peut être considérée comme tournant également pour une troisième raison : le changement de gouvernement en Allemagne. En septembre 1998, la victoire de la coalition SPD-Verts met fin au gouvernement CDU/CSU-FDP, mené pendant seize ans par le chancelier Helmut Kohl. Tandis que ce dernier avait de bonnes relations avec les responsables polonais et était très populaire parmi la population polonaise, le nouveau chancelier Gerhard Schröder est vu avec beaucoup de méfiance en Pologne. Le gouvernement polonais, formé par les forces issues de *Solidarność* depuis 1997, prend des distances vis-à-vis du nouveau gouvernement allemand dans un premier temps, à cause d'une méfiance historique concernant le SPD[1] et des déclarations réservées sur l'élargissement de l'UE de la part de Gerhard Schröder. Contrairement à son prédécesseur, Schröder ne justifie plus l'intégration européenne par des motivations historico-morales, mais par l'intérêt national de l'Allemagne. Ce discours inquiète les Polonais, d'autant plus parce qu'il va de pair avec une approche plus pragmatique au passé allemand. Les leaders polonais craignent que la Pologne joue un rôle inférieur dans la politique allemande à l'avenir et ils reprochent à Schröder de manquer de sensibilité historique.[2] Deux déclarations de Bronisław Geremek, alors ministre des Affaires étrangères, sont révélatrices à ce sujet : « Nous connaissions nos partenaires d'antan [c'est-à-dire de la CDU]. Nous savions ce que nous pouvons attendre d'eux. C'est différent avec les sociaux-démocrates ».[3] Concernant le SPD, il affirme: « Nous ne leur en voulons pas de leur politique favorable au régime pendant l'état de guerre en Pologne. Mais un reste d'incertitude persiste ».[4] De même, il est symbolique que le gouvernement polonais « oublie » d'envoyer un télégramme de félicitation au nouveau gouvernement allemand.

---

[1] Cette méfiance historique se fonde sur la distance que le SPD gardait vis-à-vis du mouvement de *Solidarność* au cours des années 1980. Le chancelier Helmut Schmidt (SPD, 1974-1982) plaidait pour la continuité du dialogue avec le pouvoir communiste polonais même pendant l'état de guerre.

[2] Danuta Zagrodzka. Odszedł, nikt nie płacze. *Gazeta Wyborcza*, 2/10/1998.

[3] Cité dans Katarzyna Montgomery, Adam Michnik. Rozważni i romantyczni. *Gazeta Wyborcza*, 30/10/1998.

[4] Christian Schmidt-Häuer. Tiger mit halb vollem Tank. *Die Zeit*, 16/2000.

A partir de septembre 1998 et pendant environ un an, les relations germano-polonaises se trouvent alors dans une phase de réajustement. Mais il s'avère par la suite que la politique allemande à l'égard de la Pologne ne change pas fondamentalement après 1998, même si Gerhard Schröder accorde effectivement une moindre importance à l'élargissement de l'UE dans un premier temps. En fin de compte, Schröder et son ministre des Affaires étrangères, Joschka Fischer, continuent les grandes lignes de la coopération germano-polonaise. Notamment grâce à leur soutien à l'adhésion polonaise à l'OTAN et à l'UE, ils réussissent à gagner la confiance de leurs partenaires polonais. Les six visites de Schröder en Pologne entre septembre 1999 et juin 2002 sont un symbole fort dans ce contexte : Kohl ne s'est rendu que trois fois en Pologne entre 1989 et 1998.[1]

En même temps et contrairement aux craintes de nombreux Polonais, le nouveau gouvernement allemand ne se montre pas indifférent aux sensibilités historiques polonaises. Lors de visites en Pologne, les responsables allemands soulignent de nouveau la responsabilité allemande pour la Seconde Guerre mondiale. Souvent, ils parlent même de façon plus claire des crimes contre la population polonaise que les représentants de la CDU/CSU. Les commémorations communes lors du 60ème anniversaire du début de la Seconde Guerre mondiale en 1999 sont une bonne illustration de la continuité dans le domaine de la politique mémorielle. Dans un esprit de réconciliation, les deux présidents, Johannes Rau (SPD) et Aleksander Kwaśniewski, commémorent ensemble le 1er septembre 1939 sur la Westerplatte à Gdańsk.[2] Le même jour, un concert organisé par l'ambassade polonaise à Berlin commémore le début de la Seconde Guerre mondiale, en présence des présidents du Bundestag et de la Diète. Le 3 septembre, Gerhard Schröder se rend à Varsovie pour la même occasion et y participe à plusieurs commémorations.

A cette époque, un autre aspect du « dépassement de l'histoire » joue un rôle important dans les relations polono-allemandes, car le

---

[1] Wolff-Powęska. Ideelle... op. cit. p. 4-5. Koszel. Deutschland... op. cit. p. 33-34.

[2] Les tirs du cuirassé allemand Schleswig-Holstein sur le dépôt de munitions polonais sur la Westerplatte sont souvent considérés comme le début symbolique de l'attaque allemande contre la Pologne le 1er septembre 1939. Par la suite, 205 soldats polonais défendent la Westerplatte pendant une semaine contre 3500 attaquants allemands. Ainsi, la Westerplatte est un lieu emblématique de la résistance et du héroïsme des Polonais.

gouvernement Schröder tente depuis 1998 d'organiser le dédommagement des travailleurs forcés. Malgré de bonnes intentions allemandes au départ, le dossier sème la discorde entre Polonais et Allemands, parce que beaucoup de Polonais voient le procédé allemand avant tout comme une tentative d'éviter des procès coûteux contre l'industrie allemande. Le danger de procès aux Etats-Unis et la « sécurité juridique » des entreprises allemandes sont effectivement le souci majeur du gouvernement Schröder. Ainsi, les responsables allemands font clairement comprendre que les négociations avec le côté américain sont bien plus importantes que celles avec les représentants polonais. En fin de compte, le déroulement des négociations entre 1998 et 2000, à la fin desquelles les anciens travailleurs forcés polonais obtiennent 1,8 milliards de DM (926 millions d'euros) de dédommagements, provoque plus d'indignation en Pologne que le fait que Helmut Kohl se soit toujours opposé à toute discussion sur ce sujet.

D'ailleurs, les négociations pour le dédommagement des travailleurs forcés trouvent un écho varié à l'intérieur même du gouvernement polonais de l'époque, formé d'une coalition entre l'AWS[1] et l'UW. Egalement sur la conception plus générale des relations polono-allemandes, les positions à l'intérieur du gouvernement de Jerzy Buzek (1997-2001) sont relativement variées : une majorité de ses membres, qui dispose également des postes clés en politique étrangère, est pour une coopération étroite avec l'Allemagne et donc contre une instrumentalisation des relations bilatérales en politique intérieure. Mais une minorité au sein de l'AWS, dotée d'une large présence médiatique, fait ouvertement part de sa méfiance vis-à-vis de l'Allemagne, en s'appuyant notamment sur des usages récurrents du passé.[2]

Par la suite, un événement extérieur complique durablement les relations germano-polonaises : la guerre d'Irak. Le dossier divise profondément Polonais et Allemands déjà pendant les débats en 2002, qui mènent les Etats-Unis à la décision d'attaquer l'Irak. Les Polonais se montrent des alliés fidèles des Etats-Unis et participent à la guerre, tandis que le gouvernement de Gerhard Schröder, soutenu par une très large partie de la population allemande, est

---

[1] *Akcja Wyborcza Solidarność* : Action électorale Solidarité (alliance électorale relativement hétérogène d'une multitude de groupes politiques de droite, tous issus du syndicat d'opposition *Solidarność*).

[2] Koszel. Deutschland... op. cit. p. 32.

parmi les opposants les plus prononcés de la guerre. Il apparaît alors que les visions allemande et polonaise du dossier irakien, mais également des relations transatlantiques dans un sens plus large, sont sensiblement différentes. De plus, les deux gouvernements ne font que peu d'efforts pour trouver une position commune. L'absence de concertation est illustrée par la signature polonaise de la « lettre des huit » du 30 janvier 2003, qui brise la confiance allemande vis-à-vis de la Pologne. Les hommes politiques allemands et polonais font peu d'efforts pour comprendre la position de l'autre : la guerre d'Irak provoque une incompréhension réciproque. L'affaire irakienne pose alors de considérables difficultés aux relations bilatérales et dégrade durablement le climat entre les deux pays.[1]

De plus, le rapprochement franco-germano-russe sur la guerre d'Irak inquiète beaucoup Varsovie. A cette époque, les positions polonaise et allemande concernant la Russie sont marquées par une profonde divergence. L'Allemagne semble de nouveau, comme elle l'a fait souvent dans le passé, considérer la Russie comme partenaire principal à l'est *(« Russia first »)*. De plus, la bonne qualité des relations personnelles entre Gerhard Schröder et Vladimir Poutine est vue avec beaucoup de suspicion à Varsovie. En septembre 2005, la signature d'un contrat concernant la construction d'un gazoduc dans la mer Baltique, passant directement de la Russie vers l'Allemagne, augmente davantage les inquiétudes polonaises. Dans ce contexte, les références historiques ne manquent pas : certains parlent d'un nouveau Rapallo, d'autres, comme Radosław Sikorski, alors ministre polonais de la défense, estiment même que le gazoduc de la mer Baltique rappelle le pacte Ribbentrop-Molotov de 1939.[2]

Enfin, l'adhésion polonaise à l'UE en 2004, objectif stratégique des deux partenaires depuis le début des années 1990, a des conséquences auxquelles les décideurs politiques ne sont pas préparés : elle change profondément le paradigme des relations bilatérales. Désormais, la Pologne n'est plus le « client » de son « avocat » allemand. De plus, les deux pays auront des positions nettement différentes dans de nombreux dossiers européens.

---

[1] Anna Wolff-Powęska. Co się stało, sąsiedzi? *Gazeta Wyborcza*, 21-22/2/2004. Holesch. *Verpasster...* op. cit. p. 87-91.

[2] Hans Michael Kloth. Polnischer Minister poltert gegen Schröder und Merkel. *Spiegel Online*, 30/4/2006. http://www.spiegel.de/wirtschaft/0,1518,413931,00.html [17/7/2008].

Pendant que les élites politiques des deux pays croyaient, un peu naïvement, que l'UE résoudrait tous les problèmes bilatéraux, ce sont au contraire des conflits d'intérêt sur des questions européennes qui deviennent des problèmes germano-polonais. Ceci vaut notamment pour le débat sur la constitution européenne, mais aussi pour celui sur le budget de l'UE. Dans cette situation, beaucoup d'hommes politiques allemands attendent de la gratitude polonaise pour l'aide allemande dans le processus d'adhésion. Il semble alors qu'ils aient des difficultés à accepter que la Pologne poursuive sa propre politique étrangère. L'ancien président polonais Aleksander Kwaśniewski, généralement très favorable à la coopération polono-allemande, critique en 2006 que les Polonais ne soient toujours pas pris au sérieux par les Allemands.[1] En même temps, les questions européennes deviennent l'objet d'instrumentalisations fréquentes dans la politique intérieure polonaise. Ainsi, accepter le système de la double majorité pour la pondération des voix au conseil des ministres, tel qu'il est proposé dans la version initiale du traité constitutionnel, égalerait l'acceptation d'un « diktat allemand ». Certains acteurs politiques polonais continuent alors le recours à des usages forts du passé polono-allemand pour justifier leur politique européenne.[2]

Compte tenu de ces développements, de nombreux observateurs constatent que les relations bilatérales se trouvent dans la plus profonde crise depuis 1990 au moment de l'adhésion polonaise à l'UE.[3] Au vu des contraintes structurelles des relations bilatérales, l'analyse de Dieter Bingen semble juste : « Ce n'était qu'en apparence un paradoxe que le succès de la « communauté germano-polonaise d'intérêts en Europe » [...] ait [...] épuisé la fonction initiale [de cette communauté] ».[4] A partir de 1998, une redéfinition des relations bilatérales est donc inévitable, mais ce défi n'est compris que trop tardivement par les responsables

---

[1] Aleksander Kwaśniewski (interviewé par Christoph von Marschall). Die Deutschen nehmen uns noch nicht für voll. *Tagesspiegel*, 8/11/2006.

[2] Entretiens avec Angelica Schwall-Düren et Janusz Reiter. Elżbieta Stadtmüller. Die Deutschen und die europäische Integration in der Sicht der polnischen Politik und Öffentlichkeit. In Wolff-Powęska, Bingen dir. *Nachbarn*... op. cit. p. 89-94.

[3] Voir par exemple : Basil Kerski. Zwischen Desinteresse und Misstrauen. Zur Krise in den deutsch-polnischen Beziehungen. *Internationale Politik*, avril 2004, vol. 59, n° 4, p. 31.

[4] Dieter Bingen. La crise actuelle des relations germano-polonaises. *Allemagne d'aujourd'hui*, octobre-décembre 2007, n° 182, p. 38.

politiques : les décideurs polonais et allemands ont du mal à définir un nouveau fondement pour leur alliance après l'adhésion polonaise à l'OTAN et à l'UE. En conséquence, Kai-Olaf Lang propose en 2004 de concevoir les relations germano-polonaises non plus comme un « partenariat stratégique » (comme ce fut le cas pendant les années 1990), mais de poursuivre une « coopération pragmatique » moins ambitieuse dans un premier temps.[1]

D'ailleurs, le rôle des médias pour la définition des sujets bilatéraux est particulièrement important à cette époque. Les gouvernements semblent de moins en moins contrôler l'image des relations. Ceci est dû au désintérêt des décideurs allemands et à la faiblesse des dirigeants polonais. A ce moment, les hommes politiques des deux côtés manquent de compétence pour la coopération polono-allemande. Néanmoins, les deux gouvernements ne cessent d'affirmer le bon état des relations bilatérales lors des rencontres au sommet. Mais face aux différences d'intérêts trop apparentes et à une couverture médiatique de plus en plus négative, on ne leur prête plus confiance. Dans cette situation, les revendications d'acteurs opposés au rapprochement germano-polonais trouvent une attention toujours croissante.[2]

Il en découle que le passé prend une place prépondérante sur l'agenda bilatéral. Les discussions sur l'histoire commune, le plus souvent menées dans un esprit de confrontation, sont alors une illustration du fait que le paradigme des relations, développé au début des années 1990, ne fonctionne plus.[3] De plus, la modification du rapport de force dans les relations bilatérales en faveur de la Pologne change, au moins indirectement, les usages du passé. Il est difficile de déterminer l'impact précis de ce phénomène, mais plusieurs exemples peuvent souligner cette interprétation. D'abord, la confiance en soi des Polonais augmente grâce à la guerre d'Irak et notamment l'attribution d'une zone d'occupation à l'armée polonaise : de façon soudaine, le pays semble devenu un acteur majeur au niveau mondial. Face à ce

---

[1] Kai-Olaf Lang. Pragmatische Kooperation statt strategische Partnerschaft. Zu Stand und Perspektiven der deutsch-polnischen Beziehungen. *SWP-Aktuell*, octobre 2004, n° 48.
[2] Anna Wolff-Powęska. Co się stało, sąsiedzi? *Gazeta Wyborcza*, 21-22/2/2004.
[3] Entretien avec Janusz Reiter.

développement inattendu, le discours historique prend une tournure plus patriotique et plus affirmative.[1]

De même, l'adhésion polonaise à l'UE en 2004 améliore la position stratégique du pays, notamment vis-à-vis de son grand voisin occidental. Dans ce contexte, on peut interpréter la résolution parlementaire de 2004 également comme un acte d'affirmation de soi. Après avoir toléré les douteux usages du passé du côté allemand au cours des années 1990, les Polonais peuvent se montrer plus combattifs en septembre 2004.

Néanmoins, il serait réducteur d'expliquer le retour des différends historiques entre Allemands et Polonais au cours des années 2000 uniquement par l'affaiblissement de la « communauté d'intérêts ». Les changements du cadre des relations bilatérales facilitent sans doute les usages du passé à des fins intérieures et électorales en Pologne, puisque – après l'adhésion à l'UE notamment – les responsables polonais peuvent accepter une détérioration des relations bilatérales sans prendre des risques qui mettraient en danger la raison d'Etat. A cause de l'asymétrie des relations avec la Pologne, les hommes politiques allemands sont généralement moins sensibles aux conséquences de leurs usages du passé germano-polonais sur les relations bilatérales. Mais un climat moins harmonieux des relations avec la Pologne augmente sans doute leur disposition à utiliser ce passé à des fins intérieures. Le nouveau rapport de force est donc une condition nécessaire, mais pas suffisante, du retour des usages contradictoires du passé. Les querelles sur l'interprétation du passé sont aussi, et peut-être surtout, dues à des dynamiques internes aux débats historiques. Des visions divergentes du passé expliquent en effet beaucoup de malentendus. Finalement, la proposition du Centre contre les expulsions aurait constitué un problème politique dans les relations germano-polonaises même sans guerre d'Irak. Mais le contexte politique a certainement contribué à ce que les responsables politiques ne trouvent pas de solution pour limiter les conséquences politiques de ce débat sur la commémoration d'un aspect particulièrement difficile du passé commun.[2]

---

[1] Entretien avec Piotr Buras.
[2] Entretien avec Jerzy Kranz.

VII. Des visions d'histoire divergentes, causes sous-jacentes des usages contradictoires du passé

A part le contexte de politique internationale et les fins de politique intérieure, les visions de l'histoire jouent également un rôle important dans l'analyse des usages du passé dans les relations germano-polonaises. Les acteurs politiques se trouvent dans un dialogue permanent avec la population et notamment l'opinion publiée dans ce contexte, puisque l'interprétation de l'histoire est un sujet récurrent de débats publics en Pologne et en Allemagne. Dans les deux pays – comme dans tout pays démocratique – le pluralisme des interprétations est une caractéristique importante de l'historiographie. Il en résulte que la représentation collective de l'histoire évolue de manière constante. Une multitude d'acteurs tente de l'influencer : les hommes politiques, les membres actifs de la société civile (les groupes d'intérêts comme les associations de victimes), les médias, les historiens, etc. Or, la vision dominante du passé ne s'appuie pas forcément sur les réalités historiques, puisque l'émotion produite par les entrepreneurs mémoriels et identitaires a souvent une plus grande force de mobilisation que les causes et conséquences de l'histoire. Ceci est notamment dû au fait que les médias de masse fonctionnent fortement par l'appel à l'émotionnel, plus vendeur que des interprétations historiques bien fondées. Vu les faibles connaissances historiques de la population, la vérité historique joue souvent un rôle inférieur dans les usages du passé. Il est alors facile de légitimer les objectifs du présent par des arguments historiques, car la conscience historique se fait à partir des besoins du présent, et non pas à partir des résultats de la recherche historique.[1]

Le plus souvent, l'Etat et les hommes politiques participent activement aux débats sur le passé. Leurs tentatives d'imposer une vision de l'histoire ne sont pas toujours couronnées de succès, parce que les responsables politiques manquent de moyens pour contrôler l'interprétation de l'histoire. Ainsi, ils agissent et réagissent en même temps. Quand ils proposent une lecture du

---

[1] Anna Wolff-Powęska. Polskie spory o historię i pamięć. *Przegląd Zachodni*, janvier-mars 2007, vol. 63, n° 1, p. 12.

passé qui ne trouve pas le soutien de la population, ils sont alors amenés à modifier leur vision afin de garantir le succès de leurs usages du passé. Néanmoins, quand la population ne s'accorde pas sur une représentation dominante du passé, les acteurs politiques peuvent décider de ne cibler qu'une partie de l'électorat par leurs usages du passé. Dans toutes les circonstances, les représentations du passé d'une société constituent le fond des usages politiques du passé : les responsables politiques n'agissent pas dans le vide, mais ils se trouvent dans un dialogue continuel avec la population.

Ceci est d'une importance cruciale dans le contexte germano-polonais, puisque les sociétés polonaise et allemande ont des visions divergentes concernant de nombreux aspects du passé commun. Notamment, la mémoire de la Seconde Guerre mondiale et de ses conséquences est marquée par d'importantes divergences, qui, de plus, s'accentuent au cours des années 2000. De surcroît, la Seconde Guerre mondiale trouve une nouvelle actualité dans les deux pays à ce moment-là. Ceci peut surprendre à première vue, puisque de nombreux observateurs estimaient peu de temps avant que la Seconde Guerre mondiale appartenait désormais au passé et qu'elle ne constituerait plus de problème politique pour les relations polono-allemandes.[1] Ce « retour de l'histoire » dans les années 2000 a des raisons multiples que nous aurons à expliquer, mais insistons d'ores et déjà sur le fait qu'il s'agit d'un phénomène paneuropéen, voire global.[2] De plus, nous pouvons constater une tendance générale vers la victimisation ces dernières années : de plus en plus de groupes sociaux, voire des nations entières, réclament le statut de victime. D'où la popularité croissante du concept de la « concurrence des victimes »[3] également dans le contexte germano-polonais.

Dans leurs décisions, les responsables politiques ne peuvent pas ignorer les évolutions des débats historiques en Pologne et en Allemagne. Certaines de ces tendances de la représentation collective du passé influencent les relations politiques entre les deux pays, de façon plus ou moins décisive selon les moments. Nous débattrons alors de plusieurs évolutions des débats

---

[1] Voir par exemple Borodziej. Erinnerung... op. cit. p. 76-77. Władysław Bartoszewski. Angst vor der Großmacht? *Internationale Politik*, septembre 2000, vol. 55, n° 9, p. 11.

[2] Wolff-Powęska. Polskie spory... op. cit. p. 3-4.

[3] Jean-Michel Chaumont. *La concurrence des victimes. Génocide, identité, reconnaissance*. Paris : La Découverte, 1997.

historiques qui ont une influence particulière dans ce contexte. De même, la représentation des débats dans l'autre pays peut jouer un rôle important (1.). Depuis 2002 environ, un aspect particulier du passé commun, à savoir la fuite et l'expulsion des Allemands au cours et après la Seconde Guerre mondiale, domine largement les débats sur le passé germano-polonais. Par exemple, la façon dont il convient de commémorer les déplacements de population suscite de nombreuses polémiques, à l'intérieur de la société allemande et surtout entre Polonais et Allemands (2.). Les divergences d'opinion concernant cette question ont de nombreuses explications, parmi lesquelles le décalage temporel entre les débats historiques et les différences d'approche du passé sont particulièrement importantes (3.).

1. Les évolutions des débats historiques en Pologne et en Allemagne, et leurs conséquences sur les relations bilatérales

La fin du communisme en Pologne marque également un tournant important en ce qui concerne l'historiographie et les débats historiques. Avec la démocratisation du pays, les Polonais peuvent, pour la première fois depuis longtemps, discuter librement et en public de l'histoire de leur pays. La liberté de la presse et de la recherche sont les conditions qui permettent de se pencher sur des sujets qui étaient des « tâches blanches » de l'historiographie officielle, desquelles on ne pouvait auparavant parler que dans les cercles de l'opposition. La situation est similaire pour les citoyens de l'ancienne RDA. Mais la plupart des Allemands, originaires des *Länder* de l'Ouest, ne change pas de paradigme concernant sa vision du passé. Finalement, la vision allemande du passé est donc marquée par une relative continuité. En Pologne et en Allemagne, le passé communiste et la façon dont il fallait le traiter constituent des sujets importants après 1989 – qui, bien sûr, sont toujours d'une grande actualité dans les débats nationaux respectifs aujourd'hui. Toutefois, ces questions jouent un rôle limité dans les relations entre les deux pays. En revanche, la mémoire de la Seconde Guerre mondiale et de ses conséquences immédiates ainsi que la réévaluation de certains aspects de ce passé sont des sujets récurrents des relations germano-polonaises après

1989. Ils sont débattus lors d'échanges directs, mais surtout à l'intérieur de chaque pays : notamment en Pologne, la façon allemande de commémorer le passé de la Seconde Guerre mondiale suscite de nombreuses réactions.

En Allemagne, le passé national-socialiste reste l'époque historique qui attire le plus l'intérêt public après 1989. Dans ce contexte, on débat surtout sur les coupables allemands et les victimes des Allemands (notamment les victimes juives d'ailleurs) au cours des années 1990. La Shoah prend une place toujours plus centrale dans la mémoire collective du national-socialisme et elle sert même de référence pour l'action politique au présent. Face à la politique serbe au Kosovo, « Auschwitz » devient un argument important pour la participation allemande à l'intervention internationale.[1] Ceci marque un tournant décisif, puisque l'expérience du national-socialisme justifiait jusque-là l'autolimitation de la politique étrangère allemande.

Au cours des années 1990, les polémiques intra-allemandes sur le passé sont particulièrement marquées par l'exposition sur les crimes de la *Wehrmacht* contre les populations civiles en Europe de l'Est, qui rompt avec l'image d'une armée allemande peu impliquée dans les crimes nazis.[2] L'exposition suscite de longs débats parfois virulents, qui intéressent une large partie de la population allemande. Dans plusieurs villes allemandes, des manifestations « pour » et « contre » l'exposition ont lieu. De même, le livre *Les bourreaux volontaires de Hitler* de Daniel J. Goldhagen trouve un écho exceptionnel en Allemagne.[3] Une grande partie de la société allemande approuve l'idée de Goldhagen selon laquelle tous les Allemands ont une part de culpabilité dans la Shoah. L'affirmation de la culpabilité collective des Allemands – non des contemporains, mais des ancêtres : peu de personnes déjà adultes avant 1945 jouent encore un rôle influent à la fin des années 1990

---

[1] Joschka Fischer en particulier justifie la participation allemande à la guerre contre la Serbie en 1999 par le recours à Auschwitz. Nico Fried. « Ich habe gelernt: Nie wieder Auschwitz ». *Süddeutsche Zeitung*, 25/1/2005.

[2] *Vernichtungskrieg – Verbrechen der Wehrmacht 1941-1945*. Entre 1995 et 1999, l'exposition a été montrée dans 34 villes, puis, dans une version remaniée, dans onze villes entre 2001 et 2004 ; elle a été visitée par plus de 1,3 millions de personnes.

[3] Daniel Jonah Goldhagen. *Les bourreaux volontaires de Hitler. Les Allemands ordinaires et l'Holocauste*. Paris : Seuil, 1997.

– permet aux contemporains de surmonter ce passé, en se démarquant des crimes des nazis.[1]

Dans la politique mémorielle, la Shoah prend une place toujours plus dominante au cours des années 1990. La journée du 27 janvier, date de la libération du camp d'Auschwitz, est déclarée « journée de la mémoire aux victimes du national-socialisme » en 1996 par le président allemand. De plus, le « Mémorial aux Juifs assassinés d'Europe » est inauguré à Berlin en 2005, après de longues discussions tout au long des années 1990. Néanmoins, le chancelier Helmut Kohl tente de propager une vision différente de la commémoration des victimes au début des années 1990. Suivant une approche intégrationniste,[2] il veut inclure les victimes allemandes (notamment celles de l'expulsion) dans la commémoration de toutes les victimes « de la guerre et de la tyrannie ». Pour ce faire, la *Neue Wache* à Berlin est déclarée « Mémorial central de la République fédérale d'Allemagne » en 1993.

Ces évolutions des débats allemands sur le passé nazi sont relativement peu commentées en Pologne au cours des années 1990 – notamment si on compare les réactions de cette époque à celles des années 2000. Néanmoins, plusieurs Polonais critiquent la domination des victimes juives et l'absence des victimes polonaises dans la mémoire allemande du national-socialisme. Comme les représentants de quelques autres groupes de victimes, notamment les Roms, ils militent pour un mémorial dédié à toutes les victimes du national-socialisme, et pas uniquement aux victimes juives.[3] Outre la question du mémorial, il est effectivement frappant de constater que les victimes slaves sont relativement peu commémorées par les hommes politiques allemands. L'ignorance de beaucoup d'Allemands concernant les souffrances causées aux Polonais non-juifs par l'Allemagne nazie entre 1939 et 1945 est

[1] Michael Jeismann. *Auf Wiedersehen gestern. Die deutsche Vergangenheit und die Politik von morgen.* Stuttgart: Deutsche Verlagsanstalt, 2001. p. 54-55.

[2] Il existe, selon Constantin Goschler, deux visions pour penser les victimes de la Seconde Guerre mondiale en Allemagne : l'approche intégrationniste met en avant l'expérience de tous les individus d'avoir été victimes et les commémore de la même manière. En revanche, l'approche particulariste met les victimes juives au centre de la commémoration. Elle insiste sur une hiérarchie claire entre les victimes des Allemands et les victimes allemandes. Constantin Goschler. Versöhnung und Viktimisierung. Der deutsche Opferdiskurs und die Vertriebenen. *Zeitschrift für Geschichtswissenschaft*, 2005, vol. 53, n° 10, p. 874.

[3] Janusz Tycner. Auch die Leiden der Slawen verdienen Erinnerung. *Die Zeit*, 11/1997.

régulièrement dénoncée par les Polonais, qui se plaignent d'être les perdants de la concurrence des victimes. Ainsi, Władysław Bartoszewski critique le fait que beaucoup d'Allemands estiment aujourd'hui que la Seconde Guerre mondiale a commencé le 22 juin 1941.[1] De même, on se demande en Pologne pourquoi l'exposition sur les crimes de la *Wehrmacht* ne couvre que la période 1941-1945, en éclipsant la campagne de Pologne de 1939. Enfin, le fait que le président allemand Roman Herzog confond en 1994 l'insurrection de Varsovie avec celle au ghetto illustre que même les élites allemandes connaissent très peu l'histoire de l'occupation nazie en Pologne.[2]

Cet intérêt limité des Allemands pour l'aspect polonais de l'histoire du national-socialisme est observé avec grande amertume en Pologne, d'autant plus parce que les élites polonaises commencent de se pencher sur l'expulsion des Allemands et d'autres questions historiques « sensibles » à cette période. Le rôle des Polonais pendant le transfert de la population allemande devient effectivement un sujet important de la recherche historique au cours des années 1990, tout comme l'histoire allemande des territoires cédés à la Pologne en 1945 en général. Dans ce contexte, une partie considérable de la population des territoires de l'Ouest et du Nord de la Pologne tente de s'approprier l'histoire régionale et locale de leur « petite patrie » *(mała ojczyzna)*. De même, les résultats de la recherche historique sont largement discutés dans la presse polonaise.[3] Le débat médiatique gagne de l'ampleur notamment après le grand discours de Władysław Bartoszewski du 28 avril 1995 (cf. II). D'importants projets de recherche sur les transferts de population sont lancés au milieu des années 1990, souvent en coopération avec des chercheurs allemands. Néanmoins, la société polonaise ne s'intéresse que partiellement à ces débats, qui restent alors le plus souvent limités aux cercles des intellectuels. Il est toutefois frappant de voir que les élites allemandes ainsi que les médias allemands réagissent très peu aux recherches et discussions en

[1] Władysław Bartoszewski. Pamięć o totalitaryzmach. In Piotr Kosiewski dir. *Pamięć i polityka zagraniczna.* Warszawa: Fundacja im. Stefana Batorego, 2006. p. 27.

[2] Wojciech Pięciak. Historische Diskussionen und ihre Rolle in der kollektiven Erinnerung und in den deutsch-polnischen Beziehungen. In Wolff-Powęska, Bingen dir. *Nachbarn...* op. cit. p. 339-340.

[3] Pour une documentation de ces débats, voir Klaus Bachmann, Jerzy Kranz dir. *Verlorene Heimat. Die Vertreibungsdebatte in Polen.* Bonn: Bouvier, 1998.

Pologne – la confrontation avec ce chapitre difficile de l'histoire commune par une large partie des élites polonaises aurait pu constituer une bonne occasion pour un véritable débat germano-polonais sur le passé.[1] Au contraire, plusieurs acteurs politiques allemands, notamment ceux proches du BdV, continuent de demander aux Polonais d'affronter enfin leur rôle dans les expulsions.[2]

De même, le débat polonais sur l'histoire polono-juive, dominé par la question du rôle polonais dans la Shoah, a également des conséquences pour les relations polono-allemandes. Après la publication du livre *Les voisins* de Jan Tomasz Gross,[3] cette question soulève un débat très profond en Pologne. Il s'agit en effet du plus important débat historique depuis 1989 en Pologne, dont les médias font bien sûr un écho important.[4] Dans son livre, Gross décrit comment les habitants d'un village polonais, Jedwabne, assassinent leurs voisins juifs en 1941. Des recherches approfondies montrent plusieurs imprécisions du livre, notamment en ce qui concerne le rôle des *Einsatzgruppen* allemands dans le massacre et le nombre des morts.[5] Mais ceci ne réduit en rien l'actualité de la question centrale du débat, à savoir le rôle des Polonais dans l'extermination des Juifs. La visite du président Kwaśniewski à Jedwabne le 7 juillet 2001, lors du 60ème anniversaire du massacre, souligne davantage l'importance de l'affaire pour la conscience collective polonaise. Dans son discours, Kwaśniewski s'excuse pour le crime et demande pardon aux familles des victimes.[6]

Le débat sur Jedwabne trouve vite une importante dimension internationale. Ceci contribue à ce que les Polonais remettent en question leur image de l'histoire nationale. Comme de nombreux commentaires dans la presse étrangère critiquent la persistance de

---

[1] Bachmann. Zweierlei... op. cit. p. 198.

[2] Cf. par exemple l'appel de Berlin du BdV du 6 septembre 1998. Danuta Zagrodzka. Głośne głosy wypędzonych. *Gazeta Wyborcza*, 7/9/1998.

[3] Jan Tomasz Gross. *Les voisins*. Paris : Fayard, 2002. [première édition polonaise en 2000]

[4] Pour une documentation des débats, voir par exemple Ruth Henning cir. Die « Jedwabne-Debatte » in polnischen Zeitungen und Zeitschriften. *Transodra* (numéro spécial), 2001, n° 21. Antony Polonsky, Joanna B. Michlic. *The Neighbors Respond: The Controversy over the Jedwabne Massacre in Poland*. Princeton: Princeton University Press, 2004.

[5] Edmund Dmitrów, Paweł Machcewicz, Tomasz Szarota. *Der Beginn der Vernichtung. Zum Mord an den Juden in Jedwabne und Umgebung im Sommer 1941*. Osnabrück: Fibre, 2004.

[6] Le texte polonais du discours se trouve sur http://www.diapozytyw.pl/pl/site/szoach/jedwabne_prezydent [25/7/2008]

l'antisémitisme polonais, beaucoup de Polonais se plaignent de l'image partiale et généralisante de la couverture médiatique.[1] Ceci vaut notamment pour les médias allemands, puisque l'affaire de Jedwabne suscite un intérêt public relativement fort en Allemagne.[2] La critique allemande de l'antisémitisme polonais n'a rien de nouveau, mais on peut, comme le font certains observateurs polonais et allemands, se poser des questions sur la légitimité des Allemands pour de telles déclarations. Vu le passé allemand, elles paraissent en effet peu opportunes. Ainsi, on soupçonne les Allemands de critiquer l'antisémitisme polonais avant tout pour relativiser la culpabilité historique allemande.[3] Deuxièmement, les conséquences du débat polonais sur Jedwabne compliquent le dialogue germano-polonais sur le passé commun : l'affaire de Jedwabne et ses conséquences pour l'identité polonaise déstabilisent la société polonaise à un tel degré qu'un débat ouvert sur d'autres pages noires de l'histoire polonaise (par exemple le rôle des Polonais dans l'expulsion des Allemands) se révèle difficile par la suite.

Egalement d'une manière générale, les Polonais commencent de s'interroger sur leur approche au passé après les polémiques sur Jedwabne. Rétrospectivement, il paraît que le débat sur le rôle des Polonais dans l'extermination des Juifs constitue l'apogée de l'approche libérale au passé. Par la suite, la société polonaise accorde de nouveau plus de place à l'héroïsme polonais et aux victimes polonaises. Les sujets difficiles de l'histoire nationale sont en revanche de plus en plus marginalisés dans le débat public. La vision libérale et pluraliste de l'histoire, qui domine pendant les années 1990 sous la devise du « patriotisme critique », est tour à tour remplacée par une vision plus idéalisée et conservatrice de l'histoire polonaise.[4]

De même, de plus en plus d'acteurs politiques polonais adhèrent à l'idée que l'Etat devrait jouer un rôle plus actif dans la formation de la mémoire collective. Comme le passé commence de prendre plus de place dans l'espace public, la devise « laissons

---

[1] Krzysztof Ruchniewicz. Die polnische Geschichtspolitik nach 1989. *Polen-Analysen*, 2 octobre 2007, n° 20, p. 6.

[2] Pour un exemple particulièrement marquant d'une couverture biaisée, voir Henryk Broder, Claus Malzahn. Der schönste Tag. *Der Spiegel*, 29/2001.

[3] Marta Kijowska. Entlastende Belastungen. *Süddeutsche Zeitung*, 12/7/1994. Janusz Tycner. Alte Vorurteile rosten nicht. *Die Zeit*, 27/1995.

[4] Piotr Buras. 1945 und die Polen. *WeltTrends*, été 2005, vol. 13, n° 47, p. 130-131.

l'histoire aux historiens », très répandue au milieu des années 1990, trouve de moins en moins de soutien. Déjà après les célébrations de 1999, commémorant les dix ans de la fin du communisme, des historiens comme Dariusz Gawin et Marek Cichocki demandent une politique historique plus prononcée, parce que les autres pays européens auraient oublié la contribution polonaise à la chute du communisme en 1999.[1] Par la suite, une politique historique active devient une revendication phare des partis politiques de droite comme PiS ou PO. Dès ses origines, la politique historique polonaise se caractérise par une forte ambition extérieure : il s'agit, en général, de faire connaître l'histoire polonaise à l'étranger, et, en particulier, de répondre aux tendances, considérées dangereuses, des politiques mémorielles allemande et russe.

Le concept est critiqué par de nombreux historiens, parce que la plupart des partisans pour une nouvelle politique historique veulent défendre une vision très idéalisée du passé polonais par cette politique. En revanche, ils n'accordent que peu de place aux interrogations et aux débats. Cette vision affirmative de l'histoire polonaise est illustrée par la formule « Westerplatte ou Jedwabne » de l'historien Andrzej Nowak, qui milite pour une place centrale de l'héroïsme polonais dans la mémoire collective.[2] La commémoration très émotionnelle de l'insurrection de Varsovie en 2004 est un tournant dans ce contexte, puisqu'elle met en avant la lutte héroïque des Polonais pour la liberté. L'inauguration du musée de l'insurrection de Varsovie au même moment souligne cette nouvelle tendance. De manière plus générale, la vague des commémorations en 2004-2005 et la disparition des derniers témoins de l'époque contribuent au regain d'intérêt politique pour la Seconde Guerre mondiale.[3]

Remarquons enfin que la politique historique prend une place très importante dans la politique polonaise après les élections de 2005. Les grands débats autour de cette politique, qui concernent également les relations polono-allemandes, dépassent alors le cadre temporel de notre travail.

---

[1] Marek A. Cichocki. Polityka pamięci. *Rzeczpospolita*. 10/6/2006.

[2] Andrzej Nowak. Westerplatte czy Jedwabne. *Rzeczpospolita*, 1/8/2001.

[3] Buras. 1945... op. cit. p. 127-128.

2. Le regain d'intérêt pour les victimes allemandes et le débat sur le Centre contre les expulsions, pommes de discorde entre Allemands et Polonais

A partir de l'an 2002, les débats mémoriels entre Polonais et Allemands tournent surtout autour d'un sujet : la proposition de créer un musée sur les expulsions en Allemagne. Dans ce contexte, la proposition de créer un Centre contre les expulsions à Berlin suscite de très nombreuses réactions. Comme plusieurs ouvrages et d'innombrables articles font déjà la synthèse du débat médiatique et des initiatives politiques,[1] nous nous contenterons ici d'un rappel des principales étapes de ce débat et d'une analyse des conséquences pour les relations germano-polonaises.

L'impulsion initiale aux débats intra-allemand, intra-polonais et polono-allemand sur la commémoration de la fuite et de l'expulsion des Allemands date de mai 1999, quand le BdV présente son idée de créer un Centre contre les expulsions à Berlin. L'organisation des expulsés allemands reste la force vive de ce projet par la suite, mais elle réussit de trouver un nombre considérable de soutiens parmi les responsables politiques, les journalistes et les intellectuels. Ces soutiens viennent d'horizons divers, parfois éloignés du milieu traditionnel du BdV, ce qui donne davantage de légitimité au projet du Centre contre les expulsions.

La première proposition en 1999 trouve un écho limité, mais plutôt positif dans la presse allemande. Le ministre de l'intérieur, Otto Schily (SPD), annonce même que le gouvernement fédéral supportera l'idée du Centre contre les expulsions. Néanmoins, il n'existe pas encore de conception concrète pour le Centre en

---

[1] Piotr Buras, Piotr M. Majewski dir. *Pamięć wypędzonych: Grass, Beneš i środkowoeuropejskie rozrachunki*. Warszawa: Centrum Stosunków Międzynarodowych / Biblioteka Więzi, 2003. Paweł Lutomski. The Debate about a Center against Expulsions: An Unexpected Crisis in German-Polish Relations? *German Studies Review*, 2004, vol. 27, n° 3, p. 449-468. Agnieszka Łada. *Debata publiczna na temat powstania Centrum Przeciw Wypędzeniom w prasie polskiej i niemieckiej*. Wrocław: ATUT, 2006. Zbigniew Mazur. *Centrum przeciwko Wypędzeniom (1999-2005)*. Poznań: Instytut Zachodni, 2006. Stefan Troebst dir. *Vertreibungsdiskurs und europäische Erinnerungskultur: Deutsch-polnische Initiativen zur Institutionalisierung seit 2002*. Osnabrück: Fibre, 2006. Dorota Dakowska. Le « Centre contre les Expulsions » : les enjeux d'un debat transnational. In Georges Mink, Laure Neumayer dir. *L'Europe et ses passés douloureux*. Paris : La Découverte, 2007. p. 128-139. Tim Völkering. *Flucht und Vertreibung im Museum*. Berlin: LIT, 2008. p. 33-64.

1999 : le premier concept officiel est présenté en juin 2000.[1] Les premières réactions à ce concept sont plutôt positives en Allemagne, tandis que les médias polonais s'intéressent très peu à l'initiative à ce moment-là.[2] En septembre 2000 enfin, le chancelier Schröder émet des réserves contre la création d'un musée national commémorant les expulsions à Berlin ; il plaide au contraire pour un développement des musées existants.[3] Après le discours de Schröder, l'idée du Centre est peu présente dans les débats publics pendant plus d'un an. Pourtant, la question revient avec force en 2002, pour devenir une thématique déterminante des relations germano-polonaises dans les années suivantes.

On peut en effet observer que le public allemand fait preuve d'un regain d'intérêt pour la thématique de l'expulsion à cette époque. Un élément clé dans ce contexte est la nouvelle *En crabe (Im Krebsgang)* de Günter Grass, parue en février 2002. Le prix Nobel de littérature, une grande autorité morale en Allemagne notamment à cause de son engagement pour une confrontation rigoureuse avec le passé nazi, se penche sur la fuite et l'expulsion des Allemands dans cet œuvre, qui rencontre un immense succès. Par la suite, cet aspect du passé allemand prend une place importante dans l'espace public allemand : plusieurs médias consacrent des séries spéciales à ce sujet et un nombre important de livres, souvent en forme de souvenirs personnels, est publié.[4] A part l'expulsion, les bombardements aériens des villes allemandes pendant la Seconde Guerre mondiale sont également très présents dans les débats mémoriels allemands à cette époque.[5] Le débat sur le Centre contre les expulsions s'inscrit alors dans une tendance générale de regain d'intérêt pour les victimes allemandes de la Seconde Guerre mondiale ; des voix critiques parlent alors de la

---

[1] Johannes Leithäuser. Vertriebene wollen Wege zur Verständigung weisen. *Frankfurter Allgemeine Zeitung*, 7/6/2000. Marianne Heuwagen. Zentrum gegen Vertreibung – Das Vorhaben des Vertriebenenverbundes stößt auf Widerstand. *Süddeutsche Zeitung*, 7/6/2000.

[2] Völkering. *Flucht...* op. cit. p. 37-38.

[3] Le discours de Gerhard Schröder du 3 septembre 2000 se trouve sur http://archiv.bundesregierung.de/bpaexport/bulletin/67/17667/multi.htm [11/7/2008]

[4] Entre autres une série d'articles dans *Der Spiegel* et une série de documentations *Die große Flucht (La grande fuite*, régie Guido Knopp) dans la télévision publique ZDF.

[5] Un livre très controversé déclenche une grande polémique à ce sujet : Jörg Friedrich. *L'incendie : l'Allemagne sous les bombes 1940-1945*. Paris : Editions de Fallois, 2004. [première édition allemande en 2002]

« victimisation de la nation allemande »[1] ou de la « fin de la culpabilité allemande ».[2]

Dans ce contexte, la proposition d'un centre contre les expulsions est reprise par plusieurs hommes politiques et intellectuels. La CDU/CSU, alors dans l'opposition, soutient l'idée du Centre dès le début. En mars 2002, elle présente un projet de déclaration au Bundestag, qui demande au gouvernement allemand de soutenir le projet du BdV.[3] Markus Meckel, député SPD au Bundestag, rend public la proposition de créer, au lieu du Centre proposé par le BdV, un centre « européen »[4] à Wrocław.[5] Deux éminents journalistes polonais soutiennent cette idée.[6] Ensuite, et pour répondre au projet de déclaration de la CDU/CSU, les députés du SPD proposent de commencer un dialogue avec les voisins à l'est sur la création d'un centre européen contre les expulsions ; une déclaration dans ce sens est votée par le Bundestag le 2 juillet 2002.[7] Mais cette proposition – dont l'objectif est avant tout, semble-t-il, d'éviter le projet du BdV – ne sera réalisée que partiellement par la suite. L'idée d'un centre européen est davantage concrétisée en été 2003, mais la plupart des acteurs politiques polonais n'en sont pas convaincus. Le gouvernement polonais ne s'oppose pas catégoriquement à un centre européen, mais il prend une position très réservée.[8]

En revanche, la classe politique polonaise rejette unanimement la proposition d'un Centre à Berlin. Cette opinion est partagée par la quasi-totalité de la presse polonaise, qui consacre beaucoup d'attention à ce sujet à partir de 2002. Par la suite, la question est même nettement plus présente dans les médias polonais que dans les médias allemands. Dans ces débats, le site d'un éventuel centre

---

[1] Goschler. Versöhnung... op. cit.

[2] Norbert Frei. 1945 und wir. Die Gegenwart der Vergangenheit. In Norbert Frei. *1945 und wir. Das Dritte Reich im Bewusstsein der Deutschen*. München: C.H. Beck, 2005. p. 21.

[3] Bundestagsdrucksache 14/8594 du 19/3/2002.

[4] La nature « européenne » de la proposition est peu claire et elle ne sera que rarement définie par la suite. En réalité, il s'agit plutôt d'un projet germano-polonais, auquel d'autres pays sont invités de se rallier. Mais les partenaires européens montrent un intérêt très faible pour un débat véritablement européen à ce sujet. Ceci relativise le caractère européen de l'initiative. Néanmoins, la distinction entre « centre national » et « centre européen » est fréquemment faite dans les débats.

[5] Markus Meckel. Dlaczego Wrocław? *Rzeczpospolita*, 7/3/2002.

[6] Adam Krzemiński, Adam Michnik. Wrocław, nie Berlin. *Gazeta Wyborcza*, 14/5/2002. idem. Das « Zentrum gegen Vertreibungen » gehört nach Breslau. *Die Zeit*, 26/2002.

[7] Bundestagsdrucksache 14/9661 du 2/7/2002.

[8] Lutomski. The Debate... op. cit. p. 453-454.

semble beaucoup plus important que son concept. Selon une opinion très répandue en Pologne, la valeur symbolique d'un centre à Berlin signifierait une réécriture dangereuse de l'histoire de la Seconde Guerre mondiale : après la création du Centre contre les expulsions, seules les victimes juives, par le Mémorial de l'Holocauste, et les victimes allemandes de l'expulsion seraient commémorées par un monument. Ainsi, les autres victimes du national-socialisme – et notamment les victimes polonaises – tomberaient encore plus dans l'oubli. Les futurs monuments berlinois propageraient alors une vision faussée de l'histoire, puisque les Polonais y seraient présents uniquement comme les coupables de l'expulsion.[1] Dans leurs déclarations, les auteurs polonais éclipsent souvent le fait que le projet d'un grand musée national à Berlin sur le régime de terreur des nazis, qui présentera notamment les crimes des Allemands dans les pays de l'est, est en cours de réalisation.[2] Néanmoins, beaucoup d'Allemands critiquent également la tentative clairement affichée des partisans du Centre contre les expulsions de comparer les victimes de l'expulsion aux victimes de la Shoah. De nombreuses voix en Allemagne dénoncent dans ce contexte la volonté du BdV de créer avec le Centre contre les expulsions un pendant, voire un concurrent, du Mémorial de l'Holocauste.

De même, le fait que ce soit le BdV qui propose de créer, sous son égide, un Centre contre les expulsions à Berlin est d'une grande importance dans le débat polonais : la légitimité de cette organisation pour la direction d'un grand musée national est contestée, puisque le BdV a poursuivi une politique fortement anti-polonaise pendant des décennies.[3] Enfin, beaucoup de commentateurs polonais soupçonnent les Allemands de concevoir le Centre contre les expulsions comme une justification morale des revendications de dédommagement qui sont faites par certains expulsés. En effet, le projet du Centre contre les expulsions et les revendications de la *Preußische Treuhand* sont souvent vus comme intrinsèquement liés dans les débats polonais.[4]

---

[1] Mazur. *Centrum*... op. cit. p. 119-120.

[2] Une première exposition existe déjà, sous le nom *Topographie des Terrors*. Pour plus d'informations sur le musée en construction, voir http://www.topographie.de

[3] Adam Krzemiński. Die schwierige deutsch-polnische Vergangenheitspolitik. *Aus Politik und Zeitgeschichte*, 29 septembre 2003, n° 40–41, p. 5.

[4] Thomas Urban. Historische Belastungen der Integration Polens in die EU. *Aus Politik und Zeitgeschichte*, 31 janvier 2005, n° 5-6, p. 36.

La question de la commémoration de l'expulsion est particulièrement débattue dans les médias en été 2003, mais elle reste d'actualité par la suite. De nombreuses voix participent aux discussions, qui restent d'ailleurs le plus souvent des débats nationaux : au lieu d'un véritable dialogue germano-polonais, il s'agit principalement de deux monologues nationaux. Les responsables politiques polonais et allemands, et notamment les deux gouvernements, jouent d'abord un rôle relativement limité. Ils réagissent aux débats publics, sans pour autant trouver des positions cohérentes. Puisqu'il s'agit d'un débat sur deux niveaux – national et bilatéral –, leur marge de manœuvre est davantage limitée. Ainsi leur objectif premier semble de limiter la portée des débats et de calmer les émotions que suscite la question notamment en Pologne. En fait, c'est surtout à cause des réactions polonaises que le gouvernement allemand souligne à plusieurs reprises son opposition à la proposition du BdV.[1] Dans une déclaration commune (« déclaration de Gdańsk », octobre 2003), les présidents des deux pays se prononcent pour un renforcement du débat européen sur les déplacements et expulsions, ce qui souligne leur désaccord avec le projet d'un centre national à Berlin.[2]

Néanmoins, l'idée d'un musée qui documenterait les déplacements forcés de population dans une perspective européenne s'avère difficilement réalisable. Une initiative véritablement européenne, mais peu médiatisée, est entreprise par plusieurs membres de l'Assemblée parlementaire du Conseil de l'Europe en 2003. Pourtant, l'initiative n'aboutit pas, notamment à cause de l'opposition de la délégation française d'ailleurs.[3] Parallèlement, la déléguée à la culture et aux médias du gouvernement fédéral allemand,[4] Christina Weiss, rend public en

---

[1] Cf. par exemple le discours de Gerhard Schröder à Varsovie le 1/8/2004.

[2] Le texte allemand de la déclaration commune : http://www.bundespraesident.de/Reden-und-Interviews/Reden-Johannes-Rau-,11070.93344/Bundespraesident-Johannes-Rau-.htm?global.back=/Reden-und-Interviews/-%2c11070%2c8/Reden-Johannes-Rau.htm%3flink%3dbpr_liste [27/7/2008]

[3] Une sélection de documents à ce sujet se trouve dans Troebst dir. *Vertreibungsdiskurs*... op. cit. Voir également Rafaële Rivais. La France a fait échouer un projet de réconciliation germano-polonaise au Conseil de l'Europe. *Le Monde*, 30/1/2005.

[4] Elle est, en quelque sorte, la ministre allemande de la culture. Mais ses compétences sont très réduites par rapport au ministre de la culture dans un pays centralisé comme la Pologne ou la France, puisque le système fédéral allemand réserve une grande autonomie aux *Länder* dans la politique culturelle.

octobre 2003 la proposition d'un « réseau européen contre fuite et expulsion », qui réunirait les « ateliers de la mémoire » de différents pays européens.[1] Ce projet ne vise pas la création d'un nouveau musée issu de la coopération entre plusieurs Etats européens, mais plutôt l'échange renforcé entre les institutions existantes. Par la suite, les ministres de la culture, des hauts fonctionnaires et des historiens allemands, polonais, hongrois, slovaques, tchèques et autrichiens tentent au cours de plusieurs réunions de définir le contenu d'un futur réseau. Il se révèle très difficile de trouver un compromis, ce qui est illustré par le fait que la République tchèque et l'Autriche se retirent bientôt du projet. Le côté allemand accepte finalement d'élargir le spectre du réseau à tous les aspects de l'histoire du XXe siècle. Néanmoins, l'initiative ne rencontre qu'un succès très relatif. La déclaration d'intention concernant la création d'un réseau européen « Mémoire et solidarité », signée le 2 février 2005, n'est réalisée qu'en partie par la suite. Les comptes rendus des réunions montrent en effet que les visions de l'histoire et les volontés politiques de commémoration restent très éloignées ; la communication entre les représentants des différents gouvernements est marquée par de profonds malentendus.[2]

Cet échec est notamment dû aux contraintes du jeu politique à deux niveaux. Le gouvernement allemand accepte relativement vite l'idée de créer une nouvelle institution pour commémorer les expulsions, puisqu'il pense nécessaire de répondre à la demande sociale créée par le BdV, la CDU/CSU et certains médias allemands. Mais le gouvernement Schröder veut trouver une alternative au Centre contre les expulsions proposé par le BdV. En revanche, le gouvernement polonais est confronté à une opposition toujours plus prononcée à tout projet qui institutionnaliserait la commémoration des transferts de population. Les hommes politiques de droite et les médias conservateurs dénoncent la dangereuse dérive nationaliste de la mémoire collective allemande. Cette interprétation des évolutions en Allemagne semble néanmoins exagérée : même si un

[1] Christina Weiss. Niemand will vergessen. *Die Zeit*, 41/2003.

[2] Les comptes rendus ont été publiés par l'un des participants des réunions, l'historien allemand Stefan Troebst. On les trouve, ainsi que la déclaration de février 2005, dans Troebst dir. *Vertreibungsdiskurs*... op. cit. Pour les développements depuis 2005 : Stefan Troebst. Wiederbelebung einer « Totgeburt »? Das Europäische Netzwerk Erinnerung und Solidarität. *Polen-Analysen*, 20 mai 2008, n° 33, p. 2-7.

changement qualitatif a lieu dans la mémoire collective allemande ces dernières années, une telle interprétation révèle tout d'abord une mauvaise compréhension des débats allemands. Elle est avant tout le produit d'une instrumentalisation des débats allemands, qui doivent servir comme un argument pour une politique historique plus « affirmative » en Pologne.[1]

Après les élections de 2005, la querelle politique sur la commémoration des expulsions s'intensifie davantage. La nouvelle coalition en Pologne attaque régulièrement le projet du Centre contre les expulsions, tandis que la nouvelle chancelière allemande, Angela Merkel (CDU), tient à sa promesse électorale de soutenir le projet du BdV. La question est alors débattue entre chrétiens-démocrates et sociaux-démocrates avant même la formation du gouvernement de grande coalition : la création d'un « signe visible » contre les expulsions à Berlin fait partie de leur programme de coalition. Le sujet continue de susciter des polémiques germano-polonaises, notamment au temps des gouvernements polonais menés par PiS (2005-2007). Un débat particulièrement virulent a lieu pendant l'été 2006, quand deux expositions temporaires sur la fuite et l'expulsion sont présentées à Berlin. Néanmoins, la création du « signe visible » perd une partie de son importance politique après l'élection de Donald Tusk (PO) comme Premier ministre en Pologne, suite aux élections législatives anticipées d'octobre 2007. Côté allemand, la réalisation du « signe visible » avance sans précipitation ; elle prend forme en printemps 2008 avec la publication du concept du futur musée.[2]

En fin de compte, le débat polono-allemand sur le Centre contre les expulsions montre les difficultés d'un débat transnational sur un sujet controversé de l'histoire commune. La complexité de cet aspect du passé, qui est commémoré de façon différente dans les deux pays, pose de considérables problèmes aux responsables politiques ; pour beaucoup d'entre eux, la tentation d'instrumentaliser ce passé à des fins intérieures s'avère plus grande que la volonté de comprendre la position de l'autre. L'évolution du débat montre enfin les défaillances du dialogue germano-polonais, qui souffre toujours de nombreux malentendus

---

[1] Entretien avec Piotr Buras.

[2] Le texte du concept du 19 mars 2008 : http://www.bundesregierung.de/Content/DE/__Anlagen/BKM/2008-04-09-sichtbares-zeichen-konzeption-barrierefrei,property=publicationFile.pdf [29/7/2008]

et d'interprétations erronées. Beaucoup de Polonais ne voient qu'une partie des débats en Allemagne, tandis que les Allemands ne comprennent pas les arguments de fond des Polonais. Ils estiment au contraire que les Polonais se sont de nouveau montrés méfiants vis-à-vis de l'Allemagne. On leur reproche notamment de ne pas vouloir comprendre la position allemande : l'incompréhension est donc réciproque. Si nous plaçons le débat sur l'expulsion des Allemands dans un contexte plus large, nous verrons que l'incompréhension réciproque est aussi due au décalage temporel entre les débats historiques et aux différences dans la façon d'appréhender l'histoire.

3. Le décalage temporel entre les débats historiques et les différences d'approche de l'histoire, sources de problèmes fondamentaux

En 1989, la Pologne et l'Allemagne (de l'Ouest) sont à des stades bien différents dans la réflexion sur leurs passés respectifs, notamment en ce qui concerne la Seconde Guerre mondiale. Une majorité d'Allemands affronte ce chapitre de l'histoire de manière critique depuis la fin des années 1960, en se penchant plus particulièrement sur leur rôle de coupables pour les crimes national-socialistes. En revanche, les Polonais ne commencent qu'en 1989 à débattre librement l'histoire de la Seconde Guerre mondiale, qui, de plus, constitue une expérience historique fondamentalement différente pour les deux pays. En Pologne, l'interprétation communiste de l'histoire est largement remise en question et une réévaluation du passé s'impose. La situation en Allemagne est différente, puisque les débats publics en Allemagne de l'Ouest ont déjà abouti à un certain consensus sur le passé de la Seconde Guerre mondiale. Ce consensus, qui se caractérise avant tout par une commémoration clairement négative de l'époque national-socialiste, n'est pas remis en question après 1989. Mais il faut souligner qu'il n'englobe pas tous les aspects de cette période (cf. le débat sur la commémoration des victimes allemandes) et que la forme appropriée de la commémoration soulève des débats parfois virulents (cf. le débat très médiatisé entre Martin Walser et

Ignatz Bubis en 1998[1]). Toutefois, les différences de « maturité » des débats allemand et polonais sur la Seconde Guerre mondiale sont des obstacles structurels au dialogue bilatéral.

Un deuxième aspect de cette non-simultanéité des débats historiques, qui est particulièrement important au début des années 2000, complique davantage ce dialogue. Comme nous l'avons évoqué, la société polonaise s'intéresse beaucoup aux aspects refoulés de la Seconde Guerre mondiale après 1989 : elle discute du rôle de l'Union soviétique, mais également du fait que quelques Polonais n'étaient pas des victimes ou des héros, comme le veut l'image traditionnelle de l'histoire polonaise. On souligne qu'un certain nombre de Polonais se sont également rendus coupables, en participant à la persécution des Juifs (cf. le débat sur Jedwabne à partir de 2000) ou en maltraitant les civils allemands lors des déplacements forcés. C'est justement quand le débat sur Jedwabne bat son plein que les Allemands se penchent, pour la première fois depuis les années 1950, intensément sur les victimes allemandes de la Seconde Guerre mondiale. En raison du soutien relativement large pour le Centre contre les expulsions proposé par le BdV, beaucoup de Polonais estiment qu'une réécriture fondamentale de la Seconde Guerre mondiale aurait lieu en Allemagne. Cette impression est forte en Pologne à cause du parallélisme temporel avec le débat polonais sur Jedwabne : on soupçonne alors les Allemands de s'intéresser à l'histoire des expulsions notamment à cause de leurs ressentiments contre la Pologne – ce qui n'est pas le cas pour la très grande majorité des Allemands. Néanmoins, les deux paradigmes dominants aux yeux des Polonais à ce moment – les Polonais comme coupables, les Allemands comme victimes (notamment des Polonais) – mettent fortement en question l'image traditionnelle de la nation polonaise comme la victime de l'histoire.[2]

Face au regain d'intérêt pour les victimes allemandes en Allemagne, de nombreux observateurs polonais reprochent aux Allemands de vouloir écarter la responsabilité des crimes de la

---

[1] Frank Schirrmacher dir. *Die Walser-Bubis-Debatte. Eine Dokumentation.* Frankfurt am Main: Suhrkamp, 1999.

[2] Janusz A. Majcherek. Zwischen Geschichte und Hoffnung. *Jahrbuch Polen,* 2006, n° 17, p. 174. Jan M. Piskorski. Die vielen Gesichter der Geschichte. Erinnerung und Geschichtspolitik in Polen. *Blätter für deutsche und internationale Politik*, janvier 2008, vol. 53, n° 1, p. 85.

Seconde Guerre mondiale.[1] Ils supposent alors qu'une majorité des Allemands se voit désormais uniquement comme victimes d'Adolf Hitler et de la Seconde Guerre mondiale. Les responsables politiques allemands jugent cette interprétation erronée, puisque les Allemands seraient bien conscients du fait que l'Allemagne a commencé cette guerre et que les forces allemandes ont commis des crimes incomparables.[2] Aux yeux des Allemands, le débat sur les victimes allemandes s'inscrit dans la continuité des interrogations profondes sur la culpabilité de la nation allemande depuis les années 1970. En effet, le nouveau débat sur les victimes allemandes ne prend son essor qu'après des décennies où les coupables allemands et les victimes des Allemands se trouvaient au centre de la mémoire collective. Notamment la puissante génération de 1968 œuvra longtemps pour un regard critique sur le passé nazi, en s'opposant à la génération de ses parents. Mais au cours des années 1990 et 2000, quand la génération de la guerre s'apprête à disparaître, beaucoup de Soixante-huitards veulent se réconcilier avec la génération de leurs parents.[3] De plus, un certain nombre d'Allemands a même le sentiment qu'on mériterait de se pencher enfin sur les victimes allemandes, après de longues années de questionnements douloureux et notamment les décisions en faveur du Mémorial de l'Holocauste et du dédommagement des travailleurs forcés.

Face aux reproches polonais, les élites allemandes répondent qu'un regard nuancé de la guerre s'imposerait désormais : les Allemands, comme tous les autres peuples, ne seraient pas uniquement des coupables (ou des victimes), puisqu'un individu, et de même une nation, peut être un coupable et une victime en même temps. Suivant une approche universaliste fortement inspirée par les droits de l'homme, les élites allemandes estiment alors que la souffrance individuelle serait le critère principal pour un jugement historique. Une majorité de Polonais ne partage pas cet avis : ils font une différence essentielle entre les victimes d'une injustice et les victimes de la violence. Une victime innocente

---

[1] Wolff-Powęska. Polish... op. cit. p. 194-195.

[2] Gerhard Schröder l'affirme solennellement devant le public polonais dans son discours du 1er août 2004 : « Nous Allemands savent très bien qui a commencé la guerre et qui étaient ses premières victimes ».

[3] Norbert Frei. 1945 und wir. Die Gegenwart der Vergangenheit. In Norbert Frei. *1945 und wir. Das Dritte Reich im Bewusstsein der Deutschen.* München: C.H. Beck, 2005. p. 13-15.

d'une injustice (comme les Polonais pendant la Seconde Guerre mondiale) doit être commémorée d'une autre façon qu'une victime de la violence qui a provoqué en premier l'usage de violence (comme les Allemands, qui sont devenus les victimes d'une guerre qu'ils ont déclenché eux-mêmes). Ainsi, le contexte historique ne permettrait pas de considérer le déplacement des Allemands après la Seconde Guerre mondiale comme une injustice. La vision dominante en Allemagne souligne le contraire : les individus concernés auraient subi une grave injustice.[1] Les différences dans l'approche à l'histoire sont alors à l'origine de ce problème. Les Allemands regardent le passé majoritairement par un prisme individualiste, marqué par le civisme contemporain : ils jugent le passé avec les critères d'aujourd'hui. Une majorité de Polonais dénonce cette approche comme ahistorique, et préfère d'interpréter le passé par un prisme national et étatique. Pour les uns, l'individu est l'acteur principal du passé, pour les autres, l'Etat-nation.[2]

Il existe, de plus, un désaccord de fond concernant les causes du déplacement de la population allemande après la Seconde Guerre mondiale. En Allemagne, on voit l'expulsion généralement comme la punition des Allemands pour le déclenchement et les crimes de la guerre. Dans l'interprétation polonaise, on souligne pourtant que les déplacements ont été décidés à la conférence de Potsdam (où la Pologne n'était même pas présente), dans le but de garantir une paix durable en Europe centrale. Le transfert de la population allemande était la meilleure, sinon la seule solution pour éviter que l'aspiration allemande à l'hégémonie en Europe centrale ne se traduise de nouveau par une politique agressive. On rappelle alors que, dans le passé, le gouvernement allemand justifiait son agressivité vis-à-vis des pays d'Europe centrale par la situation des minorités allemandes. De même, les Polonais estiment que le déplacement des Allemands était avant tout une conséquence de la politique des puissances présentes à Potsdam en

---

[1] Kranz. Polsko-niemieckie... op. cit. p. 34. Dariusz Gawin. Über den Nutzen und Schaden des Geschichtsrevisionismus. *Inter Finitimos*, 2006, n° 4, p. 51-53.

[2] Klaus Bachmann. O dwóch różnych paradygmatach. In Piotr Kosiewski dir. *Pamięć i polityka zagraniczna*. Warszawa: Fundacja im. Stefana Batorego, 2006. p. 31-34.

1945 : l'Allemagne devait alors s'adresser à la Russie, aux Etats-Unis et à la Grande-Bretagne pour d'éventuelles revendications.[1]

De ces différences d'interprétation résulte que beaucoup de Polonais – mais également une minorité d'Allemands, notamment des historiens d'ailleurs – reprochent aux partisans du Centre contre les expulsions de décontextualiser l'expérience victimaire des Allemands et de confondre causes et conséquences.[2] Ce reproche semble d'ailleurs relativement bien fondé : de nombreux historiens allemands déplorent que les Allemands voient toujours moins le contexte historique dans leur regard du passé. Au lieu de l'interprétation des causes et effets, les expériences vécues par les individus et leurs souvenirs se trouveraient désormais au centre de l'intérêt public. Notamment, les médias fonderaient leurs reportages sur la Seconde Guerre mondiale quasi-exclusivement sur les récits des témoins, qui véhiculent souvent des visions erronées.[3]

En général, les responsables polonais ne remettent pas en question le droit des Allemands à commémorer leurs victimes. A plusieurs reprises au cours des années 1990, ils expriment même des regrets pour les souffrances des Allemands. Mais au cours du débat sur le Centre contre les expulsions, beaucoup de Polonais soulignent les dangers de la réinterprétation de l'histoire des expulsions en Allemagne, puisque le contexte historique jouerait un rôle marginal dans les débats allemands.[4] Même des observateurs prudents estiment que ces tendances sont dangereuses pour la Pologne, car les Allemands oublieraient des faits historiques qui sont jugés importants par les Polonais.[5] Les partisans du rapprochement avec l'Allemagne apprécient que les plus hauts responsables allemands affirment qu'on « ne réécrit pas l'histoire » en Allemagne. Mais le décalage entre ces déclarations et la position ambiguë du gouvernement allemand vis-à-vis des

---

[1] Kranz. Polsko-niemieckie... op. cit. p. 33. Hans Henning Hahn. Hans Henning Hahn zu Neuerscheinungen über ein europäisches Erinnern an Zwangsmigration und ethnische Säuberung. *Bohemistik*, http://www.bohemistik.de/erinnern.html [31/7/2008]

[2] Kranz. Polsko-niemieckie... op. cit. p. 34-35.

[3] Frei. 1945... op. cit. p. 9. Norbert Frei (interviewé par Hans-Ulrich Stoldt et Klaus Wiegrefe). « Gebirge an Schuld ». *Spiegel Special*, 4/2005.

[4] Jerzy Kranz. *Polen und Deutschland: Getrennte oder gemeinsame Wege der Geschichtsbewältigung?* Bonn: Friedrich-Ebert-Stiftung, 2005. p. 74-75.

[5] Janusz Reiter (interviewé par Piotr Buras). « Die Deutschen verstehen die Polen nicht mehr, und die Polen vertrauen den Deutschen nicht mehr ». *Dialog*, 2003-2004, n° 65, p. 48-50.

revendications de dédommagement de la part de certains expulsés est jugé inquiétant.[1] De plus, Allemands et Polonais ne semblent pas avoir la même conception de la « réécriture de l'histoire ». Tandis que le chancelier Schröder, en rupture avec son prédécesseur Kohl, semble exprimer une opinion majoritaire en Allemagne quand il proclame que l'Allemagne serait redevenue une « nation normale »,[2] la plupart des Polonais n'acceptent pas la « normalisation » du passé allemand.[3] Le futur Premier ministre Donald Tusk l'exprime clairement en 2004 : « La pénitence [allemande] pour les crimes de la Seconde Guerre mondiale ne se termine jamais ».[4]

Il faut finalement remarquer que le décalage temporel entre les débats historiques et les différences d'approche et d'interprétation jouent un rôle particulièrement important au cours des années 2000. Ceci est évident pour le premier phénomène, puisqu'il se produit en réponse à des tendances qui se développent à partir de l'an 2000 notamment. En revanche, les interprétations de certains événements du passé divergent pendant toute la période analysée. Il semble pourtant qu'entre 1991 et 1998, les acteurs politiques évitent d'affirmer expressément ces différences. Notamment, les responsables polonais tolèrent des usages du passé en faveur des expulsés en Allemagne, tant que ceux-ci restent peu ostensibles. Mais quand les différences d'approche du passé se traduisent par des projets symboliques et très visibles (comme le Centre contre les expulsions), des revendications concrètes (comme celles faites par la *Preußische Treuhand)* ou une rupture majeure dans le discours historique (comme celui sur la normalité de la nation allemande), les hommes politiques polonais l'estiment nécessaire de dénoncer les évolutions de la mémoire collective en Allemagne. L'instrumentalisation à des fins intérieures est sans doute une

---

[1] Donald Tusk (alors député de l'opposition) devant la Diète, le 25/8/2004.

[2] Cf. par exemple le discours de Schröder lors de la commémoration du 60ème anniversaire du débarquement allié en Normandie, le 6 juin 2004 : « Mon pays a retrouvé sa place au sein de la communauté des peuples civilisés ». http://www.france-allemagne.fr/Discours-prononce-par-Monsieur,110.html [31/7/2008] Sur la « normalisation » du passé allemand : Gunter Hofmann. Sehnsucht nach Anerkennung. *Die Zeit*, 27/2004.

[3] Bachmann. Zweierlei... op. cit. p. 199.

[4] « Quand j'entends toujours plus souvent dans mes entretiens avec des hommes politiques allemands que le temps d'une nouvelle Allemagne serait venu, que la période de la pénitence allemande serait terminée, je dois affirmer de manière claire et nette que la pénitence pour les crimes de la Seconde Guerre mondiale ne se termine jamais ». Donald Tusk. Europa bez roszczeń. *Gazeta Wyborcza*, 10/9/2004.

motivation importante pour certains dans ce contexte. Mais l'unanimité de la classe politique polonaise concernant la commémoration de l'expulsion en Allemagne montre une peur profonde. On craint alors que l'identité polonaise serait mise en cause par les nouvelles tendances des débats historiques en Allemagne. Ainsi, les hommes politiques polonais décident d'intervenir dans les débats allemands. Néanmoins, les élites allemandes ont beaucoup de mal à accepter l'ingérence polonaise dans la formation de la mémoire collective allemande. Ils reprochent alors à leur tour aux Polonais d'appréhender le passé d'une façon erronée. Inutile d'ajouter que ces commentaires ne sont guère appréciés en Pologne. A cause de l'asymétrie dans l'intérêt pour l'autre pays, les Allemands commentent toutefois beaucoup plus rarement les débats polonais que les Polonais ne commentent les débats allemands.[1]

En fin de compte, les hommes politiques des deux côtés ne sont que partiellement disposés à respecter la pluralité de l'histoire. Quand ils ont recours à des usages du passé, ils acceptent rarement qu'une interprétation différente de l'histoire puisse être valable au même titre que la leur. Le manque de savoir sur l'autre pays et l'absence d'échanges réels entre les responsables politiques des deux côtés aggravent ce problème.

[1] Burkhard Olschowsky. Die Gegenwart des Vergangenen. *Aus Politik und Zeitgeschichte*, 31 janvier 2005, vol. 55, n° 5-6, p. 31.

CONCLUSION

Les quatre études de cas analysés en première partie montrent clairement que les usages politiques du passé prennent de multiples formes dans le contexte germano-polonais. Notre deuxième partie présente ensuite la diversité des motivations politiques pour invoquer le passé dans la politique bilatérale, mais également dans la politique intérieure de chaque pays. Certaines motivations évoluent au cours de la période 1989-2005, d'autres persistent ou réapparaissent. Dans la plupart des cas, la nature de l'usage du passé dépend surtout des objectifs qu'un acteur politique ou un groupe d'acteurs attachent à cet usage. Nous pensons donc qu'il est plus juste d'expliquer les usages politiques du passé dans les relations polono-allemandes par le *choix* du passé que par le *poids* du passé.[1] Néanmoins, il serait faux de prétendre que le poids du passé – justement décrit comme « les plaies du passé qui provoquent toujours des douleurs » par les évêques polonais et allemands en 2005[2] – ne jouerait plus aucun rôle. Mais les expériences des années 1990 montrent qu'un traitement responsable et prudent du passé peut très fortement réduire la portée politique des ressentiments historiques. A l'inverse, des choix du passé peu respectueux des réactions dans l'autre pays peuvent se révéler très dangereux pour les relations bilatérales.

Si nous distinguons ensuite les utilisations de l'histoire selon leur fonction, nous pouvons définir deux modèles principaux de recours au passé : un premier, qui tente de justifier le rapprochement entre les deux pays, en se fondant notamment sur le motif de réconciliation, et un second, qui tente de faire appel aux ressentiments et peurs historiques envers l'autre pays à des fins électorales, en acceptant consciemment ou par ignorance une dégradation des relations bilatérales. Les deux types d'usage du passé apparaissent tout au long de la période 1989-2005, mais leur fréquence respective varie selon les moments précis. Dans le cas des quatre moments analysés en profondeur, les deux types sont toujours présents en même temps. Ceci est dû à la pluralité des opinions politiques dans un système démocratique, mais il arrive qu'un seul acteur politique fasse, à un moment donné, des références au passé qui comportent des messages contradictoires.

---

[1] Cf. notre discussion du modèle de Valérie-Barbara Rosoux, p. 19.

[2] La formule est utilisée dans la déclaration commune de 2005, http://www.dbk.de/imperia/md/content/pressemitteilungen/2005-polen/gemeinsame_erkl_rung.pdf [9/7/2008]

La période entre 1989 et 1991 est un premier exemple dans ce contexte : pendant la visite d'Helmut Kohl en Pologne en novembre 1989, la messe commune à Krzyżowa montre le chemin de la réconciliation. Mais au même moment, Helmut Kohl hésite à confirmer définitivement la frontière Oder-Neiße à cause des sensibilités du lobby des expulsés. Le chancelier allemand accepte alors volontairement une détérioration des relations bilatérales. Le gouvernement polonais agit sous une forte pression parlementaire et publique dans cette affaire, et la question des dédommagements limite sa marge de manœuvre. Cette ambiguïté entre volonté de réconciliation et concessions aux ressentiments historiques d'une partie des populations persiste tout au long de la période 1989-1991 et elle explique la grande sensibilité du gouvernement Mazowiecki concernant la confirmation de la frontière Oder-Neiße.

Ensuite, les deux grands discours commémoratifs de 1994 et 1995 constituent des exemples réussis de la politique de réconciliation. Le passé difficile et douloureux sert alors comme motivation pour le rapprochement dans le présent : Roman Herzog et Władysław Bartoszewski expliquent que l'histoire ne devait plus diviser les deux pays, mais qu'il fallait tirer les leçons du passé. Les protestations en Pologne contre l'invitation du président allemand à la commémoration de l'insurrection de Varsovie montrent pourtant que certaines forces sociales et politiques ne partagent pas la vision du président polonais.

La « guerre des résolutions » de 1998 montre au contraire que des majorités parlementaires dans les deux pays acceptent une dégradation des relations bilatérales dans l'espoir de gains électoraux (ou, dans le cas de plusieurs groupes politiques à la Diète, par peur de pertes électorales). Néanmoins, la plupart des responsables politiques des deux côtés tentent de limiter les dégâts par la suite, en s'opposant aux demandes les plus radicales et par un renforcement du dialogue bilatéral.

Concernant la question des biens immobiliers enfin, le gouvernement allemand tarde à réagir aux peurs qu'une association allemande relativement marginale suscite en Pologne. Les responsables allemands hésitent à prendre des mesures décisives, ce qui semble effectivement difficile à cause de la situation juridique fort complexe. La droite polonaise instrumentalise la question et profite du fait que les députés polonais se montrent relativement indifférents aux relations polono-allemandes. Le gouvernement polonais s'oppose toutefois à la demande de la Diète de rouvrir les négociations sur les réparations de guerre, puisqu'il sait qu'un tel acte se révélerait particulièrement nuisible aux relations bilatérales.

De même, le débat sur le Centre contre les expulsions est marqué par deux tendances : en Allemagne, plusieurs forces sociales et politiques (notamment le BdV et la CDU/CSU) soutiennent ce projet, tout en sachant que cela aura des conséquences négatives sur les relations germano-polonaises. D'autres (notamment le gouvernement fédéral et le SPD) cherchent le compromis avec le côté polonais, mais ils ne sont pas non plus disposés à abandonner l'idée d'institutionnaliser la commémoration des expulsions pour le bien des relations bilatérales. En Pologne, l'opposition au projet est unanime. Les forces modérées cherchent néanmoins, dans un esprit de réconciliation, le dialogue et le compromis avec les responsables allemands. Mais la droite conservatrice instrumentalise la question sans égard pour les conséquences sur la coopération polono-allemande.

A tous les moments de la période 1989-2005, il est frappant de voir comment des groupes d'intérêts a priori relativement peu puissants peuvent durablement détériorer les relations bilatérales. Ceci vaut notamment pour le BdV : grâce à l'écho qu'elle trouve en Pologne, l'association des expulsés allemands est un acteur important des relations bilatérales. La personnalité d'Erika Steinbach, présidente de l'organisation depuis 1998, joue un rôle particulier dans ce contexte, puisqu'elle est, à tort, considérée comme une femme politique très influente par beaucoup de Polonais. C'est avant tout l'instrumentalisation de ses positions par la droite nationaliste en Pologne qui renforce la position de la présidente du BdV. L'importance de la *Preußische Treuhand* s'explique par un phénomène similaire : c'est en raison des réactions polonaises à son activité qu'elle peut exercer une certaine influence sur le gouvernement allemand. Dans les deux cas, les médias jouent un rôle majeur. Erika Steinbach et sa proposition de créer un Centre contre les expulsions profitent d'un important écho médiatique en Allemagne et en Pologne. De même, la *Preußische Treuhand* n'aurait jamais provoqué des conséquences politiques majeures si les médias polonais n'avaient pas consacré une attention démesurée à cette association.

Il reste néanmoins des questions concernant la perception des usages du passé par les populations, telles que : quelle importance les utilisations de l'histoire ont-elles pour les relations quotidiennes et transnationales entre Polonais et Allemands ? Jouent-elles un rôle dans les décisions de vote des citoyens ? Comme nous nous sommes concentrés sur les usages du passé faits par les responsables politiques dans nos recherches, nos réponses à ces questions doivent rester plutôt indicatives. De plus, il est plus difficile méthodologiquement d'analyser avec certitude les effets des recours au passé au niveau de la population. Il est en effet frappant de voir que les sondages et les estimations des experts sur les attitudes des populations se contredisent souvent dans le cas polono-allemand.

Néanmoins, il est sûr que les usages du passé rencontrent un écho nettement moins important en Allemagne qu'en Pologne pendant toute la période analysée. La majorité des Allemands ne s'intéresse qu'à des moments précis à la Pologne et au passé germano-polonais. La situation en Pologne est différente, puisque l'Allemagne et notamment les questions historiques des relations polono-allemandes jouent toujours un rôle important. Ainsi, l'utilisation de l'histoire à des fins de réconciliation entre 1989 et 1995 contribue effectivement au changement de la perception polonaise de l'Allemagne, même si elle n'est qu'un des facteurs explicatifs. En revanche, les médias et les responsables politiques polonais semblent surévaluer l'importance de la proposition de créer un Centre contre les expulsions et le danger des revendications de la *Preußische Treuhand*. Ces deux questions liées au passé, dont on dit souvent qu'elles dominent les relations bilatérales depuis 2002, ne sont qu'un aspect de la relation polono-allemande. Il faut en effet souligner que les contacts entre les deux sociétés se développent de manière très favorable au cours des années 2000, malgré les débats parfois acharnés sur les questions historiques. L'intensité des échanges humains et économiques ne cesse d'accroître, notamment dans le contexte de l'élargissement de l'UE.[1] De même, la coopération transfrontalière se développe

[1] A titre d'exemple, citons le nombre de jeunes qui participent aux programmes d'échange financés par l'Office germano-polonais de la jeunesse : ils sont 46 400 en 1993, 94 031 en

de manière favorable. Vers le milieu des années 2000, les relations entre les deux sociétés, et notamment entre les acteurs de la société civile, sont en effet d'une qualité nettement meilleure que les relations politiques.[1]

Toutefois, il nous semble que les usages du passé à des fins de politique intérieure et au détriment des relations bilatérales ont des conséquences plus importantes pour les relations politiques que les usages à des fins de réconciliation. Car les premiers peuvent créer des problèmes politiques très concrets, tandis que les seconds restent toujours au niveau rhétorique. La demande sociale pour un Centre contre les expulsions ou l'écho de l'opinion publique aux revendications de la *Preußische Treuhand* obligent les responsables politiques à réagir, même si uniquement une minorité de la population se sent concernée par ces questions. Mais tant que les hommes politiques ne trouvent pas de réponses satisfaisantes à ces questions, les activités de quelques groupes d'intérêt peuvent considérablement nuire aux relations bilatérales. Ceci est particulièrement vrai dans le cas de la *Preußische Treuhand*, puisque les activités de ce groupe marginal et le manque de clarté de la situation juridique sont fortement instrumentalisés par la droite nationaliste en Pologne.

Sur l'ensemble de la période 1989-2005, l'importance politique des questions historiques connaît deux tendances. Elles jouent un rôle considérable en 1989, mais leur importance diminue fortement par la suite. Au milieu des années 1990, les problèmes liés au passé ne jouent quasiment aucun rôle politique. Néanmoins, les questions historiques deviennent de nouveau plus importantes par la suite, pour jouer un rôle majeur dans les relations politiques à partir de 2002. Ce n'est qu'en 2007 que leur importance commence de nouveau à diminuer.[2]

1997, 129 602 en 2001 et 164 258 en 2005. Chiffres selon http://www.dpjw.org/html/modules.php?name=DpjwStatistics [6/8/2008]

De même, le volume des échanges commerciaux bilatéraux ne cesse d'augmenter : il est de 7 milliards d'euros en 1990, 21 milliards d'euros en 1998, 29 milliards d'euros en 2001, 39 milliards d'euros en 2005 et 60 milliards d'euros en 2007. Chiffres selon Romiszewska. Wirtschaft... op. cit. p. 123 et Bundesagentur für Außenwirtschaft. Wirtschaftsdaten kompakt Polen. Mai 2008. https://www.bfai.de/ext/anlagen/MktAnlage_5799.pdf [7/8/2008]

[1] Dieter Bingen. Die deutsch-polnischen Beziehungen nach 1945. *Aus Politik und Zeitgeschichte*, 31 janvier 2005, n° 5-6, p. 17.

[2] Thomas Serrier confirme cette interprétation : Serrier. Allemagne-Pologne... op. cit. p. 21-22.

Il nous semble enfin important de placer les usages politiques du passé dans le contexte plus large de l'ensemble des relations germano-polonaises, qui a, selon nous, une influence primordiale sur les usages du passé. En effet, on ne peut pas comprendre les évolutions des usages du passé ainsi que l'évolution de leur importance politique, si on ne tient pas compte des évolutions du contexte politique plus global. Car ce sont en premier lieu les conditions du présent qui décident de la façon dont les responsables politiques font référence au passé : la plupart des acteurs politiques sont conscients du fait que leurs usages du passé peuvent influencer d'autres domaines de la coopération politique. Or, ceci n'a pas les mêmes conséquences pour les hommes politiques allemands et polonais. Au début et au milieu des années 1990, quand la Pologne se trouve dans une position de demandeur vis-à-vis de l'Allemagne, les responsables polonais sont en quelque sorte contraints à un discours de réconciliation. Afin de réaliser leur plus important objectif en politique étrangère, l'adhésion à l'UE et à l'OTAN, ils doivent se rapprocher de l'Allemagne. Ainsi, la raison d'Etat exige la réconciliation. Ce point ne vise pas à relativiser l'engagement personnel et de longue date de plusieurs responsables polonais en faveur de la réconciliation polono-allemande ; ceux-ci sont plutôt obligés de réaliser une politique qui leur tenait à cœur en tout cas.

Côté allemand, les hommes politiques comprennent que l'adhésion polonaise à l'OTAN et à l'UE, et donc le rapprochement germano-polonais, sont dans l'intérêt allemand. Mais ils savent aussi que l'Allemagne est de loin le pays le plus fort des deux : grâce à cette asymétrie en leur faveur, les responsables allemands ne sont pas obligés d'éviter des usages du passé qui pourraient nuire aux relations bilatérales. Ainsi, ils font des concessions – largement rhétoriques – aux expulsés allemands, même si ces concessions se fondent sur une lecture du passé qui n'est pas partagée par les Polonais (ceci concerne par exemple la question des biens immobiliers). Néanmoins, leur volonté de rapprochement est réelle et elle se traduit par leur engagement pour la réconciliation germano-polonaise. En fin de compte, ce sont les hommes politiques allemands qui décident des conditions concrètes de la réconciliation politique entre Polonais et Allemands.

Au cours des années 1990, l'idée de la communauté d'intérêts constitue le paradigme dominant des relations germano-polonaises, puisque l'objectif de l'adhésion polonaise à l'UE se trouve au centre de la coopération bilatérale. Dans ce contexte, l'Allemagne soutient de manière efficace les aspirations polonaises. Conscients des bénéfices de leur coopération, les responsables politiques des deux pays tentent de la renforcer par des usages du passé qui servent l'objectif de la réconciliation (cf. les discours de Herzog 1994 et de Bartoszewski 1995). Mais au fur et à mesure que la communauté d'intérêts porte ses fruits, elle perd aussi de son importance. En fin de compte, et si paradoxal que cela puisse paraître au premier abord, la relation polono-allemande est la victime de ses propres succès, puisque les intérêts des deux pays en tant que membres de l'UE et de l'OTAN sont relativement opposés. Notamment dans le cas de la Pologne, la réussite du « retour en Europe » permet en quelque sorte le retour des usages du passé à des fins intérieures et susceptibles de nuire aux relations bilatérales : une dégradation des relations avec l'Allemagne ne met plus en danger la raison d'Etat, puisque la Pologne ne dépend plus de son « avocat » allemand. Néanmoins, il faut souligner que les responsables politiques polonais réagissent surtout à des tendances en Allemagne quand ils affirment plus clairement leur vision du passé : au début des années 2000, ce ne sont pas eux qui allument le feu des querelles historiques. Au contraire, les problèmes bilatéraux liés au passé résultent des débats autour du Centre contre les expulsions et des activités de la *Preußische Treuhand*, et du désintérêt d'une grande partie de la classe politique allemande pour les réactions polonaises à ces questions. Par la suite, l'attitude de la plupart des hommes politiques polonais vis-à-vis de l'Allemagne et des relations polono-allemandes se caractérise par la méfiance ou l'indifférence. En critiquant de manière virulente les positions allemandes concernant le Centre contre les expulsions et la *Preußische Treuhand*, ils accordent une importance politique démesurée à ces questions.

Il semble alors que la réussite de la coopération polono-allemande ne soit plus une priorité pour les décideurs politiques polonais à partir de 1998 environ. Ainsi, ils sont toujours plus nombreux à prendre le risque de nuire aux relations bilatérales par des usages du passé qui ne sont pas acceptés par les Allemands. Les responsables allemands en revanche ne sont pas conscients du fait qu'il ne suffit plus de parler d'un partenariat d'égal à égal à ce moment, mais qu'il faudrait le réaliser par des actes politiques concrets. En ce qui concerne les usages du passé, les hommes politiques allemands ne prêtent pas suffisamment d'attention à la vision polonaise de l'histoire commune. Ainsi, ils offusquent le voisin par leurs usages du passé et leur politique mémorielle – parfois sans s'en rendre compte.

En fin de compte, le fait que les questions historiques constituent de nouveau un problème des relations germano-polonaises reflète surtout les difficultés de trouver un nouveau modèle de la coopération bilatérale. Depuis le début des années 2000, les relations bilatérales sont en effet dans une phase de transition : le paradigme de la communauté d'intérêts des années 1990, qui a permis un rapprochement sans précédent dans l'histoire polono-allemande, n'est plus adapté à la nouvelle réalité des relations bilatérales. Les hommes politiques peinent néanmoins à trouver un nouveau paradigme. Ceci est dû à un manque d'engagement et de compétence, mais aussi à des « chocs extérieurs » qui compliquent les relations bilatérales à ce moment-là (notamment la guerre d'Irak et les négociations sur la constitution européenne). Ainsi, l'incapacité des responsables politiques à limiter les effets négatifs des questions historiques illustre les difficultés d'adapter le fonctionnement des relations bilatérales à la nouvelle situation, qui est marquée par la coopération quotidienne au sein de l'UE.

Malgré ces difficultés du début des années 2000, le bilan général des relations polono-allemandes depuis 1989 reste très positif, surtout quand on place les seize ans entre 1989 et 2005 dans le contexte des deux siècles précédents. Dans un laps de temps relativement court, les deux pays ont réussi à normaliser et à consolider leurs relations. Le cadre du rapprochement est défini par les traités de 1990 et 1991 ; sa durabilité est garantie par de multiples institutions de coopération bilatérale et de nombreux contacts économiques et humains. De plus, l'adhésion polonaise aux institutions européennes et transatlantiques ancre les deux pays dans une communauté de valeurs et d'objectifs politiques.

Néanmoins, les espoirs que le deux pays deviendraient des partenaires stratégiques dans l'UE et l'OTAN se sont révélés exagérés.[1] Ce constat est souligné par la crise des relations bilatérales en 2006-2007, quand la Pologne est gouvernée par des forces politiques plutôt hostiles à l'Allemagne. Pendant cette période, les responsables politiques polonais ont recours à des usages du passé qui nuisent profondément aux relations bilatérales, au point que le gouvernement polonais accepte un arrêt de la coopération sur d'autres dossiers. De même, la coopération à l'intérieur de l'UE est paralysée ; la politique de l'UE devient même la victime des instrumentalisations du passé polono-allemand.[2] Ainsi, la politique des frères Kaczyński et de leurs alliés marque une rupture dans la forme des usages du passé, puisque les responsables gouvernementaux utilisent désormais l'histoire de manière agressive en politique étrangère. Mais sur le fond, ces usages du passé ne sont pas nouveaux, puisque les frères Kaczyński critiquent notamment la façon dont l'Allemagne tente de gérer le passé de la Seconde Guerre mondiale : ils abordent fréquemment la question du Centre contre les expulsions et celle des biens immobiliers. Leurs propos sont la conséquence des échecs des années précédentes, quand les responsables politiques des deux côtés ne réussissent pas à limiter les conséquences politiques des questions historiques.

Soulignons finalement que c'est pour une multitude de raisons que les questions historiques redeviennent un problème politique au début des années 2000. Quelques unes de ces raisons ont des fondements anciens, d'autres sont dues à la conjoncture négative des relations bilatérales à ce moment-là. Il est indéniable dans ce contexte que la Seconde Guerre mondiale et ses conséquences constituent un lourd poids du passé pour les relations bilatérales. Mais c'est avant tout le choix du passé par les responsables politiques qui fait, soixante ans après la fin de la guerre, de ce passé de nouveau un problème dans les relations bilatérales. Ceci nous amène à conclure que c'est toujours le contexte politique du présent qui décide du rôle que le passé joue dans les relations germano-polonaises.

---

[1] Lang. Pragmatische... op. cit.

[2] FLO/DPA/AP/DDP. Kaczynski fordert Anrechnung von Millionen Kriegstoten in EU-Stimmenstreit. *Spiegel Online*, 21/6/2007. http://www.spiegel.de/politik/ausland/0,1518,489866,00.html [3/8/2008]

ABRÉVIATIONS

AWS – *Akcja Wyborcza Solidarność :* Action électorale Solidarité (alliance électorale polonaise relativement hétérogène, formée par une multitude de groupes politiques de droite, tous issus du syndicat d'opposition *Solidarność*)
BdV – *Bund der Vertriebenen :* Union des expulsés (association des réfugiés et expulsés allemands)
CDU/CSU – *Christlich Demokratische Union / Christlich-Soziale Union :* Union chrétienne-démocrate / Union chrétienne-sociale (partis politiques allemands, centre-droite ; la CDU agit dans tous les *Länder* allemands sauf la Bavière, où agit la CSU ; les deux partis forment un groupe parlementaire commun au Bundestag)
DM – *Deutsche Mark :* Mark allemand (monnaie de la République fédérale d'Allemagne jusqu'en 2002)
FDP – *Freie Demokratische Partei :* Parti libéral-démocrate (parti politique allemand, libéral)
KPN – *Konfederacja Polski Niepodległej :* Confédération de la Pologne indépendante (parti politique polonais, nationaliste)
LPR – *Liga Polskich Rodzin :* Ligue des familles polonaises (parti politique polonais, nationaliste / extrême-droite)
OTAN – Organisation du Traité de l'Atlantique Nord
PDS – *Partei des demokratischen Sozialismus :* Parti du socialisme démocratique (parti politique allemand, post-communiste / socialiste)
PiS – *Prawo i Sprawiedliwość :* Droit et justice (parti politique polonais, national-conservateur)
PO – *Platforma Obywatelska :* Plateforme civique (parti politique polonais, libéral-conservateur)
PSL – *Polskie Stronnictwo Ludowe :* Parti populaire polonais ou Parti des paysans polonais (parti politique polonais, centriste / agraire)
RDA – République démocratique allemande
RFA – République fédérale d'Allemagne
SLD – *Sojusz Lewicy Demokratycznej :* Alliance de la gauche démocratique (parti politique polonais, post-communiste / social-démocrate)
SPD – *Sozialdemokratische Partei Deutschlands :* Parti social-démocrate allemand (parti politique allemand, social-démocrate)
UE – Union européenne

UW – *Unia Wolności :* Union de la liberté (parti politique polonais, libéral)
ZChN – *Zjednoczenie Chrześcijańsko-Narodowe :* Union chrétienne-nationale (parti politique polonais, national-catholique)

INDEX

SOURCES PRIMAIRES

1. Sources écrites

1.1 Sources allemandes

1.1.1 Documents officiels et discours

De nombreux discours, documents officiels et traités sont accessibles sur internet. Les adresses internet des documents cités sont toujours indiquées dans les notes de bas de page, sauf pour les documents du Bundestag, tous accessibles sur http://www.bundestag.de ou http://dip.bundestag.de
De nombreux documents sur le processus de la réunification allemande se trouvent sur http://www.2plus4.de

Barcz, Jan, Frowein, Jochen A. *Gutachten zu Ansprüchen aus Deutschland gegen Polen in Zusammenhang mit dem 2. Weltkrieg (erstellt im Auftrag der Regierungen der Bundesrepublik Deutschland und der Republik Polen).* Warschau/Heidelberg, 2004. 40 p. http://www.mpil.de/shared/data/pdf/anspr_dt.pdf [8/6/2008]
Klein, Eckart. *Gutachten zur Rechtslage des im heutigen Polen entzogenen Privateigentums Deutscher (erstattet im Auftrag des Deutschen Bundestages).* Berlin, 2005. [non publié, mais largement commenté dans la presse et dans la littérature]

Parmi les recueils de documents publiés en forme de livre, nous avons notamment utilisé :
Küsters, Hanns-Jürgen, Hofmann, Daniel dir. *Deutsche Einheit. Sonderedition aus den Akten des Bundeskanzleramtes 1989/1990.* München: Oldenbourg, 1998. 1667 p.
Troebst, Stefan dir. *Vertreibungsdiskurs und europäische Erinnerungskultur: Deutsch-polnische Initiativen zur Institutionalisierung seit 2002. Eine Dokumentation.* Osnabrück: Fibre, 2006. 263 p.

1.1.2 Presse

Parmi les grands titres de la presse allemande, nous avons notamment consulté *Süddeutsche Zeitung, Frankfurter Allgemeine Zeitung, Die Zeit, Der Spiegel.*
De même, l'excellent magazine germano-polonais *Dialog*, dirigé par la *Deutsch-Polnische Gesellschaft Bundesverband e.V.*, http://www.dialogonline.org
Buras, Piotr, Majewski, Piotr M. dir. *Pamięć wypędzonych. Grass, Beneš i środkowoeuropejskie rozrachunki. [La mémoire des expulsés : Grass, Beneš et les règlements de compte centreeuropéens.]* Warszawa: Centrum Stosunków Międzynarodowych / Biblioteka Więzi, 2003. 350 p. [recueil d'articles de la presse allemande, tchèque et polonaise]

1.1.3 Mémoires

Fischer, Joschka. *Die rot-grünen Jahre. Deutsche Außenpolitik – vom Kosovo bis zum 11. September.* Köln: Kiepenheuer & Witsch, 2007. 443 p.

Genscher, Hans-Dietrich. *Erinnerungen.* Berlin: Siedler, 1995. 1086 p. Traduction anglaise : idem. *Rebuilding a House Divided: A Memoir by the Architect of Germany's Reunification.* New York: Broadway Books, 1998. 580 p.
Herzog, Roman. *Jahre der Politik: die Erinnerungen.* München: Siedler, 2007. 416 p.
Kohl, Helmut (avec Diekmann, Kai et Reuth, Ralf Georg). *Ich wollte Deutschlands Einheit.* Berlin: Propyläen, 1996. 488 p. Traduction française : idem. *Je voulais l'unité de l'Allemagne.* Paris : Fallois, 1997. 409 p.
Kohl, Helmut. *Erinnerungen 1982-1990.* München: Droemer, 2005. 1133 p.
Kohl, Helmut. *Erinnerungen 1990-1994.* München: Droemer, 2007. 783 p.
Schröder, Gerhard. *Entscheidungen. Mein Leben in der Politik.* Hamburg: Hoffmann und Campe, 2006. 543 p. Traduction française : idem. *Ma vie et la politique.* Paris : Odile Jacob, 2006. 410 p.
Teltschik, Horst. *329 Tage: Innenansichten der Einigung.* Berlin: Siedler, 1991. 380 p.
Weizsäcker, Richard von. *Vier Zeiten: Erinnerungen.* Berlin: Siedler, 1997. 479 p. Traduction française : idem. *De la République de Weimar à l'unification allemande : mémoires d'un président.* Monaco : Éditions du Rocher, 2000. 322 p.

1.2 Sources polonaises

1.2.1 Documents officiels et discours

De nombreux discours, documents officiels et traités sont accessibles sur internet. Les adresses internet des documents cités sont toujours indiquées dans les notes de bas de page, sauf pour les documents de la Diète, tous accessibles sur http://www.sejm.gov.pl

Barcz, Jan, Frowein, Jochen A. *Gutachten zu Ansprüchen aus Deutschland gegen Polen in Zusammenhang mit dem 2. Weltkrieg (erstellt im Auftrag der Regierungen der Bundesrepublik Deutschland und der Republik Polen).* Warschau/Heidelberg, 2004. 40 p. http://www.mpil.de/shared/data/pdf/anspr_dt.pdf [8/6/2008]
Parmi les recueils de documents publiés en forme de livre, nous avons notamment utilisé :
Barcz, Jan dir. *Polska – Niemcy: na drodze ku porozumieniu i pojednaniu. Zbiór dokumentów związanych z wizytą Kanclerza Federalnego RFN Helmuta Kohla w Polsce w dniach 9-14 listopada 1989 r. [Pologne – Allemagne : Sur le chemin vers l'entente et la réconciliation. Recueil de documents relatifs à la visite du chancelier fédéral de la RFA Helmut Kohl en Pologne du 9 au 14 novembre 1989.]* Poznań: Instytut Zachodni, 1990. 92 p.
Barcz, Jan dir. *Polska – Niemcy: dobre sąsiedztwo i przyjazna współpraca. [Pologne – Allemagne : bon voisinage et coopération amicale.]* Warszawa: Polski Instytut Spraw Międzynarodowych, 1992. 244 p. [recueil de documents concernant les traités polono-allemands]
Borodziej, Włodzimierz dir. *Polska wobec zjednoczenia Niemiec, 1989-1991. Dokumenty diplomatyczne. [La Pologne et la réunification allemande, 1989-1991. Documents diplomatiques.]* Warszawa: Scholar, 2006. 574 p.
Ludwig, Michael dir. *Polen und die deutsche Frage.* 2ème édition. Bonn: Forschungsinstitut der Deutschen Gesellschaft für Auswärtige Politik e.V. / Europa Union Verlag, 1991. 313 p. [Analyse et recueil de documents]

1.2.2 Presse

Parmi les grands titres de la presse polonaise, nous avons notamment consulté *Gazeta Wyborcza, Rzeczpospolita, Tygodnik Powszechny, Polityka.*

Bachmann, Klaus, Kranz, Jerzy dir. *Verlorene Heimat. Die Vertreibungsdebatte in Polen.* Bonn: Bouvier, 1998. 312 p. [recueil d'articles de la presse polonaise]

Buras, Piotr, Majewski, Piotr M. dir. *Pamięć wypędzonych: Grass, Beneš i środkowoeuropejskie rozrachunki. [La mémoire des expulsés : Grass, Beneš et les règlements de compte centreeuropéens.]* Warszawa: Centrum Stosunków Międzynarodowych / Biblioteka Więzi, 2003. 350 p. [recueil d'articles de la presse allemande, tchèque et polonaise]

Henning, Ruth dir. Die « Jedwabne-Debatte » in polnischen Zeitungen und Zeitschriften. *Transodra,* 2001, n° 21. http://www.dpg-brandenburg.de/text/nr23.htm [26/7/2008] [recueil d'articles de la presse polonaise]

1.2.3 Mémoires

Bartoszewski, Władysław. *Es lohnt sich, anständig zu sein: meine Erinnerungen.* Freiburg im Breisgau: Herder, 1995. 146 p.

Bartoszewski, Władysław. *Und reiß uns den Hass aus der Seele.* Warschau: Deutsch-Polnischer Verlag, 2005. 257 p.

Bartoszewski, Władysław (interviewé par Komar, Michał). *...mimo wszystko. wywiadu rzeki księga druga. [...malgré tout. Deuxième livre de l'interview du fleuve.]* Warszawa: Świat Książki, 2008. 272 p.

2. Entretiens

Nous avons pu réaliser, notamment au cours d'un voyage de recherche en février 2008, une vingtaine d'entretiens avec des diplomates, députés, universitaires, experts et journalistes – (anciens) acteurs et observateurs des relations germano-polonaises.

Bafoil, François. Professeur des universités en sociologie. Paris, 14 juin 2007.

Barcz, Jan. Professeur des universités en droit international, ancien diplomate polonais. Varsovie, 22 février 2008.

Bauch, Johannes. Ministre plénipotentiaire (1986-1991), puis ambassadeur d'Allemagne en Pologne (1993-1999). Berlin, 13 février 2008.

Bazin, Anne. Maître de conférences en sciences politiques. Paris, 14 avril 2008.

Borodziej, Włodzimierz. Professeur des universités en histoire. Varsovie, 29 février 2008.

Buras, Piotr. Chercheur au *Centrum Stosunków Międzynarodowych* à Varsovie et à la *Stiftung Wissenschaft und Politik* à Berlin. Berlin, 8 février 2008.

Byrt, Andrzej. Ambassadeur de Pologne en Allemagne (1995-2001 et 2003-2006), vice-ministre des Affaires étrangères (2001-2003). Poznań, 21 février 2008.

Czachur, Waldemar. Chercheur au *Centrum Stosunków Międzynarodowych* à Varsovie. Varsovie, 19 février 2008.

Hartmann, Frank. Directeur adjoint du service E08 (Pologne, Europe centrale, Benelux) au ministère allemand des Affaires étrangères. Berlin, 14 février 2008.

Heldt Thomas. Responsable pour le programme Pologne chez *Aktion Sühnezeichen Friedensdienste*. Berlin, 8 février 2008.

Kranz, Jerzy. Professeur des universités en droit international, ancien diplomate polonais, ambassadeur de Pologne en Allemagne (2001-2002). Varsovie, 20 février 2008.

Lautenbach, Robin. Correspondant de l'ARD (télévision allemande) à Varsovie. Varsovie, 27 février 2008.

Mildenberger, Markus. Ancien chercheur à la *Deutsche Gesellschaft für Auswärtige Politik* à Berlin. Réponses par e-mail, e-mail reçu le 26 février 2008.

Mink, Georges. Professeur des universités en sociologie. Paris, 22 janvier 2008.

Reiter, Janusz. Ambassadeur de Pologne en Allemagne (1990-1995), fondateur et directeur du *Centrum Stosunków Międzynarodowych* à Varsovie (1996-2003). Varsovie, 26 février 2008.

Schirmbeck, Georg. Député au Bundestag, vice-président du groupe d'amitié germano-polonais. Berlin, 12 février 2008.

Schulz, Eberhard. Professeur émérite des universités en histoire, fondateur du programme « Europe de l'Est » à la *Deutsche Gesellschaft für Auswärtige Politik* à Berlin. Poznań, 21 février 2008.

Schwall-Düren, Angelica. Députée au Bundestag, présidente de la *Deutsch-Polnische Gesellschaft Bundesverband*. Berlin, 13 février 2008.

Tomala, Mieczysław. Ancien chercheur au *Polski Instytut Spraw Międzynarodowych* à Varsovie, rédacteur en chef des *Zeszyty Niemcoznawcze*. Varsovie, 22 février 2008.

Wieliński, Bartosz. Correspondant de *Gazeta Wyborcza* à Berlin. Berlin, 7 février 2008.

Wolff-Powęska, Anna. Professeur des universités en sciences politiques, directrice de l'*Instytut Zachodni* à Poznań (1990-2004). Poznań, 21 février 2008.

Ziemer, Klaus. Directeur du *Deutsches Historisches Institut* à Varsovie (1998-2008), professeur des universités en sciences politiques. Varsovie, 25 février 2008.

BIBLIOGRAPHIE

Les titres de la bibliographie sont classés de la manière suivante :

1. Les relations germano-polonaises
1.1 Aspects généraux des relations polono-allemandes depuis 1989
1.2 Travaux historiques sur les relations germano-polonaises avant 1989
1.3 La mémiore et la politique historique dans les relations polono-allemandes
1.4 Les dédomamgements et réparations, problèmes des relations germano-polonaises
2. L'Allemagne : politique étrangère, histoire contemporaine, mémoire collective et politique mémorielle
3. La Pologne : politique étrangère, histoire contemporaine, mémoire collective et politique mémorielle
4. L'histoire et la mémoire : aspects généraux

A l'intérieur de chaque partie, les titres sont classés selon leur nature : monographies, contributions dans des ouvrages collectifs, articles de périodiques et « discussion papers » publiés en ligne. De manière générale, nous avons préféré les traductions en allemand, anglais ou français des textes polonais, si des traductions existent.

1. Les relations germano-polonaises

1.1 Aspects généraux des relations polono-allemandes depuis 1989

1.1.1 Monographies

Barcz, Jan. *Udzial Polski w konferencji « 2+4 ». Aspekty prawne i procedurelne.* [*La participation de la Pologne à la conférence « 2+4 ». Aspects juridiques et procéduraux.*] Warszawa: Polski Instytut Spraw Międzynarodowych, 1994. 196 p.

Bartoszewicz, Iwona. *Formen der Persuasion im deutsch-polnischen politischen Dialog. Untersuchungen zu politischen Reden zwischen 1989 und 1995.* Wrocław: Wydawnictwo Uniwersytetu Wrocławskiego, 2000. 358 p.

Bingen, Dieter. *Die Polenpolitik der Bonner Republik von Adenauer bis Kohl 1949-1991.* Baden-Baden: Nomos, 1998. 379 p.

Bingen, Dieter, Wec, Janusz Józef. *Die Deutschlandpolitik Polens 1945-1991. Von der Status-quo-Orientierung bis zum Paradigmenwechsel.* Kraków: Uniwersytet Jagielloński, 1993. 197 p.

Bingen, Dieter, Malinowski, Krzysztof dir. *Polacy i Niemcy na drodze do partnerskiego sąsiedztwa. Próba bilansu dziesięciolecia 1989-1998.* [*Polonais et Allemands sur le chemin vers le voisinage entre partenaires. Essai de bilan de la décennie 1989-1998.*] Poznań: Instytut Zachodni, 2000. 564 p.

Bingen, Dieter, Malinowski, Krzysztof dir. *Deutsche und Polen auf dem Weg zu einer partnerschaftlichen Nachbarschaft 1989-1998: Versuch einer Bilanz. Konferenzmaterialien.* Köln: Bundesinstitut für ostwissenschaftliche und internationale Studien, 1999. 62 p.

Cordell, Karl, Wolff, Stefan. *Germany's Foreign Policy Towards Poland and the Czech Republic: Ostpolitik Revisited*. London: Routledge, 2005. 183 p.

Eberwein, Wolf-Dieter, Ecker-Erhardt, Matthias. *Deutschland und Polen - eine Werte- und Interessengemeinschaft? Die Eliten-Perspektive*. Opladen: Leske + Budrich, 2001. 213 p.

Eberwein, Wolf-Dieter, Kerski, Basil dir. *Deutsch-polnische Beziehungen zehn Jahre nach der Unterzeichnung des Nachbarschaftsvertrages: eine Werte- und Interessengemeinschaft?* Berlin: Wissenschaftszentrum Berlin für Sozialforschung, 2001. 60 p. http://skylla.wzb.eu/pdf/2001/p01-305.pdf [9/7/2008]

Eberwein, Wolf-Dieter, Kerski, Basil dir. *Die deutsch-polnischen Beziehungen 1949-2000: eine Werte- und Interessengemeinschaft?* Opladen: Leske + Budrich, 2001. 219 p.

Eberwein, Wolf-Dieter, Kerski, Basil dir. *Stosunki polsko-niemieckie 1949-2005: wspólnota wartości i interesów? [Les relations polono-allemandes 1949-2005: communauté de valeurs et d'intérêts ?]* Olsztyn: Borussia, 2005. 292 p.

Fałkowski, Mateusz, Popko, Agnieszka. *Polacy i Niemcy. Wzajemny wizerunek po rozszerzeniu Unii Europejskiej. [Polonais et Allemands. Perception réciproque après l'élargissement de l'Union européenne.]* Warszawa: Instytut Spraw Publicznych, 2006. 100 p.

Goll, Thomas, Leuerer, Thomas dir. *Polen und Deutschland nach der EU-Osterweiterung. Eine schwierige Nachbarschaft*. Baden-Baden: Nomos, 2005. 127 p.

Góralski, Witold M. dir. *Poland – Germany 1945-2007. From Confrontation to Cooperation and Partnership in Europe*. Warszawa: Polski Instytut Spraw Międzynarodowych, 2007. 405 p.

Hajnicz, Artur. *Polens Wende und Deutschlands Vereinigung*. Paderborn: Schöningh, 1995. 224 p.

Holesch, Adam. *Verpasster Neuanfang? Deutschland, Polen und die EU*. Bonn: Bouvier, 2007. 182 p.

Holzer, Jerzy, Fiszer, Józef. *Rola Niemiec w procesie integracji Polski z Europą. [Le rôle de l'Allemagne dans le processus de l'intégration de la Pologne avec l'Europe.]* Warszawa: Instytut Studiów Politycznych Polskiej Akademii Nauk, 2001. 344 p.

Krzemiński, Adam. *Deutsch-polnische Verspiegelung: Essays*. Wien: Holzhausen, 2001. 284 p.

Kühnhardt, Ludger, Ménudier, Henri, Reiter, Janusz. *Das Weimarer Dreieck: Die französisch-deutsch-polnischen Beziehungen als Motor der Europäischen Integration*. Bonn: Zentrum für Europäische Integrationsforschung, 2000. 74 p. [édition trilingue] http://www.zei.de/download/zei_dp/dp_c72_kuehnhardt.pdf [12/6/2008]

Lang, Kai-Olaf. *Das Weimarer Dreieck: Ein neuer „Motor" für die größere EU?* Berlin: Stiftung Wissenschaft und Politik, 2004. SWP-Studie 21/2004. 24 p. http://www.swp-berlin.org/common/get_document.php?asset_id=1346 [12/6/2008]

Lawaty, Andreas, Orłowski, Hubert dir. *Deutsche und Polen. Geschichte-Kultur-Politik*. München: C.H. Beck, 2003. 631 p.

Ludwig, Michael dir. *Polen und die deutsche Frage*. 2ème édition. Bonn: Forschungsinstitut der Deutschen Gesellschaft für Auswärtige Politik e.V. / Europa Union Verlag, 1991. 313 p. [Analyse et recueil de documents]

Malinowski, Krzysztof, Mildenberger, Markus dir. *Trudny dialog: Polsko-niemiecka wspólnota interesów w zjednoczonej Europie. [Dialogue difficile : communauté d'intérêts polono-allemande dans une Europe réunifiée.]* Poznań: Instytut Zachodni, 2001. 183 p.

Malinowski, Krzysztof. *Polityka Republiki Federalnej Niemiec wobec Polski w latach*

1982-1991. [*La politique polonaise de la République fédérale d'Allemagne dans les années 1982-1991.*] Poznań: Instytut Zachodni, 1997. 371 p.

Malinowski, Krzysztof. *Nierówne partnerstwo: Polska-Niemcy w Europie (1989-2000).* [*Partenariat inégal : Pologne-Allemagne en Europe (1989-2000)*] Poznań: Instytut Zachodni, 2001. 58 p.

Ociepka, Beata. *Związek Wypędzonych w systemie politycznym RFN i jego wpływ na stosunki polsko-niemieckie 1982-1992.* [*L'Union des Expulsés dans le système politique de la RFA et son influence sur les relations polono-allemandes 1982-1992.*] Wrocław: Wydawnictwo Uniwersytetu Wrocławskiego, 1997. 329 p.

Pflüger, Friedbert, Lipscher, Winfried dir. *Feinde werden Freunde: Von den Schwierigkeiten der deutsch-polnischen Nachbarschaft.* Bonn: Bouvier, 1993. 455 p.

Ruchniewicz, Krzysztof. *Zögernde Annäherung. Studien zur Geschichte der deutsch-polnischen Beziehungen im 20. Jahrhundert.* Dresden: Thelem, 2005. 337 p.

Tomala, Mieczysław dir. *Polska-Niemcy, dziś i jutro / Polen-Deutschland, heute und morgen.* Warszawa: Pagina, 2003. 308 p. [édition bilingue]

Tomala, Mieczysław. *Polen und die deutsche Wiedervereinigung.* Warszawa: Elipsa, 2004. 249 p.

Urban, Thomas. *Deutsche in Polen: Geschichte und Gegenwart einer Minderheit.* 4ème édition. München: C.H. Beck, 2000. 240 p.

Wolff-Powęska, Anna, Bingen, Dieter dir. *Nachbarn auf Distanz: Polen und Deutsche 1998-2004.* Wiesbaden: Harrassowitz, 2005. 496 p.

Zaborowski, Marcin. *Germany, Poland and Europe: Conflict, Cooperation and Europeanization.* Manchester: Manchester University Press, 2004. 198 p.

Zelikow, Philip D., Rice, Condoleezza. *Germany Unified and Europe Transformed: A Study in Statecraft.* Cambridge, Mass.: Harvard University Press, 1995. 493 p.

1.1.2 Contributions dans des ouvrages collectifs

Barcz, Jan. The Legal Bases of Poland's Relations with United Germany. In Góralski, Witold M. dir. *Poland – Germany 1945-2007. From Confrontation to Cooperation and Partnership in Europe.* Warszawa: Polski Instytut Spraw Międzynarodowych, 2007. p. 115-159.

Bingen, Dieter. Les relations germano-polonaises : bilan et perspectives. In Demesmay, Claire, Stark, Hans dir. *Radioscopies de l'Allemagne 2005.* Paris : Ifri, 2005. p. 169-185.

Bingen, Dieter. La question allemande en Pologne depuis 1945. In Bafoil, François dir. *La Pologne.* Paris : Fayard/CERI, 2007. p. 477-496.

Borodziej, Włodzimierz. Wstęp. [Introduction.] In Borodziej, Włodzimierz dir. *Polska wobec zjednoczenia Niemiec, 1989-1991. Dokumenty dyplomatyczne.* [*La Pologne et l'unification de l'Allemagne, 1989-1991. Documents diplomatiques.*] Warszawa: Scholar, 2006. p. 7-43.

Garsztecki, Stefan. Obraz Polaków w Niemczech: stare i nowe stereotypy. [L'image des Polonais en Allemagne : anciens et nouveaux stéréotypes.] In Bingen, Dieter, Malinowski, Krzysztof dir. *Polacy i Niemcy na drodze do partnerskiego sąsiedztwa. Próba bilansu dziesięciolecia 1989-1998.* [*Polonais et Allemands sur le chemin vers le voisinage entre partenaires. Essai de bilan de la décennie 1989-1998.*] Poznań: Instytut Zachodni, 2000. p. 48-64.

Góralski, Witold M. The Polish-German Community of Interests. Origins – Achievements – Threats. In Góralski, Witold M. dir. *Poland – Germany 1945-2007.*

From Confrontation to Cooperation and Partnership in Europe. Warszawa: Polski Instytut Spraw Międzynarodowych, 2007. p. 309-354.

Koszel, Bogdan. Polish-German Relations and European Security. In Góralski, Witold M. dir. *Poland – Germany 1945-2007. From Confrontation to Cooperation and Partnership in Europe.* Warszawa: Polski Instytut Spraw Międzynarodowych, 2007. p. 217-270.

Koszel, Bogdan. Deutschland – Polen – Europäische Union: Gemeinsame Interessen und Widersprüche. Polnische Erwartungen und deutsche Aktivitäten (1989-1998). In Wolff-Powęska, Anna, Bingen, Dieter dir. *Nachbarn auf Distanz: Polen und Deutsche 1998-2004.* Wiesbaden: Harrassowitz, 2005. p. 21-58.

Mildenberger, Markus. Die deutsch-polnischen Beziehungen nach 1990: Eine Werte- und Interessengemeinschaft? In Eberwein, Wolf-Dieter, Kerski, Basil dir. *Deutsch-polnische Beziehungen zehn Jahre nach der Unterzeichnung des Nachbarschaftsvertrages: eine Werte- und Interessengemeinschaft?* Berlin: Wissenschaftszentrum Berlin für Sozialforschung, 2001. p. 28-34.

Pflüger, Friedbert. Polen – unser Frankreich im Osten. In Schäuble, Wolfgang, Seiters, Rudolf dir. *Außenpolitik im 21. Jahrhundert: die Thesen der jungen Außenpolitiker.* Bonn: Bouvier, 1996. p. 183-192.

Romiszewska, Ilona. Wirtschaft – eine Bilanz von Gewinnen und Verlusten. In Wolff-Powęska, Anna, Bingen, Dieter dir. *Nachbarn auf Distanz: Polen und Deutsche 1998-2004.* Wiesbaden: Harrassowitz, 2005. p. 120-143.

Stadtmüller, Elżbieta. Die Deutschen und die europäische Integration in der Sicht der polnischen Politik und Öffentlichkeit. In Wolff-Powęska, Anna, Bingen, Dieter dir. *Nachbarn auf Distanz: Polen und Deutsche 1998-2004.* Wiesbaden: Harrassowitz, 2005. p. 59-94.

Truszczyński, Jan. Polish-German Relations and European Integration. In Góralski, Witold M. dir. *Poland – Germany 1945-2007. From Confrontation to Cooperation and Partnership in Europe.* Warszawa: Polski Instytut Spraw Międzynarodowych, 2007. p. 271-308.

Wolff-Powęska, Anna. Ideelle und politische Voraussetzungen der Entwicklung der deutsch-polnischen Beziehungen. In Wolff-Powęska, Anna, Bingen, Dieter dir. *Nachbarn auf Distanz: Polen und Deutsche 1998-2004.* Wiesbaden: Harrassowitz, 2005. p. 3-20.

Wolff-Powęska, Anna. Alte und neue Flecken auf dem Bild des Nachbarn in der deutschen Politik. In Bingen, Dieter, Loew, Peter O., Wóycicki, Kazimierz dir. *Die Destruktion des Dialogs. Zur innenpolitischen Instrumentalisierung negativer Fremd- und Feindbilder. Polen, Tschechien, Deutschland und die Niederlande im Vergleich, 1900 bis heute.* Wiesbaden: Harrassowitz, 2007. p. 231-246.

Wolff-Powęska, Anna. Polish Raison d'État and the Process of Normalizing Relations with Germany in Conditions of Freedom and Democracy. In Góralski, Witold M. dir. *Poland – Germany 1945-2007. From Confrontation to Cooperation and Partnership in Europe.* Warszawa: Polski Instytut Spraw Międzynarodowych, 2007. p. 161-215.

1.1.3 Articles de périodiques et *discussion papers* publiés en ligne

Albinski, Piotr. Deutschland, die Europäische Union und der Beitritt Polens. *Osteuropa,* avril 2000, vol. 50, n° 4, p. 382-392.

Bachmann, Klaus. Von der Euphorie zum Mißtrauen. Deutsch-polnische

Beziehungen nach der Wende. *Osteuropa,* août 2000, vol. 50, n° 8, p. 853-871.
Bachmann, Klaus. Das Ende der Interessengemeinschaft? *Reports and Analyses,* Centrum Stosunków Międzynarodowych, 2003, n° 15, 25 p. http://www.csm.org.pl/images/rte/File/Raporty%20i%20publikacje/Raporty%20i%20analizy/2003/rap_i_an_1503.pdf [17/7/2008]
Bartoszewski, Władysław. Angst vor der Großmacht? Deutschland und Polen nach dem Umbruch. *Internationale Politik,* septembre 2000, vol. 55, n° 9, p. 9-14.
Bingen, Dieter. Die deutsch-polnischen Beziehungen nach 1945. *Aus Politik und Zeitgeschichte,* 31 janvier 2005, n° 5-6, p. 9-17.
Bingen, Dieter. Helmut Kohls Polenpolitik. *Die politische Meinung,* décembre 1998, vol. 43, n° 349, p. 25-35.
Bingen, Dieter. La crise actuelle des relations germano-polonaises. *Allemagne d'aujourd'hui,* octobre-décembre 2007, n° 182, p. 38-46.
Borodziej, Włodzimierz et al. Skutki traktatu między Rzecząpospolitą Polską a Republiką Federalną Niemiec o dobrym sąsiedztwie i przyjaznej współpracy, z dnia 17 czerwca 1991 roku. [Les effets du traité entre la République de Pologne et la République fédérale d'Allemagne sur le bon voisinage et la coopération amicale, signé le 17 juin 1991.] *Polski Przegląd Dyplomatyczny,* 2001, vol. 1, n° 3, p. 9-142.
Bötsch, Wolfgang. Die deutsch-polnischen Beziehungen nach Unterzeichnung des Nachbarschaftsvertrages. *Politische Studien,* septembre/octobre 1991, vol. 42, n° 319, p. 469-477.
Buras, Piotr. Die IV. Republik und Deutschland: Eine Anatomie des Misstrauens. *Polen-Analysen,* 19 décembre 2006, n° 3, p. 2-6. http://www.laender-analysen.de/polen/pdf/PolenAnalysen03.pdf [12/6/2008]
Freudenstein, Roland. Deutschland und Polen am Beginn des 21. Jahrhunderts: Szenen einer Nachbarschaft. *Die politische Meinung,* décembre 2000, vol. 47, n° 397, p. 29-37.
Freudenstein, Roland, Tewes, Henning. Stimmungstief zwischen Deutschland und Polen: für eine Rückkehr zur Interessengemeinschaft. *Internationale Politik,* février 2000, vol. 55, n° 2, p. 49-56.
Hajnicz, Artur. Polsko-niemieckie traktaty: geneza i miejsce w historii. [Les traités polono-allemands : genèse et place dans l'histoire.] *Rocznik Polsko-Niemiecki,* 2000, vol. 9, p. 47-66.
Kerski, Basil. Zwischen Desinteresse und Misstrauen. Zur Krise in den deutsch-polnischen Beziehungen. *Internationale Politik,* avril 2004, vol. 59, n° 4, p. 31-40.
Kerski, Basil. Ein schwarzer Tag für Deutschland und Polen. *Internationale Politik,* octobre 2004, vol. 59, n° 10, p. 107-112.
Kerski, Basil. Brüchige Fundamente, neue Chancen: eine deutsch-polnische Standortbestimmung. *Internationale Politik,* janvier 2006, vol. 61, n° 1, p. 76-83.
Kranz, Jerzy. Oczekiwania i rzeczywistość: uwagi o współpracy polsko-niemieckiej. [Attentes et réalité : remarques sur la coopération polono-allemande.] *Raporty i Analizy,* Centrum Stosunków Międzynarodowych, 2003, n° 5, 40 p. http://www.csm.org.pl/images/rte/File/Raporty%20i%20publikacje/Raporty%20i%20analizy/2003/rap_i_an_0503.pdf [21/6/2008]
Kranz, Jerzy. Polska i Niemcy w Europie. [La Pologne et l'Allemagne en Europe.] *Sprawy Międzynarodowe,* 1998, vol. 51, n° 1, p. 5-28.
Lang, Kai-Olaf. Pragmatische Kooperation statt strategische Partnerschaft. Zu Stand und Perspektiven der deutsch-polnischen Beziehungen. *SWP-Aktuell,*

octobre 2004, n° 48, 8 p. http://www.swp-berlin.org/common/get_document.php?asset_id=1700 [12/6/2008]
Malinowski, Krzysztof. Traktat o dobrym sąsiedztwie i przyjaznej współpracy i reorientacja polskiej polityki zagranicznej. [Le traité sur le bon voisinage et la coopération amicale et la réorientation de la politique étrangère polonaise.] *Rocznik Polsko-Niemiecki,* 2000, vol. 9, p. 67-82.
Mechtenberg, Theo. Ist die deutsch-polnische Interessengemeinschaft am Ende? *Deutschland-Archiv,* 2004, vol. 37, n° 2, p. 206-214.
Mildenberger, Markus. Brücke oder Barriere? Die Rolle der Vertriebenen in den deutsch-polnischen Beziehungen. *weltpolitik.net,* 18 septembre 2000, http://www.weltpolitik.net/print/1498.html [12/7/2008]
Mink, Georges. Les relations germano-polonaises après l'élection du nouveau chancelier. *Géopolitique,* mars 1999, n° 65, p. 89-94.
Pięciak, Wojciech. Die polnisch-deutsche Krise: Gibt es einen Ausweg aus der Sackgasse? *OST-WEST. Europäische Perspektiven,* 2004, vol. 5, n° 4, p. 256-267.
Reiter, Janusz (interviewé par Reif, Adelbert). « Ohne eine normale Nachbarschaft von Polen und Deutschland gibt es keine europäische Einigung ». *Politische Studien,* septembre/octobre 1991, vol. 42, n° 319, p. 443-454.
Rupnik, Jacques, Bazin, Anne. Vorwärts zurück: Deutschland, Polen, Tschechien. *Osteuropa,* octobre 2006, vol. 56, n° 10, p. 41-50.
Serrier, Thomas. Allemagne-Pologne depuis 1945 : parcours de la reconnaissance. *Allemagne d'aujourd'hui,* octobre-décembre 2007, n° 182, p. 21-29.
Tomala, Mieczysław. Perspektywy stosunków polsko-niemieckich. [Perspectives des relations polono-allemandes.] *Polski Przegląd Dyplomatyczny,* 2001, vol. 1, n° 3, p. 143-160.
Tomala, Mieczysław. Wspólnota interesów polsko-niemieckich czy tylko własne interesy Polski i Niemiec? [Communauté d'intérêts polono-allemands ou juste intérêts propres de la Pologne et de l'Allemagne ?] *Rocznik Polsko-Niemiecki,* 2003, p. 9-33.
Urban, Thomas. Es hitlert sehr: das Deutschlandbild der polnischen Medien. *Osteuropa,* janvier 2007, vol. 57, n° 1, p. 57-71.
Wolff-Powęska, Anna. Gute Nachbarn – böse Nachbarn? Zur gegenseitigen Wahrnehmung von Polen, Deutschen und Tschechen. *WeltTrends,* automne 2003, vol. 11, n° 40, p. 111-126.
Zaborowski, Marcin. Power, Security and the Past: Polish-German Relations in the Context of EU and NATO Enlargements. *German Politics,* août 2002, vol. 11, n° 2, p. 165-188.
Ziemer, Klaus. Poland and Germany: What Past, What Future? *The Polish Quarterly of International Affairs,* 2005, vol. 14, n° 1, p. 50-68.

1.2 Travaux historiques sur les relations germano-polonaises avant 1989

1.2.1 Monographies

Borodziej, Włodzimierz, Lemberg, Hans dir. *« Unsere Heimat ist uns ein fremdes Land geworden... » Die Deutschen östlich von Oder und Neiße 1945-1950. Dokumente aus polnischen Archiven.* 4 tomes. Marburg: Herder-Institut, 2000-2004.
Borodziej, Włodzimierz, Hajnicz, Artur dir. *Kompleks wypędzenia.* [*Le complexe des*

expulsions.] Kraków: Znak, 1998. 506 p.
Borodziej, Włodzimierz, Ziemer, Klaus dir. *Deutsch-polnische Beziehungen 1939-1945-1949: Eine Einführung.* Osnabrück: Fibre, 2000. 348 p.
Kerski, Basil, Kotula, Andrzej, Wóycicki, Kazimierz dir. *Zwangsverordnete Freundschaft? Die Beziehungen zwischen der DDR und Polen 1949-1990.* Osnabrück: Fibre, 2003. 334 p.
Kerski, Basil, Kycia, Tomasz, Żurek, Robert. *« Wir vergeben und bitten um Vergebung ». Der Briefwechsel der polnischen und deutschen Bischöfe von 1965 und seine Wirkung.* Osnabrück: Fibre, 2006. 234 p.
Nitschke, Bernadetta. *Vertreibung und Aussiedlung der deutschen Bevölkerung aus Polen 1945 bis 1949.* München: Oldenbourg Verlag, 2004. 392 p.
Rogaczewska, Krystyna. *Niemcy w myśli politycznej opozycji w latach 1976-1989.* [*L'Allemagne dans la pensée politique de l'opposition dans les années 1976-1989.*] Wrocław: Wydawnictwo Uniwersytetu Wrocławskiego, 1998. 178 p.
Urban, Thomas. *Der Verlust: die Vertreibung der Deutschen und Polen im 20. Jahrhundert.* München: C.H. Beck, 2004. 223 p.
Wolffsohn, Michael, Brechenmacher, Thomas. *Denkmalsturz? Brandts Kniefall.* München: Olzog, 2005. 178 p.

1.2.2 Contributions dans des ouvrages collectifs

Borodziej, Włodzimierz. Wstęp. [Introduction.] In Borodziej, Włodzimierz dir. *Polska wobec zjednoczenia Niemiec, 1989-1991. Dokumenty dyplomatyczne.* [*La Pologne et l'unification de l'Allemagne, 1989-1991. Documents diplomatiques.*] Warszawa: Scholar, 2006. p. 7-43.
Borodziej, Włodzimierz. Flucht – Vertreibung – Zwangsumsiedlung. In Lawaty, Andreas, Orłowski, Hubert dir. *Deutsche und Polen. Geschichte-Kultur-Politik.* München: C.H. Beck, 2003. p. 88-95.
Esch, Michael G. Bevölkerungsverschiebungen und Bevölkerungspolitik 1939-1950. In Borodziej, Włodzimierz, Ziemer, Klaus dir. *Deutsch-polnische Beziehungen 1939-1945-1949: Eine Einführung.* Osnabrück: Fibre, 2000. p. 189-213.
Kersten, Krystyna. Das Jahrhundert der Übersiedler. In Bachmann, Klaus, Kranz, Jerzy dir. *Verlorene Heimat. Die Vertreibungsdebatte in Polen.* Bonn: Bouvier, 1998. p. 103-115.
Wojciechowski, Marian. Die deutsche Minderheit in Polen (1920-1939). In Jaworski, Rudolf, Wojciechowski, Marian dir. *Deutsche und Polen zwischen den Kriegen: Minderheitenstatus und « Volkstumskampf » im Grenzgebiet. Amtliche Berichterstattung aus beiden Ländern 1920-1939.* München: Saur, 1997. p. 1-26.

1.3 La mémiore et la politique historique dans les relations polono-allemandes

1.3.1 Monographies

Bingen, Dieter, Loew, Peter O., Wóycicki, Kazimierz dir. *Die Destruktion des Dialogs. Zur innenpolitischen Instrumentalisierung negativer Fremd- und Feindbilder. Polen, Tschechien, Deutschland und die Niederlande im Vergleich, 1900 bis heute.* Wiesbaden: Harrassowitz, 2007. 433 p.

Ensink, Titus, Sauer, Christoph dir. *The Art of Commemoration. Fifty Years After the Warsaw Uprising.* Amsterdam: John Benjamins, 2003. 245 p.
Hofmann, Anna, Kerski, Basil. *Deutsche und Polen: Erinnerung im Dialog.* Osnabrück: Fibre, 2007. 170 p.
Kerski, Basil, Owczarek, Zdzisław dir. *Ist gemeinsame Erinnerung möglich? Polen und Deutschland 60 Jahre nach der Potsdamer Konferenz.* Berlin: Polnisches Institut / Deutsch-Polnische Gesellschaft Bundesverband, 2005. 216 p. [édition bilingue allemand-polonais]
Kobylińska, Ewa, Lawaty, Andreas dir. *Erinnern, vergessen, verdrängen: Polnische und deutsche Erfahrungen.* Wiesbaden: Harrassowitz, 1998. 400 p.
Kranz, Jerzy. *Polen und Deutschland: Getrennte oder gemeinsame Wege der Geschichtsbewältigung? Juristisch-politische Bemerkungen aus polnischer Sicht.* Bonn: Friedrich-Ebert-Stiftung, 2005. 88 p.
Łada, Agnieszka. *Debata publiczna na temat powstania Centrum Przeciw Wypędzeniom w prasie polskiej i niemieckiej. [Le débat publique au sujet de l'établissement du Centre contre les Expulsions dans la presse polonaise et allemande.]* Wrocław: ATUT, 2006. 142 p.
Mazur, Zbigniew. *Centrum przeciwko Wypędzeniom (1999-2005). [Le Centre contre les Expulsions (1999-2005).]* Poznań: Instytut Zachodni, 2006. 355 p.
Piskorski, Jan M. *Vertreibung und deutsch-polnische Geschichte: Eine Streitschrift.* Osnabrück: Fibre, 2005. 180 p.
Troebst, Stefan dir. *Vertreibungsdiskurs und europäische Erinnerungskultur: Deutsch-polnische Initiativen zur Institutionalisierung seit 2002. Eine Dokumentation.* Osnabrück: Fibre, 2006. 263 p.

1.3.2 Contributions dans des ouvrages collectifs

Bachmann, Klaus. Zweierlei Asymmetrie. Deutschland – Polen und Deutschland – Tschechien. Aufarbeitung der Vergangenheit und die politischen Beziehungen. In Wolff-Powęska, Anna, Bingen, Dieter dir. *Nachbarn auf Distanz: Polen und Deutsche 1998-2004.* Wiesbaden: Harrassowitz, 2005. p. 197-215.
Bachmann, Klaus. O dwóch różnych paradygmatach. [Sur deux paradigmes différents.] In Kosiewski, Piotr dir. *Pamięć i polityka zagraniczna. [La mémoire et la politique étrangère.]* Warszawa: Fundacja im. Stefana Batorego, 2006. p. 29-34.
Bartoszewski, Władysław. Pamięć o totalitaryzmach. [La mémoire des totalitarismes.] In Kosiewski, Piotr dir. *Pamięć i polityka zagraniczna. [La mémoire et la politique étrangère.]* Warszawa: Fundacja im. Stefana Batorego, 2006. p. 25-28.
Borodziej, Włodzimierz. Erinnerung an den Zweiten Weltkrieg – 50 Jahre später. In Kobylińska, Ewa, Lawaty, Andreas dir. *Erinnern, vergessen, verdrängen: Polnische und deutsche Erfahrungen.* Wiesbaden: Harrassowitz, 1998. p. 66-77.
Cieślińska-Lobkowicz, Nawojka. Return of Cultural Property in Polish-German Relations of the Past Decade. In Czubek, Grażyna, Kosiewski, Piotr dir. *Displaced Cultural Assets.* Warszawa: Trio, 2004. p. 129-137.
Dakowska, Dorota. Le « Centre contre les Expulsions » : les enjeux d'un débat transnational. In Mink, Georges, Neumayer, Laure dir. *L'Europe et ses passés douloureux.* Paris : La Découverte, 2007. p. 128-139.
Ensink, Titus, Sauer, Christoph. The Search for Acceptable Perspectives: German President Roman Herzog Commemorates the Warsaw Uprising. In Ensink, Titus, Sauer, Christoph dir. *The Art of Commemoration. Fifty Years after the Warsaw Uprising.* Amsterdam: John Benjamins, 2003. p. 57-94.

Friedrich, Klaus-Peter. Erinnerungspolitische Legitimierungen des Opferstatus: Zur Instrumentalisierung fragwürdiger Opferzahlen in Geschichtsbildern vom Zweiten Weltkrieg in Polen und Deutschland. In Bingen, Dieter, Loew, Peter O., Wóycicki, Kazimierz dir. *Die Destruktion des Dialogs. Zur innenpolitischen Instrumentalisierung negativer Fremd- und Feindbilder. Polen, Tschechien, Deutschland und die Niederlande im Vergleich, 1900 bis heute.* Wiesbaden: Harrassowitz, 2007. p. 176-191.
Hirsch, Helga. Bewältigen oder Verdrängen? Der deutsche und der polnische Umgang mit der jüngsten Geschichte. In Kobylińska, Ewa, Lawaty, Andreas dir. *Erinnern, vergessen, verdrängen. Polnische und deutsche Erfahrungen.* Wiesbaden: Harrassowitz, 1998. p. 78–86.
Krzemiński, Adam. Der Kniefall. In François, Etienne, Schulze, Hagen dir. *Deutsche Erinnerungsorte.* tome 1. München: Beck, 2001. p. 638-653.
Pięciak, Wojciech. Historische Diskussionen und ihre Rolle in der kollektiven Erinnerung und in den deutsch-polnischen Beziehungen. In Wolff-Powęska, Anna, Bingen, Dieter dir. *Nachbarn auf Distanz: Polen und Deutsche 1998-2004.* Wiesbaden: Harrassowitz, 2005. p. 315-343.
Ruchniewicz, Krzysztof. Versöhnung – Normalisierung – Gute Nachbarschaft. In Lawaty, Andreas, Orłowski, Hubert dir. *Deutsche und Polen. Geschichte – Kultur – Politik.* München: C.H. Beck, 2003. p. 95-107.
Traba, Robert. Kontroversen um die polnischen und deutschen verlorenen Kulturgüter. In Wolff-Powęska, Anna, Bingen, Dieter dir. *Nachbarn auf Distanz: Polen und Deutsche 1998-2004.* Wiesbaden: Harrassowitz, 2005. p. 395-415.

1.3.3 Articles de périodiques et *discussion papers* publiés en ligne

Bazin, Anne. La réconciliation à travers l'écriture d'une histoire commune : l'exemple des commissions d'historiens germano-tchèque et germano-polonaise. *Revue d'études comparatives Est-Ouest,* mars 2000, vol. 31, n° 1, p. 33-65.
Dakowska, Dorota. Les relations germano-polonaises : les relectures du passé dans le contexte de l'adhésion à l'UE. *Pouvoirs,* 2006, n° 118, p. 127-138.
Holzer, Jerzy. La réconciliation germano-polonaise. *Revue d'études comparatives Est-Ouest,* mars 2000, vol. 31, n° 1, p. 67-80.
Kerski, Basil. Geschichte und Erinnerung in den aktuellen politischen Debatten zwischen Deutschen und Polen. *Ansichten: Jahrbuch des Deutschen Polen-Instituts Darmstadt,* 2003, vol. 14, p. 13-32.
Kranz, Jerzy. Polsko-niemieckie cienie przeszłości. [Les ombres polono-allemands du passé.] *Sprawy Międzynarodowe,* 2005, vol. 58 , n° 1, p. 5-47.
Krzemiński, Adam. Die schwierige deutsch-polnische Vergangenheitspolitik. *Aus Politik und Zeitgeschichte,* 29 septembre 2003, n° 40-41, p. 3-5.
Lelait, Florence. Les expulsés, éternelle pomme de discorde entre l'Allemagne et la Pologne ? *Allemagne d'aujourd'hui,* octobre-décembre 2007, n° 182, p. 30-37.
Lelait, Florence. Le Centre contre les expulsions : une controverse embarrassante. *Documents,* 2004, vol. 59, n° 3, p. 35-40.
Lipowicz, Irena. Das « Zentrum » führt auf einen Irrweg: Polen und Deutsche stehen an einer Wegkreuzung. *Internationale Politik,* février 2006, vol. 61, n° 2, p. 120-126.
Lutomski, Paweł. The Debate about a Center against Expulsions. An Unexpected Crisis in German-Polish Relations? *German Studies Review,* 2004, vol. 27, n° 3, p.

449-468.

Olschowsky, Burkhard. Die Gegenwart des Vergangenen. *Aus Politik und Zeitgeschichte,* 31 janvier 2005, vol. 55, n° 5-6, p. 27-32.

Piskorski, Jan M. Die vielen Gesichter der Geschichte. Erinnerung und Geschichtspolitik in Polen. *Blätter für deutsche und internationale Politik,* janvier 2008, vol. 53, n° 1, p. 83-94.

Steffen, Katrin. Deutsch-polnische Gedächtnisblockaden – Krise und Chance. *OST-WEST. Europäische Perspektiven,* 2004, vol. 5, n° 4, p. 268-279.

Troebst, Stefan. Wiederbelebung einer « Totgeburt »? Das Europäische Netzwerk Erinnerung und Solidarität. *Polen-Analysen,* 20 mai 2008, n° 33, p. 2-7. http://www.laender-analysen.de/polen/pdf/PolenAnalysen33.pdf [6/8/2008]

Urban, Thomas. Historische Belastungen der Integration Polens in die EU. *Aus Politik und Zeitgeschichte,* 31 janvier 2005, n° 5-6, p. 32-39.

Wolff, Stefan. The Politics of Homeland. Irredentism and Reconciliation in the External Minority Policies of German Federal Governments and Expellee Organisations. *German Politics,* août 2002, vol. 11, n° 2, p. 105-127.

Zaborowski, Marcin. Polens Westgrenze – zwischen rationaler Politik und historischer Erinnerung. *WeltTrends,* été 1999, vol. 7, n° 23, p. 158-173.

Zaborski, Marcin. Przeszłość w teraźniejszości. Niemieccy wypędzeni w polskich mediach. [Le passé dans le présent. Les expulsés allemands dans les médias polonais.] *Przegląd Zachodni,* 2007, vol. 63, n° 1, p. 199-215.

1.4 Les dédomamgements et réparations, problèmes des relations germano-polonaises

1.4.1 Monographies

Barcz, Jan, Jałowiecki, Bartosz, Kranz, Jerzy dir. *Między pamięcią a odpowiedzialnością. Rokowania w latach 1998-2000 w sprawie świadczeń za pracę przymusową. [Entre mémoire et responsabilité. Les négociations dans les années 1998-2000 dans l'affaire des allocations pour le travail forcé.]* Warszawa: Wydawnictwo Prawo i Praktyka Gospodarcza, 2004. 422 p. [analyse et recueil de documents]

Góralski, Witold M. dir. *Problem reparacji, odszkodowań i świadczeń w stosunkach polsko-niemieckich 1944-2004. [Le problème des réparations, dédommagements et allocations dans les relations polono-allemandes 1944-2004.]* Warszawa: Polski Instytut Spraw Międzynarodowych, 2004. tome 1 : études, 427 p.; tome 2 : documents, 621 p.

Góralski, Witold M. dir. *Transfer. Obywatelstwo. Majątek. Trudne problemy stosunków polsko-niemieckich. [Transfer. Citoyenneté. Propriété. Des problèmes difficiles des relations polono-allemandes.]* Warszawa: Polski Instytut Spraw Międzynarodowych, 2005. 551 p.

Hockerts, Hans Günter, Moisel, Claudia, Winstel, Tobias dir. *Grenzen der Wiedergutmachung. Die Entschädigung für NS-Verfolgte in West- und Osteuropa 1945-2000.* Göttingen: Wallstein, 2006. 876 p.

Irmscher, Tobias H., Sandorski, Jan. *Ansprüche? Die Eigentumsfrage in den deutsch-polnischen Beziehungen.* Potsdam: Universitäts-Verlag, 2007. 54 p.

Notarp, Ulrike. *Der polnische Parlamentsbeschluss zu Reparationsforderungen an Deutschland im Spiegel der deutschen Presse.* Wrocław: Wydawnictwo Uniwersytetu Wrocławskiego, 2005. 48 p. [édition bilingue allemand-polonais]

Spiliotis, Susanne-Sophia. *Verantwortung und Rechtsfrieden. Die Stiftungsinitiative der deutschen Wirtschaft*. Frankfurt am Main: Fischer, 2003. 314 p.

1.4.2 Contributions dans des ouvrages collectifs

Frankowska, Maria. Oświadczenie kanclerza Gerharda Schroedera złożone 1 sierpnia 2004 r. w Warszawie w świetle prawa międzynarodowego. [La déclaration du chancelier Gerhard Schröder faite le 1er août 2004 à Varsovie à la lumière du droit international.] In Góralski, Witold M. dir. *Transfer. Obywatelstwo. Majątek. Trudne problemy stosunków polsko-niemieckich. [Transfer. Citoyenneté. Propriété. Des problèmes difficiles des relations polono-allemandes.]* Warszawa: Polski Instytut Spraw Międzynarodowych, 2005. p. 201-227.

Góralski, Witold M. Znaczenie ekspertyzy Barcz-Frowein w sprawie roszczeń z Niemiec przeciwko Polsce w związku z II wojną światową dla stosunków polsko-niemieckich. [La signification de l'expertise Barcz-Frowein concernant les revendications [faites à l'intérieur] de l'Allemagne contre la Pologne dans le contexte de la Seconde Guerre mondiale pour les relations polono-allemandes.] In Góralski, Witold M. dir. *Transfer. Obywatelstwo. Majątek. Trudne problemy stosunków polsko-niemieckich. [Transfer. Citoyenneté. Propriété. Des problèmes difficiles des relations polono-allemandes.]* Warszawa: Polski Instytut Spraw Międzynarodowych, 2005. p. 229-279.

Irmscher, Tobias H. Deutsch-polnische Vermögensfragen. Eine deutsche Sicht. In Irmscher, Tobias H., Sandorski, Jan. *Ansprüche? Die Eigentumsfrage in den deutsch-polnischen Beziehungen*. Potsdam: Universitäts-Verlag, 2007. p. 5-30.

Ruchniewicz, Krzysztof. Deutschland und das Problem der Nachkriegsentschädigungen für Polen. In Hockerts, Hans Günter, Moisel, Claudia, Winstel, Tobias dir. *Grenzen der Wiedergutmachung. Die Entschädigung für NS-Verfolgte in West- und Osteuropa 1945-2000*. Göttingen: Wallstein, 2006. p. 667-739.

Sandorski, Jan. Polnisch-deutsche Vermögensfragen. Eine polnische Sicht. In Irmscher, Tobias H., Sandorski, Jan. *Ansprüche? Die Eigentumsfrage in den deutsch-polnischen Beziehungen*. Potsdam: Universitäts-Verlag, 2007. p. 33-54.

Sandorski, Jan. Zrzeczenie się w 1953 r. przez Polskę reparacji wobec Niemiec w świetle prawa międzynarodowego. [La renonciation en 1953 par la Pologne aux réparations de la part de l'Allemagne à la lumière du droit international.] In Góralski, Witold M. dir. *Problem reparacji, odszkodowań i świadczeń w stosunkach polsko-niemieckich 1944-2004. [Le problème des réparations, dédommagements et allocations dans les relations polono-allemandes 1944-2004.]* Warszawa: Polski Instytut Spraw Międzynarodowych, 2004. tome 1, p. 123-155.

1.4.3 Articles de périodiques et *discussion papers* publiés en ligne

Gabel, Markus. Allemagne – Pologne. Revendications des expulsés et réparations de guerre. *Le Courrier des pays de l'Est*, mai-juin 2005, n° 1049, p. 30-41.

Hess, Burkhard. Geschichte vor den Richter! Entschädigungsfragen im deutsch-polnischen Verhältnis. *DGAP-Analyse*, janvier 2005, n° 1, 13 p. http://www.dgap.org/midcom-serveattachmentguid-2d4ca5dcccc011da89fb8d4e2743af4daf4d/DGAP_Analyse_Hess.pdf [12/6/2008]

Kranz, Jerzy, Bachmann, Klaus. Die Nulloption scheint ein Faktum zu sein:

Bemerkungen zum deutsch-polnischen Reparationsstreit. *Reports&Analyses*, Centrum Stosunków Międzynarodowych, 2004, n° 11, 15 p. http://www.csm.org.pl/images/rte/File/Raporty%20i%20publikacje/Raporty%20i%20analizy/2004/rap_i_an_1104.pdf [17/6/2008]
Raabe, Stephan. Die Klagen der Preußischen Treuhand. Zwischen politischer Hysterie und rechtlichen Fragen. *Polen-Analysen*, 20 mars 2007, n° 9, p. 2-5. http://www.laender-analysen.de/polen/pdf/PolenAnalysen09.pdf [14/6/2008]
Tomala, Mieczysław. Kwestia odszkodowań niemieckich po 1990 roku. [La question des dédommagements allemands après 1990.] *Polski Przegląd Dyplomatyczny*, 2002, vol. 2, n° 3, p. 133-163.
Żurowska, Joanna. Debata w Sejmie RP nad roszczeniami niemieckimi wobec Polski związanymi z konsekwencjami drugiej wojny światowej. [Le débat au Sejm de la République Polonaise sur les revendications allemandes contre la Pologne liées aux conséquences de la Seconde Guerre mondiale.] *Rocznik polsko-niemiecki*, 2006, n° 14, p. 31-37.

2. L'Allemagne : politique étrangère, histoire contemporaine, mémoire collective et politique mémorielle

2.1 Monographies

Ash, Timothy Garton. *Au nom de l'Europe : l'Allemagne dans un continent divisé*. Paris : Gallimard, 1995. 663 p.
Bachmann, Klaus. *Długi cień trzeciej rzeszy: Jak Niemcy zmieniali swój charakter narodowy. [La longue ombre du Troisième Reich : comment les Allemands ont changé leur caractère national.]* Wrocław: ATUT, 2005. 176 p.
Bazin, Anne. *Les relations tchéco-allemandes depuis 1989 : de la réconciliation bilatérale à l'intégration européenne*. Thèse de doctorat en science politique. Paris : IEP de Paris, 2002. 872 p.
Buras, Piotr. *Niemieckie lekcje historii: szkice i portrety. [Leçons d'histoire allemandes : esquisses et portraits.]* Szczecin: Instytut Niemiec i Europy Północnej w Szczecinie, 2003. 130 p.
Brumlik, Micha. *Wer Sturm sät: Die Vertreibung der Deutschen*. Berlin: Aufbau-Verlag, 2005. 300 p.
Frei, Norbert. *1945 und wir: Das Dritte Reich im Bewusstsein der Deutschen*. München: C.H. Beck, 2005. 220 p.
Friedrich, Jörg. *L'incendie : l'Allemagne sous les bombes 1940-1945*. Paris : Editions de Fallois, 2004. 542 p. [première édition allemande en 2002]
Grass, Günter. *En crabe*. Paris : Editions du Seuil, 2002. 263 p.
Kiessler, Richard, Elbe, Frank. *Ein runder Tisch mit scharfen Ecken: Der diplomatische Weg zur deutschen Einheit*. Baden-Baden: Nomos, 1993. 272 p.
Markovits, Andrei S., Reich, Simon. *The German Predicament. Memory & Power in the New Europe*. Ithaca and London: Cornell University Press, 1997. 248 p.
Niven, Bill dir. *Germans as Victims: Remembering the Past in Contemporary Germany*. Basingstoke: Palgrave Macmillan, 2006. 292 p.
Pflüger, Friedbert. *Richard von Weizsäcker: Ein Porträt aus der Nähe*. Stuttgart: Deutsche Verlags-Anstalt, 1990. 480 p.
Philips, Ann L. *Power and Influence after the Cold War: Germany in East-Central Europe*.

Lanham, Md.: Rowman & Littlefield, 2000. 232 p.
Plato, Alexander von. *Die Vereinigung Deutschlands – ein weltpolitisches Machtspiel.* Berlin: Ch. Links Verlag, 2002. 485 p.
Schirrmacher, Frank dir. *Die Walser-Bubis-Debatte. Eine Dokumentation.* Frankfurt am Main: Suhrkamp, 1999. 682 p.
Völkering, Tim. *Flucht und Vertreibung im Museum.* Berlin: LIT, 2008. 166 p.
Weidenfeld, Werner. *Außenpolitik für die deutsche Einheit: Die Entscheidungsjahre 1989-90.* Stuttgart: Deutsche Verlags-Anstalt, 1998. 952 p.
Zelikow, Philip D., Rice, Condoleezza. *Germany Unified and Europe Transformed: A Study in Statecraft.* Cambridge, Mass.: Harvard University Press, 1995. 493 p.

2.2 Contributions dans des ouvrages collectifs

Arendes, Cord, Wolfrum, Edgar. Öffentliches Erinnern – Auftrag oder Instrument der Politik? In Landesstiftung Baden-Württemberg dir. *Gedenkstättenkongress Karlsruhe 2005 – Dokumentation.* Stuttgart: Landesstiftung Baden-Württemberg, 2006. p. 76-89. http://www.landesstiftung-bw.de/publikationen/files/ap_svk_1_gedenkstaettenkongress.pdf [16/7/2008]
Frei, Norbert. 1945 und wir. Die Gegenwart der Vergangenheit. In Frei, Norbert. *1945 und wir: Das Dritte Reich im Bewusstsein der Deutschen.* München: C.H. Beck, 2005. p. 7-22.
Krasnodębski, Zdisław. Zmiana pamięci historycznej i polityki historycznej w Niemczech. [Mutation de la mémoire historique et de la politique historique en Allemagne.] In Kosiewski, Piotr dir. *Pamięć i polityka zagraniczna. [La mémoire et la politique étrangère.]* Warszawa: Fundacja im. Stefana Batorego, 2006. p. 35-40.

2.3 Articles de périodiques et *discussion papers* publiés en ligne

Brumlik, Micha. Holocaust und Vertreibung: Das ambivalente Gedenken der Kriegskindergeneration. *Blätter für deutsche und internationale Politik,* mai 2005, vol. 50., n° 5, p. 549-563.
Danyel, Jürgen, Ther, Philipp dir. Nach der Vertreibung: Geschichte und Gegenwart einer kontroversen Erinnerung. *Zeitschrift für Geschichtswissenschaft* (numéro spécial), 2005, vol. 53, n° 10, p. 867-976.
Frevert, Ute. Geschichtsvergessenheit und Geschichtsversessen-heit revisited. Der jüngste Erinnerungsboom in der Kritik. *Aus Politik und Zeitgeschichte,* 29 septembre 2003, n° 40-41, p. 6-13.
Gardner Feldman, Lily. The Principle and Practice of « Reconciliation » in German Foreign Policy: Relations with France, Israel, Poland and the Czech Republic. *International Affairs,* avril 1999, vol. 75, n° 2, p. 333-356.
Goschler, Constantin. Versöhnung und Viktimisierung. Der deutsche Opferdiskurs und die Vertriebenen. *Zeitschrift für Geschichtswissenschaft,* 2005, vol. 53, n° 10, p. 873-884.
Heimerl, Daniela. L'Allemagne et les expulsés, quel centre pour quelle mémoire? *Note du Cerfa,* juin 2006, n° 34, 16 p. http://www.ifri.org/files/NdC_34_Heimerl.pdf [12/6/2008]
Hirsch, Helga. Flucht und Vertreibung. Kollektive Erinnerung im Wandel. *Aus Politik und Zeitgeschichte,* 29 septembre 2003, n° 40-41, p. 14-26.
Phillips, Ann L. The Politics of Reconciliation Revisited: Germany and East-

Central Europe. *World Affairs,* avril 2001, vol. 163, n° 4, p. 171-191.

3. La Pologne : politique étrangère, histoire contemporaine, mémoire collective et politique mémorielle

3.1 Monographies

Bachmann, Klaus. *Polens Uhren gehen anders.* Stuttgart: Hohenheim Verlag, 2001. 280 p.
Bachmann, Klaus. *Polska kaczka w europejskim stawie. [Le canard polonais sur la canardière européenne.]* Warszawa: Wydwnictwa Akademickie i profesjonalne, 2006. 244 p.
Buras, Piotr, Tewes, Henning. *Polens Weg: Von der Wende bis zum EU-Beitritt.* Stuttgart: Hohenheim, 2005. 277 p.
Dmitrów, Edmund, Machcewicz, Paweł, Szarota, Tomasz. *Der Beginn der Vernichtung. Zum Mord an den Juden in Jedwabne und Umgebung im Sommer 1941. Neue Forschungsergebnisse polnischer Historiker.* Osnabrück: Fibre, 2004. 261 p.
Gross, Jan Tomasz. *Les voisins.* Paris : Fayard, 2002. 285 p. [première édition polonaise en 2000]
Gross, Jan Tomasz. *Wokół « Sąsiadów »: polemiki i wyjaśnienia. [Autour des « Voisins » : polémiques et clarifications.]* Sejny: Pogranicze, 2003. 121 p.
Kosiewski, Piotr dir. *Pamięć i polityka zagraniczna. [La mémoire et la politique étrangère.]* Warszawa: Fundacja im. Stefana Batorego, 2006. 161 p.
Longhurst, Kerry, Zaborowski, Marcin. *The New Atlanticist: Poland's Foreign and Security Priorities.* Oxford: Blackwell, 2007. 113 p.
Polonsky, Antony, Michlic, Joanna B. *The Neighbors Respond: The Controversy over the Jedwabne Massacre in Poland.* Princeton: Princeton University Press, 2004. 489 p.
Vetter, Reinhold. *Wohin steuert Polen? Das schwierige Erbe der Kaczyńskis.* Berlin: Ch. Links, 2008. 207 p.

3.2 Contributions dans des ouvrages collectifs

Ruchniewicz, Krzysztof. Die Kultur des Gedächtnisses in Polen, seine Erinnerungspolitik und die gemeinsame europäische Zukunft. In Bingen, Dieter, Borodziej, Włodzimierz, Troebst, Stefan dir. *Vertreibungen europäisch erinnern? Historische Erfahrungen – Erinnerungspolitik – Zukunftskonzeptionen.* Wiesbaden: Harrassowitz, 2003. p. 261-266.

3.3 Articles de périodiques et *discussion papers* publiés en ligne

Buras, Piotr. 1945 und die Polen. *WeltTrends,* été 2005, vol. 13, n° 47, p. 127-139.
Gawin, Dariusz. Über den Nutzen und Schaden des Geschichtsrevisionismus. *Inter Finitimos,* 2006, n° 4, p. 31-60.
Lang, Kai-Olaf. Doppelspitze in Warschau. *SWP-Aktuell,* août 2006, n° 37, 4 p. http://www.swp-berlin.org/common/get_document.php?asset_id=3184 [3/7/2008]
Lang, Kai-Olaf. Machtwechsel in Warschau. Kurswechsel in der Außenpolitik? *SWP-Aktuell,* décembre 2005, n° 53, 8 p. http://www.swp-berlin.org/common/

get_document.php?asset_id=2620 [3/7/2008]
Lang, Kai-Olaf. Amerikas bester Freund? Polens atlantizistisch-europäischer Kurs. *SWP-Aktuell*, février 2003, n° 6, 8 p. http://www.swp-berlin.org/common/get_document.php?asset_id=112 [3/7/2008]
Lang, Kai-Olaf. Machtwechsel in Polen. Was bringt die rot-grüne Koalition? *SWP-Aktuell*, octobre 2001, n° 20, 8 p. http://www.swp-berlin.org/common/get_document.php?asset_id=511 [3/7/2008]
Majcherek, Janusz A. Zwischen Geschichte und Hoffnung. *Jahrbuch Polen*, 2006, n° 17, p. 171-180.
Ruchniewicz, Krzysztof. Die historische Erinnerung in Polen. *Aus Politik und Zeitgeschichte*, 31 janvier 2005, n° 5-6, p. 18-26.
Ruchniewicz, Krzysztof. Die polnische Geschichtspolitik nach 1989. *Polen-Analysen*, 2 octobre 2007, n° 20, p. 2-8. http://www.laender-analysen.de/polen/pdf/PolenAnalysen20.pdf [21/7/2008]
Wolff-Powęska, Anna. Polskie spory o historię i pamięć. [Débats polonais sur l'histoire et la mémoire.] *Przegląd Zachodni*, janvier-mars 2007, vol. 63, n° 1, p. 3-44.
Żaryn, Jan et al. Polska polityka historyczna. [La politique historique polonaise.] *Biuletyn IPN*, mai 2006, n° 5, p. 2-33. [Compte rendu d'un débat public à l'Institut de la mémoire nationale]

4. L'histoire et la mémoire : aspects généraux

4.1 Monographies

Assmann, Aleida. *Der lange Schatten der Vergangenheit: Erinnerungskultur und Geschichtspolitik*. München: C.H. Beck, 2006. 320 p.
Benz, Wolfgang dir. *Wann ziehen wir endlich den Schlussstrich? Von der Notwendigkeit öffentlicher Erinnerung in Deutschland, Polen und Tschechien*. Berlin: Metropol, 2004. 224 p.
Bingen, Dieter, Borodziej, Włodzimierz, Troebst, Stefan dir. *Vertreibungen europäisch erinnern? Historische Erfahrungen – Erinnerungspolitik – Zukunftskonzeptionen*. Wiesbaden: Harrassowitz, 2003. 328 p.
Chaumont, Jean-Michel. *La concurrence des victimes. Génocide, identité, reconnaissance*. Paris : La Découverte, 1997. 381 p.
Hartog, François, Revel, Jacques dir. *Les usages politiques du passé*. Paris : Edition de l'Ecole des hautes études en sciences sociales, 2001. 212 p.
Mink, Georges, Neumayer, Laure dir. *L'Europe et ses passés douloureux*. Paris : La Découverte, 2007. 268 p.
Pänke, Julian, Schuch, Gereon, Brosig, Malte et al. dir. *Gegenwart der Vergangenheit. Die politische Aktualität historischer Erinnerung in Mitteleuropa*. Berlin: DGAP, 2007. 234 p.
Ricoeur, Paul. *La Mémoire, l'histoire, l'oubli*. Paris : Seuil, 2000. 676 p.
Rosoux, Valérie-Barbara. *Les usages de la mémoire dans les relations internationales : le recours au passé dans la politique étrangère de la France à l'égard de l'Allemagne et de l'Algérie, de 1962 à nos jours*. Bruxelles : E. Bruylant, 2001. 403 p.

4.2 Contributions dans des ouvrages collectifs

Grosser, Pierre. De l'usage de l'Histoire dans les politiques étangères. In Charillon, Frédéric dir. *Politique étrangère. Nouveaux regards.* Paris : Presses de Sciences Po, 2002. p. 361-389.
Hartog, François, Revel, Jacques. Note de conjoncture historiographique. In Hartog, François, Revel, Jacques dir. *Les usages politiques du passé.* Paris : Edition de l'Ecole des hautes études en sciences sociales, 2001. p. 13-24.

4.3 Articles de périodiques

Bazin, Anne. Les décrets Beneš : de l'usage du passé dans le débat européen. *Critique internationale,* octobre 2003, n° 21, p. 42-49.
Collectif. Erinnern und Versöhnen. *OST-WEST. Europäische Perspektiven* (numéro spécial), 2002, vol. 3, n° 1.
Collectif. Relocating, Remembering the Meaning and Significance of the Second World War in Post-Cold War Europe. *National identities* (numéro special), décembre 2006, vol. 8, n° 4.
Collectif. Sechzig Jahre Kriegsende. *Politische Meinung* (numéro spécial), mai 2005, vol. 50, n° 426.
Droit, Emmanuel. Le Goulag contre la Shoah. Mémoires officielles et cultures mémorielles dans l'Europe élargie. *Vingtième Siècle,* avril-juin 2007, n° 94, p. 101-120.

CHRONOLOGIE DES RELATIONS GERMANO-POLONAISES 1989-2005

1989

février – avril 1989	Pourparlers de la Table ronde en Pologne entre le régime communiste et le mouvement d'opposition *Solidarność*
4 et 18 juin 1989	Elections législatives semi-libres en Pologne
24 août 1989	Tadeusz Mazowiecki est élu Premier ministre : premier gouvernement non-communiste du bloc soviétique
8 novembre 1989	Résolution du Bundestag concernant la frontière Oder-Neiße
9-14 novembre 1989	Visite d'Helmut Kohl en Pologne, interrompue en raison de la chute du Mur de Berlin, messe de réconciliation le 12 novembre à Krzyżowa
9 novembre 1989	Chute du Mur de Berlin : ouverture de la frontière RDA-RFA
28 novembre 1989	Helmut Kohl présente son plan en dix points concernant la réunification allemande

1990

8 mars 1990	Résolution du Bundestag concernant la frontière Oder-Neiße
9 mars 1990	Wojciech Jaruzelski et Tadeusz Mazowiecki reçus à l'Elysée
21 juin 1990	Résolution du Bundestag et de la Volkskammer concernant la frontière germano-polonaise
17 juillet 1990	Conférence 2+4 à Paris avec la participation de Krzysztof Skubiszewski, la confirmation de la frontière polono-

	allemande est un des sujets des négociations, règlement de dernières questions concernant la réunification allemande
3 octobre 1990	Réunification allemande
14 novembre 1990	Signature du Traité frontalier à Varsovie par Krzysztof Skubiszewski et Hans-Dietrich Genscher

1991

17 juin 1991	Signature du Traité de bon voisinage et coopération amicale à Bonn par Helmut Kohl et Jan-Krzysztof Bielecki
28-29 août 1991	Rencontre entre Krzysztof Skubiszewski, Roland Dumas et Hans-Dietrich Genscher à Weimar
17 octobre 1991	Ratification des deux traités germano-polonais par le Bundestag
18 octobre 1991	Ratification des deux traités polono-allemands par la Diète
16 décembre 1991	Signature de l'accord d'association entre la Pologne et les Communautés européennes

1992

octobre 1992	Les dernières unités de l'Armée rouge quittent la Pologne

1994

1er août 1994	Discours de Roman Herzog lors du 50ème anniversaire de l'insurrection de Varsovie

1995

28 avril 1995	Discours de Władysław Bartoszewski devant le Bundestag et le Bundesrat, lors du 50ème anniversaire de la fin de la Seconde Guerre mondiale
8 mai 1995	Commémoration de la fin de la Seconde Guerre mondiale à Berlin sans participation polonaise
6 juillet 1995	Helmut Kohl explique devant la Diète que la Pologne devrait rejoindre l'UE avant l'an 2000

1998

31 mars 1998	Début des négociations d'adhésion entre la Pologne et l'UE
29 mai 1998	Le Bundestag vote une résolution sur le rôle des expulsés dans les relations avec les voisins à l'est
3 juillet 1998	La Diète vote une résolution de réponse à la résolution du Bundestag

1999

12 mars 1999	La Pologne rejoint l'OTAN
20 mars 1999	Le *Bund der Vertriebenen* lance le projet d'un Centre contre les expulsions
1er septembre 1999	Aleksander Kwaśniewski et Johannes Rau commémorent ensemble le début de la Seconde Guerre mondiale sur la Westerplatte

2000

17 juillet 2000	Signature de l'accord concernant le dédommagement des travailleurs forcés de la Seconde Guerre mondiale
3 septembre 2000	Gerhard Schröder rejette l'idée d'un Centre contre les expulsions à Berlin

2002

4 juillet 2002	Le Bundestag vote une résolution « Pour un centre contre les expulsions à orientation européenne »
14 décembre 2002	Fin des négociations d'adhésion entre la Pologne et l'UE

2003

30 janvier 2003	Leszek Miller signe la « lettre des huit » concernant la politique irakienne du gouvernement américain
mars-mai 2003	L'armée polonaise participe à la guerre d'Irak, puis à l'occupation du pays
été 2003	Grand débat médiatique sur le Centre contre les expulsions, en Allemagne et en Pologne
29 octobre 2003	« Déclaration de Gdańsk » d'Aleksander Kwaśniewski et de Johannes Rau concernant les expulsions et déplacements de population

2004

1er mai 2004	La Pologne rejoint l'Union européenne
1er août 2004	Discours de Gerhard Schröder lors du 60ème anniversaire de l'insurrection de Varsovie

10 septembre 2004	La Diète vote une résolution sur les réparations de guerre et les dédommagements

2005

2 février 2005	Signature de la déclaration d'intention concernant un réseau européen « Mémoire et solidarité » par les ministres de la culture allemand, polonais, slovaque et hongrois
9 mai 2005	Grande commémoration internationale à Moscou lors du 60ème anniversaire de la fin de la Seconde Guerre mondiale
11 novembre 2005	Le traité de coalition entre CDU/CSU et SPD prévoit la création d'un « signe visible » contre les expulsions à Berlin

RÉSULTATS DES ÉLECTIONS ET RESPONSABLES GOUVERNEMENTAUX

1. Résultats des élections à la Diète 1989-2007

1989 (élections semi-libres)

	Sièges
Polska Zjednoczona Partia Robotnicza / Lewica Demokratyczna (Parti (post-)communiste)	173
Obywatelski Klub Parlamentarny (Solidarność)	161
(Zjednoczone) Polskie Stronnictwo Ludowe (PSL, Parti paysan)	76
Stronnictwa Demokratycznego (Parti démocrate)	27
Autres	23

(d'importantes évolutions au cours de la période 1989 - 1991)

1991

	Pourcentage des voix / Sièges
Unia Demokratyczna (UD, Union démocratique)	12,3 / 62
Sojusz Lewicy Demokratycznej (SLD, Alliance de la gauche démocratique)	12,0 / 60
Wyborcza Akcja Katolicka (Action électorale catholique)	8,7 / 49
PSL	8,7 / 48
Porozumienie Obywatelskie Centrum (Alliance citoyenne Centrum)	8,7 / 44
Konfederacja Polski Niepodległej (KPN, Confédération de la Pologne indépendante)	7,5 / 46
Kongres Liberalno-Demokratyczny (Congrès libéral-démocrate)	7,5 / 37
Autres	34,6 / 114

1993

	Pourcentage des voix / Sièges
SLD	20,4 / 171
PSL	15,4 / 132
UD	10,6 / 74
Unia Pracy (UP, Union du travail)	7,3 / 41
KPN	5,8 / 22
Autres	40,5 / 20

1997

	Pourcentage des voix / Sièges
Akcja Wyborcza Solidarność (AWS, Action électorale Solidarité)	33,8 / 201
SLD	27,1 / 164
Unia Wolności (UW, Union de la liberté)	13,4 / 60
PSL	7,3 / 27
Autres	18,4 / 8

2001

	Pourcentage des voix / Sièges
SLD-UP	41,0 / 216
Platforma Obywatelska (PO, Plateforme civique)	12,7 / 65
Samoobrona (Auto-défense)	10,2 / 53
Prawo i Sprawiedliwość (PiS, Droit et justice)	9,5 / 44
PSL	9,0 / 42
Liga Polskich Rodzin (LPR, Ligue des familles polonaises)	7,9 / 38
Autres	9,7 / 2

2005

	Pourcentage des voix / Sièges
PiS	27,0 / 155
PO	24,1 / 133
Samoobrona	11,4 / 56
SLD	11,3 / 55
LPR	8,0 / 34
PSL	7,0 / 25
Autres	8,2 / 2

2007

	Pourcentage des voix / Sièges
PO	41,5 / 209
PiS	32,1 / 166
Lewica i Demokraci (LiD, Gauche et Démocrates)	13,2 / 53
PSL	8,9 / 31
Autres	4,3 / 1

2. Résultats des élections présidentielles en Pologne 1990-2005

1990

1er tour

Lech Wałęsa (soutenu par NSZZ Solidarność)	39,96%
Stanisław Tymiński (sans parti)	23,10%
Tadeusz Mazowiecki (sans parti)	18,08%
Włodzimierz Cimoszewicz (sans parti)	9,21%
Roman Bartoszcze (PSL)	7,15%

2nd tour

Lech Wałęsa	74,25%
Stanisław Tymiński	25,75%

1995

1er tour

Aleksander Kwaśniewski (SLD)	35,11%
Lech Wałęsa (sans parti)	33,11%
Jacek Kuroń (UW)	9,22%
Jan Olszewski (Ruch dla Rzeczypospolitej, Mouvement pour la République)	6,86%

2nd tour

Aleksander Kwaśniewski	51,72%
Lech Wałęsa	48,28%

2000

1er tour

Aleksander Kwaśniewski (soutenu par SLD)	53,90%
Andrzej Olechowski (sans parti)	17,30%
Marian Krzaklewski (AWS)	15,57%
Jarosław Kalinowski (PSL)	5,95%

2005

1er tour

Donald Tusk (PO)	36,33%
Lech Kaczyński (PiS)	33,10%
Andrzej Lepper (Samoobrona)	15,11%
Marek Borowski (SdPl)	10,33%

2nd tour

Lech Kaczyński	54,04%
Donald Tusk	45,96%

3. Présidents, Premiers ministres et ministres des Affaires étrangères polonais depuis 1989

Présidents

Wojciech Jaruzelski, 19/7/1989 - 21/12/1990

Lech Wałęsa, 23/12/1990 - 23/12/1995

Aleksander Kwaśniewski, 23/12/1995 - 23/12/2005

Lech Kaczyński, depuis 23/12/2005

Premiers ministres

Tadeusz Mazowiecki, 24/8/1989 - 4/1/1991

Jan Krzysztof Bielecki, 4/1/1991 - 6/12/1991

Jan Olszewski, 6/12/1991 - 5/6/1992

Waldemar Pawlak, 5/6/1992 - 10/7/1992

Hanna Suchocka, 11/7/1992 - 26/10/1993

Waldemar Pawlak, 26/10/1993 - 6/3/1995

Józef Oleksy, 7/3/1995 - 7/2/1996

Włodzimierz Cimoszewicz, 7/2/1996 - 31/10/1997

Jerzy Buzek, 31/10/1997 - 19/10/2001

Leszek Miller, 19/10/2001 - 2/5/2004

Marek Belka, 2/5/2004 - 31/10/2005

Kazimierz Marcinkiewicz, 31/10/2005 - 14/7/2006

Jarosław Kaczyński, 14/7/2006 - 16/11/2007

Donald Tusk, depuis 16/11/2007

Ministres des Affaires étrangères

Krzysztof Skubiszewski, 12/9/1989 - 25/10/1993

Andrzej Olechowski, 26/10/1993 - 6/3/1995

Władysław Bartoszewski, 7/3/1995 - 22/12/1995

Dariusz Rosati, 29/12/1995 - 30/10/1997

Bronisław Geremek, 31/10/1997 - 30/6/2000

Władysław Bartoszewski, 30/6/2000 - 19/10/2001

Włodzimierz Cimoszewicz, 19/10/2001 - 5/1/2005

Adam Daniel Rotfeld, 5/1/2005 - 31/10/2005

Stefan Meller, 31/10/2005 - 9/5/2006

Anna Fotyga, 9/5/2006 - 16/11/2007

Radosław Sikorski, depuis 16/11/2007

4. Résultats des élections au Bundestag 1987-2005

En pourcentage des voix

	CDU/ CSU	SPD	FDP	Grüne*	PDS**	Autres
1987	44,3	37,0	9,1	8,3	-	1,3
1990	43,8	33,5	11,0	5,0	2,4	4,3
1994	41,5	36,4	6,9	7,3	4,4	3,5
1998	35,2	40,9	6,2	6,7	5,1	5,9
2002	38,5	38,5	7,4	8,6	4,0	3,0
2005	35,2	34,2	9,8	8,1	8,7	4,0

En sièges

	CDU/ CSU	SPD	FDP	Grüne*	PDS**
1987	223	186	46	42	-
1990	319	239	79	8	17
1994	294	252	47	49	30
1998	245	298	43	47	36
2002	248	251	47	55	2
2005	226	222	61	51	54

* Nom complet : Bündnis 90/Die Grünen (Alliance 90/Les Verts); Elections de 1990 : Grüne (Ouest) 3,8% (0 sièges), Bündnis 90/Die Grünen (Est) 1,2% (8 sièges)
** Die Linkspartei.PDS en 2005

5. Présidents fédéraux, chanceliers fédéraux et ministres des Affaires étrangères allemands depuis 1989

Présidents fédéraux

Richard von Weizsäcker, 1/7/1984 - 30/6/1994

Roman Herzog, 1/7/1994 - 30/6/1999

Johannes Rau, 1/7/1999 - 30/6/2004

Horst Köhler, depuis 1/7/2004

Chanceliers fédéraux

Helmut Kohl, 1/10/1982 - 27/10/1998

Gerhard Schröder, 27/10/1998 - 22/11/2005

Angela Merkel, depuis 22/11/2005

Ministres des Affaires étrangères

Hans-Dietrich Genscher, 16/5/1974 - 18/5/1992

Klaus Kinkel, 18/5/1992 - 27/10/1998

Joschka Fischer, 27/10/1998 - 22/11/2005

Frank-Walter Steinmeier, depuis 22/11/2005

REMERCIEMENTS

Cet ouvrage est le résultat de recherches menés dans le cadre d'un mémoire de master en histoire des relations internationales à l'Institut d'Etudes Politiques de Paris, sous la direction du professeur Maurice Vaïsse. Il a été soutenu en septembre 2008.

Je tiens tout d'abord à remercier Maurice Vaïsse de ses commentaires et encouragements, qui ont été une aide précieuse tout au long de mon travail, de la définition du sujet jusqu'à la publication du présent livre. Sa disponibilité et le bon contact ont été essentiels pour l'aboutissement du présent ouvrage.

Je suis également très reconnaissant à Pauline Peretz, ma tutrice de mémoire, notamment pour ses nombreux conseils méthodologiques. Ses questions toujours pertinentes ont particulièrement enrichi mes recherches.

Je souhaite aussi remercier Edouard Husson de ses nombreux conseils tout au long de mes études, et plus particulièrement au cours des recherches pour cet ouvrage.

De même, j'adresse mes remerciements à toutes les personnes qui m'ont accordé des entretiens sur le sujet de ce travail. Les différents entretiens, en Pologne, en Allemagne et en France, ont été une très riche source d'informations.

Enfin, un grand merci à Anne Berjon, Antoine Besson et Thibaut Lebrun-Taugourdeau pour leurs relectures et commentaires.

Je voudrais finalement remercier mes parents : leur soutien pendant mes études et pendant l'élaboration de ce mémoire ont été une aide inestimable.

TABLE DES MATIÈRES

L'HARMATTAN, ITALIA
Via Degli Artisti 15 ; 10124 Torino

L'HARMATTAN HONGRIE
Könyvesbolt ; Kossuth L. u. 14-16
1053 Budapest

L'HARMATTAN BURKINA FASO
Rue 15.167 Route du Pô Patte d'oie
12 BP 226
Ouagadougou 12
(00226) 50 37 54 36

ESPACE L'HARMATTAN KINSHASA
Faculté des Sciences Sociales,
Politiques et Administratives
BP243, KIN XI ; Université de Kinshasa

L'HARMATTAN GUINÉE
Almamya Rue KA 028
En face du restaurant le cèdre
OKB agency BP 3470 Conakry
(00224) 60 20 85 08
harmattanguinee@yahoo.fr

L'HARMATTAN CÔTE D'IVOIRE
M. Etien N'dah Ahmon
Résidence Karl / cité des arts
Abidjan-Cocody 03 BP 1588 Abidjan 03
(00225) 05 77 87 31

L'HARMATTAN MAURITANIE
Espace El Kettab du livre francophone
N° 472 avenue Palais des Congrès
BP 316 Nouakchott
(00222) 63 25 980

L'HARMATTAN CAMEROUN
Immeuble Olympia
Face à la Camair
Yaoundé